일은
배신하지
않는다

일은 배신하지 않는다

김종민 지음

i-Scream media

contents

2015년은 내가 이 일을 시작한 지 10년이 되는 해였고, 또한 딸이 태어난 해였다.

와이프가 임신 중일 때 나의 10주년을 기념하는 개인 프로젝트를 기획했었는데, 이게 나뿐만 아니라 곧 태어날 아기에게도 영향을 줄 수 있는 그런 프로젝트였으면 좋겠다는 생각을 했다.

영화를 보다 보면 그런 장면이 나온다.

어른이 된 딸이 아빠의 서재에서 아빠의 옛날 일기를 발견한다든 가, 아니면 편지 같은 걸 발견해서 읽고 아빠를 더 이해하게 되는 뭐 그런 장면, 그런 영화에서 영감을 받았다.

단순히 내 이야기를 쓰고 싶었다면 블로그 같은 온라인 플랫폼에 쓰는 게 더 쉽지만, 그게 아니라 손으로 만져지고 시간이 지나도 우리 집에 존재할 수 있는 그런 아날로그적인 매체를 선택했다. 그게 책이 었고 그렇게 출판을 시작했다.

딸에게 아빠가 20대 때, 30대 때 어떤 생각을 가지고 살았고 어떻게 일했는지를 알려주고 싶었다. 사실 우리 부모님 세대는 그런 이야기 를 잘 하지 않아 들을 수 있는 기회가 많지 않으니까.

나는 일을 굉장히 중요하게 생각하는 사람 중의 한 명이다.

일은 단순히 돈을 벌고 먹고 살기 위해서 하는 것이 아니라, 정말 본인의 자아발전을 위해서, 또 내가 어떤 사람으로 살아가는가를 정의하는, 삶에 있어서 중요한 부분이라고 생각한다. 나는 항상 뭔가를 만드는 사람이 되고 싶었고, 나이가 들어서도 계속해서 나만의 일을 하는 그런 모습을 꿈꿨다. 이런 나의 일을 대하는 진지한 자세를 딸에게 혹은 독자에게 들려주고 싶었다. 그래서 24살에 고졸 PC방 알바에서 10년 뒤 구글 엔지니어가 되기까지의 경험을 담담하게 적었고, 책으로 출판했다.

책이 출간된 뒤의 반응이 나쁘진 않았는데, 읽어보신 분들은 좋은 평을 남겼지만 그렇게 많이 팔리진 않았다. 아무래도 (이전) 제목도 어렵고 타깃이 한정되어 있다 보니 판매가 순조롭진 않았다. 애초에 판매율에 기대를 한 책이 아니라 개인 작업의 연장선이라고 생각했기에 출간 후 3년째 되던 해에 절판을 결정했다. 책을 계속 판매하기 위해 신경을 쓰는 것도 피곤했고, '이런 경험도 있었지'라며 세미나나 모임에서 편하게 이야기하고 싶기도 했다. 아무래도 판매 중인 책에 대해 자세히 이야기하면 책팔이로 오해받을 수 있으니까.

그렇게 절판했던 책이 유튜브를 시작하면서 다시 많은 분의 관심을 받게 됐다. 책을 사고 싶다는 문의가 이어졌고, 중고장터에는 정가보다 비싼 가격에 팔리기도 했다. 단순한 개인 작업이라고 생각했던 책이 이제는 많은 분이 읽고 싶어 하고 알고 싶어 하는 이야기가 되었다.

이 책을 읽고 일에 대한 시각이 변했다는 메일을 받았을 때가 개인적으로 가장 뿌듯한 일이었다. 흔히들 성공이라고 생각하면 특정 대기업에 입사해서 높은 연봉을 받고, 높은 직급에 오르는 것이라고 말한다. 이는 들여다 보기 어려운 내면의 본질이 아닌 누구나 쉽게 볼 수 있는 표면적인 수치에 사로잡혀 있기 때문이다. 학교는 어디이고, 직급은 무엇이며, 연봉은 얼마이고, 차는 뭘 타고, 사는 곳은 어디인지. 내가 300만 원을 번다고 200만 원을 버는 사람보다 100만 원어치의 가치가 더 있는 사람은 아닐텐데 말이다.

이 책에서 말하고자 하는 중요한 내용은 내면의 나와 대화하는 방법이다. 내가 생각하는 성공은 '내가 어떤 사람으로 성장하느냐'이다. 내가 무엇을 좋아하고, 무슨 일을 하고 싶으며, 어떤 작업을 만드는 사

일은 배신하지 않는다

람이 되고 싶은가를 끊임없이 고민하고 실행해야 한다.

개정판을 준비하며 이전에 쓴 내용에 그동안 생각하고 경험했던 이야기를 좀 더 추가했다. 이 책에 적힌 나의 경험을 통해 내면의 나와 대화하고 자아를 찾아가는 과정과 그 결과를 독자분들께 자세하게 알려드리고자 한다.

우리는
천재가아니다

어린 시절의 나는 영리하다는 말을 참 많이 들었다. 초등학교 저학년 땐 따로 공부하지 않아도 항상 좋은 성적을 받았고 수학경시대회나 미술대회 등 각종 대회에서 자주 상을 받기도 했다. 학교에서 실시한 아이큐 검사에서는 142라는 높은 수치가 나왔는데 굳이 아이큐 때문이 아니더라도 부모님과 주변 사람들은 나에게 항상 "머리가 좋다"라는 말을 자주 하셨던 거로 기억한다. 특별히 공부하지 않아도 성적이 잘 나오니 공부를 열심히 하지 않았다. 그 결과 고학년이 될수록 나의 성적은 점점 떨어지기 시작해서 중학교 땐 45명 중에서 40등 정도를 기록한 적도 있었다. 어린 시절 영리하다는 말을 들었던 것이 나중에는 나에게 족쇄가 되었는데 '나는 똑똑하니 언제든 마음만 먹으면 성적을 쉽게 올릴 수 있을 거야.'라는 생각과 함께 더욱 공부하지 않은 것이다.

이 이야기를 읽는 독자분들 중엔 '어, 이거 내 이야기인데.'라고 생각하시는 분이 많을 것이다. 신기하게도 앞서 이야기한 나의 경험과 비슷한 경험을 한 분들을 많이 만났다. 생각해보면 내가 만약 '진짜' 천재였다면 10대에 벌써 대학을 졸업했을 것이고 20대엔 세계를 놀라게 할만한 뭔가를 이루었을 것이다. 80년대생인 나의 어린 시절엔 눈부신 경제발전으로 먹고사는 걱정에서 나아가 내 자녀를 귀하게 키우는 분위기가 만연했었고 거기에 내 자식이 최고, 혹은 영재라는 상술 또한 많았다. 그런 시기에 만들어진 아이큐 검사이기에 142라는 수치를 그대로 믿기도 힘들뿐더러, 나뿐만 아니라 많은 아이가 '영리하다.' 혹은 '네가 최고다.'라는 말을 듣고 자라는 것이 특별한 일은 아니었다.

내가 노력형 인간이라는 걸 절실히 깨달은 순간은 대학 입시 때였다. 중학교 이후 성적은 항상 바닥을 향했고 고등학교 2학년 수능 모의고사(400점 만점)에선 100점 후반대의 점수를 받았다. 부모님은 평소 공부를 못한다고 혼내시지도 않았고 공부가 아닌 내가 좋아하는 일을 하는 것을 방해하지 않으시는, 약간의 방임주의적인 분들이셨다. 그 덕분에 고등학교 2학년 때까지도 학교 공부보단 모형 만들기에 빠져 있었고 내 책상은 책보단 페인트나 드릴 등의 공구들로 가득했다. 그런 부모님이기에 별생각 없이 아버지께 성적표를 보여드렸다. 아버지께서는 "400점 만점이면 300점은 넘어야 하는 거 아니냐."라는 말씀을 하셨다. 나는 "아빠, 300점 넘으면 서울대 가요, 내가 어떻게 넘어요."라고 대답했다. 그에 아버지는 "왜 너는 못 간다고 생각하냐."라고 말씀하셨는데, 아버지의 말씀이 그 당시 나에겐 상당히 충격이었다. 왜냐면 어릴 때부터 나는 똑똑하다고 생각하고 공부를 안 했지만, 어느 순간 '나는 공부를 못하는 사람'이라는 것이 내 마음속 깊이 새겨져 있었고 '나는 안 돼'라는 마음을 가지고 있었다는 것을 깨달았던 것이다. 아버지의 말씀에 '왜 나는 못 한다고 생각했을까? 그래, 학생 때 공부를 못하면 앞으로 무엇을 잘할 수 있을까?'라는 생각을 했고 즉시, 책상 위에 가득했던 모형만드는 도구와 재료들을 싹 정리하고 상자에 담아 수능이 끝날 때까지 열어보지 않았다. 그렇게 고등학교 2학년 때부터 수능 때까지 1년 반 정도를 정말 공부에만 집중했다. 매월 자기점검으로 쳤던 모의고사 성적 그래프가 계속 상승했고, 결과적으로 표준편차 360점대라는 상당히 높은 성적을 거두었다. 이때의 일은 나에게 '나도 노력하면 잘할 수 있구나.'라는 자신감을 심어주는 계기가 되었다. (인생은 영화와 다르게) 경쟁률이 높은 학과에 무리하게 지원하는 바람에 결국엔 원하는 대학에 합격하지 못하고 고졸로 사

일은 배신하지 않는다

회에 나오게 되었지만, 그때의 경험은 나에게 무척 값진 것으로 남아 있다.

어릴 때부터 '똑똑하다', '영리하다'라는 말을 듣고 자란 아이들에게는 한 가지 공통점이 있는데, 바로 내가 남들보다 우월하고 선택받은 사람이라는 선민의식이 깊게 자리 잡고 있다는 것이다.

자신감과 자존감을 갖는 건 좋은 일이지만 그게 막연한 선민의식으로 발전하면 오히려 독이 된다.

자신을 객관적으로 보지 못하는 사람은 내가 뭔가를 만들기 위해 생각하기보단 다른 사람의 작업을 비평하며 내가 마음만 먹으면 그것보다 더 대단한 걸 만들 수 있다고 세뇌하기 마련이다. 하지만 마음먹지 않는다. 왜냐면 마음먹고 했는데 대단한 걸 못 만들게 되면 자신이 대단한 사람이 아니게 되니 자기방어적으로 실천을 하지 않게 된다. 내가 스스로 천재도 아니고 우월한 사람도 아니라는 걸 인정하는 것이 다음 단계로 나아가는 첫 발걸음이다.

이 책은 내가 천재라서 혹은 잘나서 '성공하려면 이렇게 해라!'고 훈계하거나 자랑하려는 글이 아니다. 고졸이라는 학력에 해외 유학

한번 가지 않고도 어떻게 뉴욕에서 그리고 실리콘밸리에서 인정받는 디자이너 & 엔지니어로 성장할 수 있었는지, 지난 10여 년 동안의 나의 생각, 실천, 노력, 그리고 나의 디자인에 관해 이야기하고자 한다. 그것들이야말로 지금의 나를 만든 원동력이며 나와 비슷한 길을 가고자 하는 분들께 꼭 들려드리고 싶은 이야기이기 때문이다.

일은 배신하지 않는다

CHAPTER 01

구글 I/O 2014

구글 I/O
첫 발표를
하다

Good News

여느 때와 같이 느지막하게 출근길 셔틀버스에 몸을 실었을 때 매니저인 알렉스에게서 문자 메시지가 왔다.

"종민, 너 어디야? 빨리 와봐. 좋은 소식이 있어!"

뭔지 말해 달래도 말해주지 않고 일단 와보라는 알렉스의 답장에 궁금함을 가득 채운 채 회사로 향했다. 내 자리에 와보니 알렉스는 미팅으로 잠시 자리를 비운 상태이고 옆자리의 칼이 내게 말을 걸었다.

"축하해. 알렉스한테 소식 들었어?"

"아니, 알렉스가 좋은 소식 있다고 빨리 오라는 말만 하던데?"

"아직 말하지 않았구나. 나도 말하지 않을래. 알렉스의 계획을 망치긴 싫어."

속으로 '뭐야 얘네들?'이라고 생각하고 있을 때쯤 미팅에서 돌아온 알렉스가 나를 회의실로 불렀다.

알렉스가 말했다.

"놀라지 말고 잘 들어. 크롬 팀이 네가 만든 고흐 프로토타입을 이번 I/O에서 보여주기로 했대."

그 말을 듣는 순간 내 얼굴은 넘쳐나는 기쁨을 숨길 수가 없었다. 전 세계 구글에는 약 5만 명의 직원이 있고 모두가 하나같이 날고 긴다는 사람들이 모여 있다. 그런 구글에서도 일 년간의 성과와 비전을 발표하는 자리인 구글 I/O는 직원 모두가 바라는 큰 무대다. 거기에 들어온 지 7개월밖에 안 된 신입사원인 나의 작품이 소개된다니, 이건 정말 큰 영광이었다. 알렉스가 계속해서 말했다.

"내 8년 구글 경력 중에서 우리 팀의 작업이 I/O에 발표되는 건 처음이야, 설레발 치다가 망치고 싶지 않으니 우리 셋만 아는 비밀로 하고 작업을 하자."

알렉스는 언제나 모든 일을 FM대로 진행하고 신중한 성격이었기에 그의 말을 수긍할 수 있었다.

고흐 프로토타입

고흐 프로토타입은 내가 구글에 입사해서 진행한 첫 프로젝트였다. 내가 구글에 입사한 때는 2013년 11월이었는데, 그 당시 구글은 새로 론칭할 매터리얼 디자인을 전 제품에 적용하는 작업을 진행하고 있었다. 내가 소속된 구글 검색팀도 그 일로 바빴는데, 디자이너는 다양한 디자인을 시도 중이었고 모션팀은 그 디자인을 바탕으로 움직임을 영상으로 만들고 있었다. 'Mobile First'라는 당시 목표에 맞게 구글 웹사이트는 모바일을 우선으로 디자인되고 있었는데 여기서 문제가 발생했다. 모션팀이 만든 움직임들은 영상으로 볼 땐 매우 아름답고 좋았지만, 엔지니어들이 실제 제품으로 만들자 움직임이 툭툭 끊겼고 부드럽게 작동되지 않았다. 그도 그럴 것이 데스크톱이나 네이티브 앱과 비교하면 한계가 많은 모바일 브라우저에 많은 애니메이션을 보여주기에는 모바일폰의 성능이 충분치 않았다. 이에 엔지니어들은 모션팀이 만든 영상처럼 만드는 것은 불가능하다고 말하며 다른 방법을 찾아야 하는지 고민하는 상태였다.

나 역시 모바일을 우선순위로 작업했는데 '모바일 웹에서 부드러운 애니메이션을 보여줄 방법이 없을까?' 하고 고민하다가 문득 아이디어가 떠올랐다. CSS3에는 3D 효과 지원을 위한 Transform 속성이 있었는데 이것을 이용하는 아이디어였다. 보통 우리가 즐기는 게임 등의 3D 화면은 평면인 2D보다 많은 양을 계산해야 한다. 이 계산을 CPU 혼자 처리하기엔 버거우므로 컴퓨터의 그래픽카드라고 부르는 GPU에서 처리하도록 해서 성능을 높이는데 이것을 GPU 가속(GPU Acceleration)이라고 부른다. 2D 애니메이션이지만 속도를 높이기 위해 3D를 위한 GPU 가속을 빌려 쓰자는 개념이었다. 빠른 것만 사용해서 전체적인 성능을 높이자는 아이디어에서 출발해 하나씩 부딪히는 문제를 해결해갔다.

문제 해결을 위한 발상의 전환

CSS3 Transform만을 사용해서 애니메이션을 만들 때 가장 큰 문제는 다양한 애니메이션을 만들 수 없다는 것이다. 예를 들면 Transform을 사용한 애니메이션은 x, y, z축의 이동만 가능했기에 크기가 변한다든지, 가려진 일부분만 보여주는 마스킹 효과 등을 만들 수 없었다. 크기 변화에는 scale3D라는 속성이 있었지만, 이 scale은 말 그대로 전체 크기를 확대/축소하기 때문에 1픽셀 두께의 선이 깨져 보이거나, 부모 레이어뿐만 아니라 그 속에 있는 자식 레이어도 크기가 바뀌는 등의 문제가 있었다.

이것을 해결하기 위해 레이어 트릭을 생각해냈다. 3개의 레이어를 만들어 크기가 벗어난 부분은 보이지 않도록 하고 각각의 레이어의 위치를 움직여 크기가 바뀌는 것처럼 보이게 만들었다. 즉 이동 효과만 사용해 크기가 변하는 애니메이션을 만드는 트릭인데, 레이어의 width / height 속성에 직접 애니메이션을 줄 때보다 성능이 훨씬 좋았다.

레이어 트릭 – 레이어가 겹쳐지는 부분만 실제로 보인다

단순하고 쉬워 보이는 것들도 실제 제작 과정에서는 생각지 못한 많은 문제에 부딪히게 된다. 이 문제를 해결하는 과정에서 창의력이 요구된다. 레이어 트릭은 누구도 생각지 못한 방법이었는데 크기를 바꾸려면 width / height 속성을 바꿔야 한다는 당연함을 뒤집는 발상의 전환이 있었기에 가능했다. CSS3 Transform만을 사용한 레이어 트릭과 그동안 프론트엔드를 개발하면서 쌓아왔던 성능을 높이기 위한 노하우, 거기에 나만의 모션감을 더해 빈센트 반고흐를 주제로 구글 모바일 웹사이트의 프로토타입을 만들었다. 기존의 모바일 웹에서 볼 수 없던 복잡한 애니메이션의 부드러운 움직임은 사람들의 마음을 사로잡았고 불가능을 가능으로 바꾼 파급 효과는 엄청났다.

먼저 그 작업을 본 팀원들은 나에게 마술을 부렸다며 나를 Magician이라고 불렀다. 엔지니어 파트의 부사장님은 본인의 G+에 내 작업을 소개하며 모바일 웹의 방향이라는 극찬을 했고, 세계 여러 나라의 구글 직원들에게 문의 메일과 축하 메일을 받았다. 매니저인 알렉스가 나를 처음 만나는 구글 직원들에게 소개할 땐 "얘가 고흐 작업 만든 애야."라고 하면, "아~ 너였구나. 나 그거 잘 봤어."라고 말하거나, 처음 보는 사람에게 내 이름을 말하면 "네가 종민이구나, 너에 대해 많이 들었어."라고 말할 정도로 구글 내부에선 유명해지기도 했다. 연말에 열렸던 UX 팀 행사에서 올해의 창의적인 사람(The Most Innovative Person of The Year at Knowledge UX)으로 뽑혔는데, 그때 나에 대해 "그의 작업은 디자이너, 엔지니어, 프로듀서를 놀라게 했고, 모바일 웹에서 무엇이 가능한지 보여준 사람"이라고 평했다. 그리고 크롬 팀의 요청으로 크롬 브라우저의 애니메이션 성능을 높이기 위해 크롬 팀과 협업을 시작했다. 이런 인연으로 구글 I/O에서 크롬 팀이 내 작업을 보여주기로 결정한 것이다.

구글 I/O

한 번 만들었던 작업이지만 I/O용으로 다시 디자인과 모션을 다듬고 새로 작업을 시작했다. 새로 한 작업은 주말까지 반납하며 3일 정도 걸렸는데 구글에 입사한 이후의 첫 주말 작업이었지만 전혀 힘들지 않았다. 월요일에 출근해서 다시 만든 작업을 보여줬을 때 다행히 사람들의 반응이 좋았고 "그대로 진행되겠지."라며 안도의 한숨을 쉬었다.

하지만 월요일 오후 퇴근을 10분 앞두고 UX 팀 총괄 디렉터인 바비가 내 자리로 와서 고흐 작업에 관해 이야기했다. 다른 건 다 마음에 드는데 첫 화면에서 검색 결과로 넘어가는 화면 전환이 영 어색하다는 것이다. 그때 내가 만든 화면 전환은 첫 화면의 구글 검색을 클릭하면 메뉴바가 위에서 아래로 내려오면서 진행되는 모션이었는데 바비는 그 부분이 어색하게 느껴진다는 것이었다. 그때 마침 크롬 팀에서도 피드백이 왔는데 첫 화면은 회색이 아닌 흰색으로 바꾸자는 의견이었다. 바비의 의견에 알렉스와 나는 급하게 모션팀을 찾아갔다. 모션팀에서 자리를 지키고 있던 까를로스가 우리의 설명을 듣곤 본인

이 작업한 영상물 몇 개를 샘플로 보여줬다. 그 작업을 보며 의견을 나
누고 있을 때 까를로스의 작업물들 중의 하나가 유난히 눈에 들어왔
다. 문득 '아, 저것과 크롬 팀의 피드백인 흰색 배경을 조합해서 이용
하면 되겠구나!'라는 아이디어가 머리를 스쳐 갔다. 나는 즉시 "나 감
잡았어."라고 말하고 자리로 돌아가 작업을 시작했다. 첫 화면과 탑 메
뉴의 배경이 같은 흰색인 걸 이용해서, 첫 화면의 흰색 배경이 탑 메뉴
부분만큼 줄어들면서 탑 메뉴를 만들어내는 모션을 만들었다. 완성한
후 바비, 알렉스, 까를로스를 모아놓고 시연을 했는데 반응이 폭발적
이었다. 까를로스와 바비는 나에게 연신 하이파이브를 해댔고 매니저

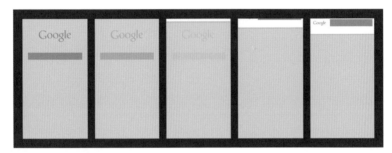

기존에 만든 화면 전환

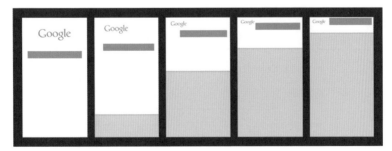

새로 만든 화면 전환

일은 배신하지 않는다

인 알렉스도 만족스러운 얼굴이었다. 옆에 있던 한 직원은 디렉터인 바비가 하이파이브를 하는 모습은 처음 본다며 무슨 일이냐고 물어오기도 했다. 바비가 10분 만에 자기의 피드백을 이렇게 완성도 있게 반영한 사람은 처음 봤다며 극찬을 했다는 것을 나중에 알렉스에게 들었다.

완성된 작업을 크롬 팀에 전달하고 기다리던 I/O날이 다가왔다. 사람이 많은 곳을 싫어하는 성격이라 행사장에 참석하진 않고 내 자리의 모니터로 행사를 시청했다. 내가 만든 작업을 보여줄 차례가 다가오자 크롬 팀의 애브니 샤가 사회자로 오르고 작업을 같이 의논했던 크롬 팀의 톰이 프로토타입을 컨트롤하기 위해 한쪽에 서 있었다. 프레젠테이션이 시작되고 내가 만든 작업이 큰 화면으로 나왔고 사회자의 설명에 맞춰 톰이 작동을 시작했다. 프레젠테이션이 진행되는 동안 우리 팀은 축제 분위기였고 나 역시 뿌듯함을 감출 수 없었다.

I/O 뒤풀이에서 팀원들과

프레젠테이션 도중에 사회자가 말했다.

"이것은 일 년 전에는 불가능했습니다."

나에게 하는 말이었는지 알 수는 없지만, 내가 이것을 가능하게 만들었다는 자부심이 밀려왔다.

인터랙티브 디벨로퍼와
UX 엔지니어

인터랙티브 디벨로퍼

보통 내 직업을 다른 사람에게 이야기할 때 난감한 경우가 많다. 엔지니어이지만 디자인에도 관여하고, 그렇다고 디자이너만 하는 디자이너는 아니고...

   내가 하는 일을 풀어서 설명하면 보이는 영역을 개발하고, 시각 효과를 디자인하고, 인터랙션과 애니메이션을 코드로 작성하고, 성능을 테스트하고, 문제가 생겼을 땐 해결 방법을 찾는 일이다. 이런 직업을 구글에선 UX 엔지니어라고 부르고 있는데, 사실 이런 명칭은 중요하지 않다. 그전에는 인터랙티브 디벨로퍼, Creative Technologist, 등 다양한 명칭으로 불리기도 했었다. 직종이라는 건 시장의 요구에 따라 혹은 기술의 변화에 따라 항상 다르게 불리기 마련이다. 인터랙티브 디벨로퍼는 내가 처음 이일을 시작할 때 불리던 명칭이었다. 지금은 사용하지 않는데 처음 일을 시작할 때의 설렘이 있는 명칭이라서 나는 항상 자신을 디자인을 좋아하는 인터랙티브 디벨로퍼(Interactive Developer)라고 소개한다.

인터랙티브 디벨로퍼를 알려면 우선 프론트엔드 엔지니어에 대해 알아볼 필요가 있다. IT업종에서 웹(Web) 제작자의 개발 분야는 백엔드(Back end) 엔지니어와 프론트엔드(Front end) 엔지니어로 나눌 수 있다. 백엔드 엔지니어는 일반적으로 웹 개발자라고 부르기도 하며, 데이터베이스나 네트워킹 등 서버에서 일어나는 개발을 담당하는 분야다. 나머지 하나인 프론트엔드 개발 분야가 좀 재미있는 분야인데, 웹이 처음 만들어졌을 때 웹사이트는 단순히 링크만 가지고 있는 문서에 불과해 프론트엔드 개발에 특별한 기술이 필요하지 않았다. 하지만 웹이 발전하면서 화면 전환 같은 애니메이션이 강화되고 인터페이스가 다양해지는 등 사용자 경험이 중요해지자, 이 화려해진 디자인을 브라우저가 읽을 수 있도록 만드는 작업이 복잡해지기 시작했다. 그 결과, 디자이너의 다양한 디자인을 표현하는 것에 많은 기술적 능력이 필요하게 되었는데, 사용자의 화면인 클라이언트(Client) 부분을 디자인에 맞춰 개발하는 직군을 프론트엔드 엔지니어라고 부르고 있다.

인터랙티브 디벨로퍼는 프론트엔드 엔지니어와 비슷하지만 조금 더 특별한 부분에 초점을 맞춘다. 웹에서의(특히나 클라이언트 부분의) 기술은 빠르게 변하는데 단순 HTML에서 애니메이션을 위한 플래시로, 액션스크립트 2.0에서 업그레이드된 3.0으로, 다시 HTML5로, 그리고 스마트폰 앱을 위한 새로운 기술 등, 한 가지 개발 언어를 안다고 해서 철밥통을 지키며 살기 힘든 직군이다. 과거 데스크톱 컴퓨터에서 보이던 웹이 모바일로 이동했듯이 후엔 다른 기기에서도 보일 수도 있다. 즉, 웹은 사라지지 않겠지만, 웹을 보여주는 디바이스는 바뀔 수 있고 개발 언어 또한 달라질 수 있다. 하지만 변하지 않는 건 콘텐츠를 보여주고 사용자들의 반응을 받아서 데이터로 저장·분석한다는 점이다. 웹이나 앱은 책이나 프린트 디자인같이 정적인 화면이 아니라 사용자의 입력에 반응하는 동적인 화면이다. 예를 들면 버튼이 눌러질 때의 반응, 다음 화면이 나올 때의 화면 전환, 올바른 입력을 유도하기 위한 애니메이션 등 오프라인 미디어에서는 볼 수 없는 인터랙티브함이 있다. 이 사용자의 반응에 해당하는 부분에 초점을 맞추어 디자인하고 개발하는 직군을 인터랙티브 디벨로퍼라고 정의할 수 있다.

움직임을 디자인한다는 점에서 모션 디자이너와 비슷한 일이기도 하지만 기술적으로 해당 부분을 구현한다는 점이 다르다. 하지만 개발 자체보단 움직임과 반응에 초점을 두기 때문에 특별한 개발 언어를 지칭하는 직군은 아니다. 필요에 따라 다른 개발 언어를 사용해서 사용자와 소통을 위한 부분을 담당한다. 인터랙티브 디벨로퍼로서 갖추어야 할 소양으론 디자인 감각을 기본으로 애니메이션을 위한 모션 감각, 표현 영역을 넓혀줄 수 있는 3D에 대한 이해, 프론트엔드와 백엔드 언어에 대한 이해, 게다가 수시로 변하는 환경에 대비해 새로운 것을 과감하게 받아들이는 자세까지 있어야 하니 어려우면서도 동시에 그만큼 재미있는 일이라고 할 수 있겠다. 즉, 디자인, 모션, 개발의 모든 영역에 관심과 이해가 있어야 하는데 아직도 이 모든 것을 동시에 해내는 사람은 많지 않으며 외국에서도 굉장히 특별한 케이스로 취급된다. 요즘 들어 그 수요가 더 늘어나기 시작했는데, 그 이유는 더이상 디자인과 코드가 따로 작업되지 않기 때문이다. 미니멀한 디자인이 대세가 되면서 좀 더 시선을 끌어줄 수 있는 모션에 힘이 실리고, 다양한 기기에 일관된 사용자 경험을 보여주는 것이 중요해졌다. 코드를 바탕으로 디자인과 인터랙션의 퀄리티를 높여주는 작업이 어느 때보다 중요해진 요즘이다.

개발자에겐 '기술'은 중요하다. 기술을 아는 만큼 구현이 가능하기 때문이다. 하지만 인터랙티브 디벨로퍼에겐 기술보다 다른 것이 더 중요하다. 프로그래밍 언어는 사람이 쓰라고 만들어진 언어다. 무슨 말이냐면 누구나 시간을 투자하면 배울 수 있고 잘할 수 있다는 말이다. 게다가 한 가지 언어를 마스터 하면 다른 언어를 배우는 것이 힘든 일이 아니게 된다. 중요한 것은 기술이 아닌 디자인, 모션, 인터랙션 같은 딱 잘라 설명하기 힘든 내공이다. 눈에 보이는 디자인을 잘 구현하려면 우선 디자인에 대한 이해가 필요하다. 그 디자인을 아름답게 꾸미기 위해선 모션감이 필요하고, 거기에 적절한 사용자의 반응을 만들기 위해선 인터랙션에 대해 고민해야 한다. 이런 것들이 모여 내공 있는 결과물이 만들어진다. 내공 있는 결과물을 만들기 위해선 좋은 것을 구분할 수 있는 눈을 가지는 것이 첫 번째고, 두 번째는 인터랙션에 대해 충분하게 고민해야 한다. 공부 방법은 좋은 디자인을

일은 배신하지 않는다

계속 보고, 고민하고, 만들어보는 것 외엔 없다. 얕은 실력으로 남들이 보기에 그럴싸한 작업을 만드는 것은 어려운 일이 아니지만, 내공이 없는 실력은 금방 탄로 나기 마련이다. 이 분야는 단거리 달리기가 아닌 장거리 마라톤임을 명심하고 꾸준한 열정으로 공부해야 한다. 회사에서 일하다 보면 내가 만든 작업물은 설명할 순 없지만, 뭔가가 다르다는 이야기를 종종 듣는다. 나는 그 이유가 개발자가 아닌 인터랙티브 디벨로퍼에 초점을 맞춰서 성장하려고 노력했기 때문이라고 생각한다.

UX 엔지니어

앞서 소개한 인터랙티브 디벨로퍼와 비슷하지만 조금은 다른 구글의 UX 엔지니어에 대해 좀 더 자세히 소개하고자 한다.

인터랙티브 디벨로퍼의 역할을 구글에선 UX 엔지니어라고 부르고 있으며 실제 제품에 들어가는 코드를 작성하기보단, 디자이너와 협업해서 프로토타입(Prototype)을 주로 만든다. 시장의 요구와 흐름에 맞춰 디자인 작업을 단순히 시안 한 장으로 끝내는 것이 아닌, 실제로 작동되는 프로토타입으로 구현해보는 일이 많아졌다. 이로 인해 프로토타이퍼(Prototyper)라는 새로운 롤이 생겨났고, 구글에선 이를 UX 엔지니어라고 부른다.

구글의 UX 엔지니어들은 디자이너들과 밀접하게 일하며, 새로운 디자인 아이디어나 시안들을 프로토타입으로 만드는 역할을 한다. 제품 전체의 사용자 경험이 올바르게 흘러갈 수 있도록 화면 전환이나 유저의 인터랙션 같은 중요한 뼈대부터 작은 버튼의 디테일한 애니메이션까지, 디자이너가 2D로 그려진 몇 장의 시안으로는 보여주기 힘든 부분을 제작한다.

필요한 능력

1. 디자인/모션 감각

디자이너가 만든 디자인을 개발자가 프로토타입으로 혹은 실제 제품으로 바로 만들어도 되지만, 그렇게 하지 않고 프로토타이퍼의 손을 거치는 가장 큰 이유는 디자인/모션 감각일 것이다. 같은 제품이라도 디자인/모션 감각이 있는 사람과 아닌 사람의 작업물에는 (말로 설명하기 힘든, 느낌 같은 느낌의) 완성도 차이가 있다. 모든 개발자에게 디자인/모션 감각을 요구할 수 없으니 이런 감각을 가진 사람들이 먼저 개발을 진행해보고 문제점을 찾고 개선해서 실제 개발 작업에서 발생할 수 있는 실수를 줄이고 제품의 완성도를 높여준다.

디자인 감각이 좋은 UX 엔지니어가 만든 작업을 일반 엔지니어들이 똑같이 만들었을 때 '왜 다른 결과물이 나오냐?'라는 피드백을 자주 접하곤 하는데, 이 때문에 UX 엔지니어들은 애니메이션에 사용한 코드를 따로 정리해서 실제 제품을 구현하는 엔지니어들에게 전달하기도 한다. 이는 UX 엔지니어들의 작업이 단순히 디자인을 실제 디바이스에서 볼 수 있도록 구현해보는 것을 넘어, 엔지니어들에겐 모션 가이드의 역할도 할 수 있음을 보여준다.

2. 코딩 능력

UX 엔지니어의 실제 작업은 코드를 사용해서 뭔가를 만들어내는 것이다. 이는 디자인 작업을 하지만 디자이너가 아니라 엔지니어라고 불리는 이유인데, 코딩 능력은 기본으로 갖추어야 하기에 매우 중요하다고 할 수 있다.

웹 개발을 위한 Javascript나 iOS/Android 개발을 위한 프로그래밍 언어들을 사용해서 개발을 진행한다. 프로토타이핑 시장이 커지면서 코드에 친숙하지 않은 디자이너들을 위한 프로토타이핑 툴(Prototyping tool)이 많이 등장했지만, UX 엔지니어는 이런 툴과는 상관없는 직업으로 네이티브 코드(Native code)를 사용해서 작업을 진행한다. 그 이유는 툴로는 표현하기 힘든 한계점까지 표현해야 하는 경우가 많아서인데, 구글의 UX 엔지니어팀은 프로토타입이지만 실제 제품과 동일한 수준의 완성도를 만드는 것을 목표로 하고 있다.

3. 문제 해결 능력

프로토타입은 실제 개발 전에 진행되는 선행 작업인 만큼 많은 문제와 맞닥뜨리게 된다. 제품으로 출시하기 전 다양한 문제를 발견하고 해결 방법을 찾는 것인데, 이때 요구되는 것이 문제 해결 능력이다.

개발을 어느 정도 공부하다 보면 개발 코드에만 갇혀서 유연한 사고를 하기 힘든 시기가 오기도 한다. UX 엔지니어는 이런 코드의 룰을 뛰어넘어 비주얼을 구현하기 위한 트릭을 찾는 스킬이 중요하다.

4. 새로운 시선

모든 선행 작업 롤이 그렇듯이 프로토타입도 일종의 선행 작업으로 항상 새로운 것에 대한 감각이 필요하다. 이는 굳이 UX 엔지니어가 아니라 모든 디자이너에게도 해당되는 이야기겠지만, 트렌디한 모션감과 디자인에 대한 꾸준한 관심은 제품의 완성도에 큰 도움을 준다.

장점

UX 엔지니어로 일하면서 가장 좋은 점은 다양한 브라우저, 혹은 디바이스에서 잘 작동되는지 확인하지 않아도 된다는 것이다. 이를 호환성 테스트라고 부르는데, 프론트엔드 엔지니어로 일할 땐 개발이 끝난 결과물을 여러 디바이스에서 돌려보며 버그나 문제점을 수정하곤 했다. 사실 이 작업은 중요하지만 조금은 지루하고 재미없다. 프로토타입은 한두 개의 정해진 브라우저/디바이스에서 테스트하기 때문에 호환성 체크를 하지 않고, 작업시간을 온전히 완성도 높은 결과물을 만드는데 쓸 수 있다.

어느 회사든 그들만의 코딩 룰이 있으며, 제품을 론칭하거나 업데이트할 때 이 까다로운 코딩 검사를 거치는 것이 일반적이다. 프로토타입은 출시하는 제품을 만드는 것이 아니기 때문에 코드 규칙이나 라이브러리 사용 등에서도 다른 엔지니어들보단 비교적 자유로운 편이다.

또 다른 장점은 재미있는 아이디어를 먼저 접해볼 수 있다는 것인데, 제품이 완성되기 전 아이디어 단계에 참여해서 더 나은 제품으로 발전시키는 성취감을 느낄 수 있다.

단점

UX 엔지니어의 가장 큰 단점은 하나의 완성된 제품을 만들지 않는다는 것이다. 일반적인 작업자들에겐 내가 만든 제품이 세상에 론칭되는 희열을 느낄 수 있는 순간이 있다. 하지만 UX 엔지니어는 프로토타입 단계의 작업을 진행하기 때문에 참여한 제품이 론칭될 땐 이미 다른 작업을 진행 중인 경우가 많다.

게다가 도중에 프로젝트가 무산되거나, 중간중간 수많은 수정 사항으로 처음과 다른 버전을 여러 개 만들어야 하는 등의 힘든 점이 있다. 이는 프로토타입의 특성인데, 중간에 프로젝트의 방향이 바뀌어서 지금까지 만든 것이 쓸모없게 되더라도 화내거나 실망하지 않고 쿨하게 다시 시작할 수 있는 여유로운 자세가 필요하다.

성장의 측면에서 보면, 실제 코드를 작성하지 않는 것이 편하다는 장점일 수 도 있지만, 엔지니어의 개인 발전에는 도움이 안 되는 단점으로 작용할 수도 있다. 코드의 퀄리티를 높여주는 코드 리뷰 없이 만들던 것만 계속 만드는 매너리즘에 빠지게 되기도 하는데, 나 역시 UX 엔지니어로 3년 정도 일을 했을 때 이런 느낌을 받았다.

개인적으론 이런 단점을 극복하기 위해 실제 제품에 들어가는 코드를 개발할 수 있는 팀으로 옮겼다. 구글의 장점 중 하나가 다양한 팀이 있고 다양한 기회가 있다는 것이다. 새로운 팀에서는 UX 엔지니어로 일을 하지만 실제 코드에도 관여하는 프론트엔드 엔지니어의 역할도 동시에 하고 있다. 두 가지 일을 동시에 한다는건 쉽지 않고, UX 엔지니어로서 굳이 하지 않아도 될 일이지만, 이런 노력들이 나를 더 성장시킨다는 것을 경험으로 알기에 새로운 팀에서 재미있게 작업을 진행하고 있다.

디자이너 + 개발자

앞서 인터랙티브 디벨로퍼나 UX 엔지니어에 대해 소개를 했지만, 디자인과 코드를 동시에 하는 이런 직업이 처음부터 정해져 있었던 건 아니다. UX 엔지니어도 최근에 생긴 직종이고 (심지어 내가 구글에 조인했을 땐 UX 엔지니어라는 직종은 존재하지도 않았다) 인터랙티브 디벨로퍼도 엄밀히 말하면 프론트엔드 엔지니어의 초기 버전이라고 할 수 있다.

일은 배신하지 않는다

많은 사람이 디자인과 개발을 같이 하려면, 회사에서 디자이너의 역할과 개발자의 역할을 동시에 수행해야 할 거라고 생각한다. 하지만 내가 말하고 싶은 디자이너+개발자의 모습은 융합적인 인재의 모습이다. 디자인에 대한 지식과 이해를 바탕으로 개발자로 일하지만 결과물에 디자인적 감각이 가미된, 남들과는 다른 모습을 보여주는 인재를 말한다. (혹은 개발에 대한 이해가 있는 디자이너도 마찬가지다.) 즉, 개발도 잘하고 디자인도 잘하는, 혼자서 모든 걸 다 하는 그런 인재를 말하는 것이 아닌, 다른 분야에 대한 이해를 바탕으로 더 나은 결과물을 보여주는 인재를 뜻한다.

나 역시 회사에선 주로 코딩만 했고 디자인은 취미로 내가 좋아서 하곤 했었는데, 처음에 디자인과 개발을 둘 다 하고 싶다고 했을 때 선배들은 세상에 그런 직책은 없다고 하면서 한 가지나 잘하라는 말을 했었다. 이것은 회사와 직군이라는 틀에 나를 맞추기 때문에 생기는 오류라고 생각한다.

내가 회사에서 직접 디자인을 하지 않아도 디자인을 공부하며 쌓인 디자인 감각이 개발에 묻어나면 더 좋은 결과물이 나올 수 있다. 특히나 보이는 화면을 만드는 프론트엔드 개발의 경우엔 디자인을 모르고 만드는 개발과 디자인을 이해하고 만드는 개발에는 결과물의 퀄리티에 차이가 있다.

세미나나 이메일로 가장 많이 받는 질문 중의 하나는 '종민님처럼 되려면 어떻게 해야 하나요?'다.

내가 만드는 작업물들처럼 재미있는 것을 만드는 사람이 되고 싶고, 그러려면 어떤 방향으로 공부/취직을 해야 하는지 묻는 질문인데, 남들이 봐도 재미있을 것 같은 화려한 비주얼의 작업들'만' 만들면서 회사에서 인정도 받고 돈도 많이 벌면 좋겠지만, 사실 그런 회사는 존재하지 않는다.

회사는 수익을 창출한다는 목표를 가진 집단이기에 나만을 위해서 내 입맛에 맞는 일들만 나에게 줄 수는 없다.

'나는 이런 재미있는 일을 하고 싶은데 회사에선 재미없는 일만 시킨다'든지, '만약 내가 디자이너인데 개발을 할 줄 안다고 하면 내 업무 이외에도 잡다한 일을 나에게 시켜서 힘들다' 하는 질문도 역시 많이 받는다.

그래서 나는 개인 작업이 중요하다고 말하고 싶다.

아무리 말로 내가 뭘 잘한다, 뭘 하고 싶다고 말해봐도 그게 먹힐 확률은 굉장히 낮다. 하지만 작업으로 보여준다면 얘기가 다르다. 이는 내가 개인 작업을 하면서 느낀 부분인데, 내가 만드는 개인 작업물들이 쌓이고 점점 세상에 알려지면서, 회사 내의 사람들까지 나를 그런 작업을 잘하는 사람으로 인식하고 있었다. 자연스럽게 회사에 그런 류의 일이 생겼을 때 나를 중심으로 팀이 꾸려지게 된다.

즉, 회사에서 내가 하고 싶은 부분을 맡겨줄 때까지 기다릴 것이 아니라, 스스로 잘할 수 있는 분야를 개인 작업으로 만들어 세상에 공개하는 것이다. 디자이너라면 수동적으로 행동하기보단 내가 좋아하는 분야, 잘하는 분야를 계속 어필할 수 있어야 한다.

회사에서 나에게 정해준 타이틀은 중요하지 않다.

일은 배신하지 않는다

커리어에 대한 고민도 비슷한데, 나는 조심스럽게 내 직업은 내가 만들어가는 것이라고 말해주고 싶다.

인생은 게임과 달라서 초보자-파이터-워리어로 전직하는 패턴을 따라간다고 꼭 성공하진 않는다. 게임은 레벨을 빨리 올려 보스를 잡으면 끝, 해피엔딩이 되지만 인생은 다르다. 내가 원하는 목표를 이루었다고 하더라도, 그 후에 또 다른 문제가 생긴다.

내가 미래에 UX 엔지니어라는 직종이 생길 것을 예상하고 공부했던 것이 아니듯이, 빠르게 변하는 IT 환경에서 10년 뒤, 아니 5년 뒤에 어떤 직종이 생겨나고 사라질지 누가 알 수 있을까? 내가 어떤 직책의 사람이 되겠다는 생각보단 어떤 것을 만드는 디자이너가, 혹은 개발자가 되겠다고 생각하는 게 바람직하다고 본다. 내가 실제 제품에 쓰이는 코드에 관여하지 않고 프로토타입만 만드는 구글의 UX 엔지니어라는 타이틀에 안주하지 않고, 팀을 옮겨 UX 엔지니어의 롤과 실제 제품에 들어가는 코드도 만드는 프론트엔드 엔지니어의 롤을 동시에 수행하고 있는 것도 이런 생각이 바탕이 되어서다. 눈 앞의 정해진 특정 롤에 맞춰 취업하는 것이 목표가 되기보단 내가 어떤 작업에 더 흥미를 느끼는지를 고민해 볼 필요가 있다.

CHAPTER 02

한국에서의 5년

고졸
PC방 알바

고졸 PC방 알바

성적이 많이 올라간 것에 자신감을 얻어 재수 생활을 야심차게 준비했지만 컴퓨터를 접하면서 공부에 소홀히 하게 되었고 전년도보다 오히려 성적이 떨어지는 결과를 가져왔다. 그 당시 IMF 외환위기의 여파로 부모님께서 서울로 돈을 벌러 가시게 되면서 혼자 남을 나를 걱정해 공부에 도움이 되라며 컴퓨터를 사주셨다. 그전까진 컴퓨터를 켜는 방법도 몰랐는데 포토샵과 HTML로 화면에서 뭔가가 만들어진다는 것이 너무 신기해 금방 빠져들었다. 20살에 처음 접한 컴퓨터는 내가 대학 입학 시험에 떨어지는 원인이 되었지만, 결과적으로 지금의 나를 만든 시작점이 되었으니 참 아이러니하다. 가고 싶었던 대학에 갈 수 없게 되자 장학금을 받을 수 있고 집에서 가까운 대학을 선택해서 다녔다. 하지만 그곳에선 배움이 즐겁지 않았고 이 정도는 독학으로 공부해도 충분하겠다는 생각이 들었다. 비싼 등록금을 낭비하는 것 같아 1학년 1학기를 마치고 군대에 갔다가 제대하자마자 학교에 찾아가 자퇴를 신청했다. 자퇴신청서를 내려면 담당 교수의 서명이 필요했는데 그날 만났던 교수님께서는 "대학도 안 나와서 앞으로 무엇을 하겠느냐"라는 걱정스러운 말씀을 많이 해주셨다. "나름대로 생각해둔 것이 있어서 자퇴합니다"라고 대답했지만 사실 계획 따윈 없었다. 자퇴서를 제출하고 나오는 길에 더는 학생이라는 신분을 핑계 삼지 못하는 나는, 앞으로 무엇을 해야 하는지 막막함이 들었다.

무작정 놀 수만은 없어서 일자리를 알아보던 중 집 근처의 PC방에 알바 면접을 보러 갔다. 그 PC방에는 40대 중후반의 사장님이 계셨는데 제대하자마자 바로 알바를 구하러 온 내 모습에서 성실함이 보인다며 흔쾌히 알바 자리를 주셨다. 2교대로 사장님은 야간을, 나는 주간을 맡아서 일을 시작했다. 갓 제대하고 부지런함이 몸에 배 있는 데다 한 번 일을 시작하면 완벽하게 해야 하는 것이 성격인지라 일찍 출근해서 바닥부터 화장실까지 대청소를 했다. 이런 내 모습을 좋게 지켜봐주시던 사장님께서 그해 마침 사업 확장으로 PC방에 자리를 비우는 일이 많아지자 나를 매니저로 승진시켜주시고 100만 원이 넘는 돈을 월급으로 주셨다. 사장님은 국내 굴지의 대기업인 S사의 인사과장 출신이셨는데 직원들을 모아두고 본인이 자주 인사과장 시절에 얼마나 대단했는지와 S사에서 받은 정신교육의 내용을 말씀하시곤 하셨다. 한때 S사라는 대기업에서 잘나가던 인사과장님도 나중에는 PC방 사장님이 되는 모습에, 나는 '내가 하고 싶은 일로 나 자신을 단련시켜서 나이가 들어도 그 일을 계속할 수 있는 직업을 가져야겠다.'라는 생각을 했다.

PC방 알바를 하면서 자연스럽게 게임에 빠지게 되었는데 특히 온라인 게임은 상당히 중독성이 강했다. 매니저로 승진하면서 알바 시간이 야간으로 바뀌었다. 야간에는 손님이 많지 않아 밤새 게임을 하거나 집에 가서 또 컴퓨터를 켠 후 잠도 안 자고 계속 게임을 하는 것이 일상이 되었다. 그러다 가상세계에서 레벨이 높아지며 사이버 친구들도 많이 생길 때 즈음 게임 속의 사람들과 실제로 만나는 정모라는 것을 하게 되었다. 게임상에서 형, 누나, 동생으로 부르며 친밀하게 이야기하던 상대들이지만 처음 만나는 자리였기에 다들 서먹서먹했고 정모에 모인 사람들은 게임 속의 화려한 모습이 아닌 현실의 고단한 모습을 그대로 보여주고 있었다. 게다가 그날 정모에서는 '뭐해서

당시 알바하던 PC방 카운터에서

　　　　　　　　　　　　　　　　일은 배신하지 않는다

돈을 버나', '먹고 살기 힘들다' 등의 이야기들이 주를 이루었다. 그런 이야기가 오가던 도중 문득 '내가 여기서 뭐하고 있는 거지?'라는 생각이 들었다. 미래를 위해서 한창 노력해도 모자랄 시간에 게임에 빠져 시간을 보내는 내 모습을 그때 만났던 분들을 통해 깨달았던 것이다. 그길로 공들여 키웠던 캐릭터를 삭제했고 그 후로는 게임을 잘 하지 않게 되었다. PC방에서 일을 하면서 한 달, 두 달 시간이 흘러갈수록 미래에 대한 두려움과 걱정만 가득했는데 그 당시 적었던 블로그의 글들에는 그런 걱정과 고민이 가득했다.

그러던 어느 날 친구 인엽이가 전단지 한 장을 들고 PC방을 찾아왔다. 인엽이는 고등학교 때부터 가까웠던 절친으로 대학생이지만 방학 때 잠깐 부산에 내려와서 알바를 하고 있었다. 인엽이가 들고 온 전단지는 '국비교육 직업전문학교'의 웹디자인 강좌 광고지였는데 그 당시 취업난을 해소하기 위해 국가에서 생활에 필요한 일정 금액을 돈으로 주며 취업에 필요한 기술들을 가르쳐주는 학원이었다. 20살 때부터 독학으로 배우고 취미로 하던 웹디자인이었기에 평소 '디자인은 어떻게 배울 수 있을까?' 하는 궁금증이 컸었고 친한 친구와 마지막으로 같이 무언가를 배운다는 것이 나쁘지 않아 직업전문학교를 찾아가서 면접을 보았다. 둘이 같이 배우기로 했지만 대학생이었던 인엽이는 개인적인 사정으로 등교 첫날 취소를 하게 되었고 나 혼자서 직업전문학교의 5개월 과정을 시작하였다.

직업전문학교를 다니기 위해 알바를 그만둬야 했기에 사장님께 말씀드리니 사장님께서는 나에게 "고졸인 네가 여기를 나가면 이 정도 월급을 받을 수 있을 거 같으냐, 다시 한번 생각해보는 것이 어떠냐?"
라고 말씀하셨다. 사장님이 나를 싫어해서 악담을 한 것이 아니라는
것을 평소 그분의 모습으로 잘 알고 있었다. 예전에 S사의 인사과장으
로 계실 때 경험했던 것들로 인해 고졸 출신이 얼마나 사회에서 살아
가기 힘든지를 누구보다 잘 아시기 때문에 하셨던 이야기였다. 그 당
시 나는 한번 정하면 집중해서 달려가는 스타일이었던지라 그때 사장
님의 말씀은 내 귀에 들리지 않았고 몇 개월의 알바생활을 청산하고
직업전문학교를 다니기 시작했다.

절친 인엽이와 풋풋했던 한때

일은 배신하지 않는다

직업전문학교

직업전문학교에서의 생활은 나쁘지 않았지만 기대했던 디자인을 가르쳐 주는 수업이라기보단 주부들을 대상으로 하는 쇼핑몰 창업 과정이었고 선생님들의 강의 수준도 그렇게 높지는 않았다. 하지만 중간에 그만둬도 별다른 계획이 없었고 출석을 잘해야 생활비를 받을 수 있기 때문에 마지막까지 성실히 다녔었다. 그 당시 부산에서 웹에이전시를 운영하다가 사업을 접고 학원 선생님으로 오신 분이 계셨는데 평소 학생들에게 취업에 대한 조언을 잘 해주셨다. 한번은 나와 1:1로 취업에 대해 이야기하면서 "종민아, 내가 보기에 너는 A급 회사는 못 가도 B급은 갈 수 있을 거야. 힘내라"라는 조언을 해주셨다. 그 말에 발끈해서 '꼭 A급 회사에 가리라'라는, 조금은 유치한 다짐을 하기도 했다.

하루는 아침 일찍 학원 가는 길에 학원 밑 1층의 자동차 대리점 앞에서 사촌 형과 마주쳤다. 사촌 형이 자동차 회사에 근무하는 것은 알았지만 학원 밑의 그 대리점인지는 몰랐기에 조금 놀랐었다. 사촌 형한테 나는 2층의 학원에 다닌다는 안부를 전하고 학원으로 올라가는 계단에서 문득, 대학을 졸업하고 직장에서 열심히 일하는 사촌 형에 비해 아무것도 하는 것이 없는 내 모습이 굉장히 초라하고 부끄럽게 느껴졌었다.

5개월의 학원 과정을 수료하고 포트폴리오용으로 만든 웹사이트 하나와 그동안 개인적으로 작업한 몇 개의 작업물을 한글파일로 정리해서 부산에 있는 웹에이전시에 입사 지원을 했다. 생전 처음 정장도 사서 입어보며 떨리는 마음으로 두 군데 정도 면접을 봤다. 그중 집에서 가장 가까운 곳에 있는 작은 웹에이전시에서 1,400만 원의 연봉으로 일을 시작하게 되었다. 처음으로 IT 일을 시작한 2005년 5월, 25살의 봄이었다.

일은 배신하지 않는다

첫
직장의
쓴맛

신용불량자 사회 초년생

부산의 첫 직장에선 웹디자이너로 일을 시작했다. 나를 포함한 두 명의 디자이너와 한 명의 개발자, 그리고 두 명의 사장님이 일을 따오는 아주 작은 회사였다. 회사는 벡스코라는 전시컨벤션센터 2층에 있는 작은 사무실이었는데 집에서 가까워서 자전거를 타고 출퇴근을 하며 나도 이제 번듯한 직장인이라는 기쁨에 즐거운 마음으로 출근길에 올랐다. 물론 그 생각은 그렇게 오래가진 않았지만 말이다.

3명뿐인 직원에 좁은 사무실, 일거리 역시 다양하지 않았지만 처음 일을 시작했던 나는 '내가 좋아하는 일을 하면서 돈을 번다'는 사실이 마냥 신기하고 즐겁기만 했다. 혼자 주말에 나와서 일을 하기도 하고 누가 시키지 않아도 스스로 일거리를 만들었다. 한번은 회사 웹사이트가 너무 옛날 스타일의 디자인이라는 생각에 주말에 혼자 나와 새로 디자인하고 코딩해서 사장님의 허락도 없이 회사 홈페이지를 바꾼 적이 있었다. 아무도 모르게 회사 웹사이트가 하루 만에 바뀌었다. 지금 생각하면 철없는 신입의 겁 없는 행동이었는데 다행히 사장님은 "디자인이 아주 세련돼서 덕분에 고객들이 외국 웹에이전시라고 생각하며 일을 더 준다."라며 좋아해 주셨다. 나 역시 내가 만든 디자인이 이전 웹사이트보다 더 낫다는 자신감이 있었고 '함부로 바꿔도 욕먹지 않겠지'라고 생각했기에 가능했던 일이었다. 이런 상황은 나중에 내가 서울에서 일할 때 똑같은 일을 한 번 더 저지르는 계기가 되었다.

그렇게 즐겁게 일을 했지만, 당시 IT 버블이 한참 꺼져가던 시기라 회사 사정은 좋지 않았고 어려운 사정에 대한 징후도 많이 보였다. 우선 나간 직원들에게서 사장님을 찾는 전화가 오고 먼저 있던 직원들

첫 회사에서 내 책상

일은 배신하지 않는다

이 월급 얘기를 자주 하곤 했다. 걱정은 곧 사실이 되었다. 월급을 관리해주는 경리 부서가 따로 없는 작은 회사여서 월급날이 언제인지 듣지 못했고 또 예의에 어긋날 것 같다는 생각에 물어보지도 못하고 무작정 한 달이 넘게 회사에 다녔다. 그렇게 한 달가량이 지났을 때 하루는 굉장히 힘든 표정으로 오후 늦게 들어오신 사장님이 나를 따로 불러냈다. "회사 사정이 어려우니 백만 원 정도 되는 월급에서 우선 반만 주겠다."라고 말씀하시며 50만 원가량을 월급으로 주셨다. 그 후로 몇 달을 더 다녔지만, 월급은 계속 밀리기만 했고 경제 사정이 어려웠던 당시의 나는 이직을 생각할 수밖에 없었다.

거기에 더해서 처음 사회생활을 시작하게 되면서 현명한 소비를 해야겠다는 생각에 그 당시 유행했던 체크카드를 만들기 위해 부푼 마음으로 은행을 찾았다. 하지만 은행 창구에서는 직원은 내가 신용불량자이기 때문에 카드를 발급받을 수 없다고 말했다. 1학년 1학기는 장학금을 받았지만, 그 당시 집에 문제가 생겨서 장학금을 써버렸고 생활비가 없었던 어머니께서 자퇴하며 돌려받은 2학기 등록금까지 생활비로 써버리시고 갚지 못하셨던 것이다. 그렇게 학자금 대출이라는 빚은 군대에 가 있는 2년 동안 눈덩이처럼 불어나서 나를 기다리고 있었다. 학자금 대출에 신경 쓰지 못했다는 자책감과 사회생활 시작과 동시에 신용불량자가 되었다는 생각에 정말 많이 울었었던 기억이 있다.

후에 서울에서 일하며 돈을 다 갚았는데 마지막 금액을 송금할 때의 그 통쾌함은 아직도 잊을 수가 없다. 1년간의 등록금이기에 내가 일하면서 빨리 갚을 수 있었는데 만약 4년간의 등록금이었다면 갚는데 더 오래 걸렸을지도 모르겠다. 그렇게 생각하면 빨리 학교를 그만두고 내가 좋아하는 일을 찾은 것이 참 다행이라는 생각을 한다.

이후, 빚을 다 갚고 일반 은행에서 신용카드도 만들어서 열심히 신용을 쌓으려고 노력했다. 그렇게 몇 년이 지나고 '이제 나도 평범한 신용을 가졌겠지'라고 생각했을 때 즈음, 혜택이 많기로 유명한 H사 카드를 만들려고 문의를 했다. 어떤 혜택이 좋을지 고민하던 나에게 상담원은 "고객님의 신용등급이 낮아서 카드를 만드실 수 없습니다."라는 예전과 같은 답변을 들었다. H사 카드가 다른 카드사에 비해 요구하는 신용 등급이 높은 탓도 있었지만, 빚도 다 갚았고 그동안 경제생활도 충실히 했기에 내심 평범한 신용으로 회복되었을 거라고 기대를 했는데 현실의 문턱은 생각보다 녹록지 않았다. 그때 문득 '열심히 살아도 내 신용이 낮다면 차라리 신용 점수가 0점인 나라에서 새로 시작하고 싶다.'라는 막연한 생각을 하기도 했다.

스스로 성장하는 원동력

첫 회사에서 경제적으로 힘들어하며 이직을 생각하던 와중에 먼저 그 회사를 그만둔 개발자 직원이 평소 내 실력을 좋게 봤다며 본인이 일하는 회사에 디자이너로 나를 추천했다. 그렇게 첫 회사를 몇 개월 만에 그만두고 두 번째 회사에 다니기 시작했다. 두 번째 회사는 부산의

일은 배신하지 않는다

동의대학교 내에서 기업들을 지원해주는 청년창업센터에 있는, 작은 에이전시였는데 사장님과 나를 추천해준 개발자 형을 포함해서 전 직원이 3명에 불과했다.

그곳에서 나는 디자인, 플래시, 코딩, 그리고 그 외 쇼핑몰 사진 촬영 같은 잡다한 일들을 도맡아서 했고 직책은 디자인 팀장이었다. 개발자는 개발팀장, 사장님은 CEO의 직책이었다. 물론 3명이 전부였지만 말이다.

작은 웹에이전시여서 사수나 멘토가 없다는 단점이 있었지만, 디자이너가 나 혼자였던 덕분에 다양한 것을 시도해볼 수 있었다. 그렇게 만든 디자인들이 국내 우수 디자인 모음 웹사이트에 선정되기도 하고 국내에서 처음으로 시도해본 새로운 유형의 인터페이스를 제작하기

두 번째 회사에서 내 책상

도 했다. 나는 자존심이 굉장히 강한 편이라 누군가에게 부탁하거나 물어본다는 것에 익숙지 않았고, 용기를 내서 물어봤을 때 상대방이 조금이라도 불편해하거나 짜증을 내는 것이 느껴지면 절대 다시는 물어보지 않는다. 이런 성격은 아이러니하게도 스스로 문제를 해결하게 하는 힘을 키워줬는데 그 덕분에 10년의 경력 동안 사수나 멘토 없이 스스로 찾아보며 성장할 수 있는 원동력이 되었다.

두 번째 회사는 육체적으로도 정신적으로도 굉장히 편안한 회사였다. 토요일은 격주 휴무였고 야근도 가끔 있었지만, 작업 속도가 빨랐던 나는 정해진 작업을 일찍 끝내고 남는 시간을 즐길 수 있었다. 이 시기에 디자인 잡지나 웹사이트를 많이 찾아보게 되었고, 이때 처음 뉴욕의 퍼스트본이라는 웹에이전시에 대해서 알게 되었다. 퍼스트본에서 진행한 작업들은 나 혼자 만드는 초보 수준의 작업들과는 차원이 달랐다. 디자인은 굉장히 디테일했으며 플래시는 모션과 기능이 너무나 아름다웠다. 이때 존경하는 일본의 크리에이터인 유고 나까무라의 작업물도 알게 되었고 '세상은 넓고 천재는 많다.'라는 생각을 했다.

부산에서 혼자 일하며 더는 실력이 잘 늘지 않자 그런 부분의 갈증 풀기 위해 '서울의 큰 웹에이전시에서 일을 해보면 좋겠다.'라는 생각을 하게 되었다. 그 당시 나는 '서울의 유명 웹에이전시에서 일하는 사람들은 대학에서 디자인을 전공하고 텔레비전에서 본 것처럼 우아하게 회사생활을 하는, 나와는 태생이 다른 특별한 사람들일 것이다.'라는 환상을 가졌었다. 물론 이 환상은 내가 서울에 취직하면서 깨졌지

일은 배신하지 않는다

만 말이다.

　디자인 잡지를 통해서 보는 서울의 유명 웹에이전시 생활은 동경의 대상이었다. 사무실은 알록달록 예쁘게 꾸며져 있고 사람들은 세련돼 보였다. 왠지 그런 사람들은 '디자인뿐만 아니라 코딩이나 플래시 같은 개발도 뚝딱 해내는 천재들일 것이다.'라고 생각했다. 나도 지지 않으려고 디자인뿐만 아니라 HTML 코딩과 플래시 등을 열심히 공부했다. 하지만 막상 서울에 와서 보니 디자이너는 디자인에만 집중하고 코드는 개발자가 담당하는 분업화 시스템으로 회사가 돌아가고 있었다. 나중에 친해진 사람들에게 "서울 사람들은 혼자서 디자인과 개발, 플래시 등 모든 것을 다해내는 천재들일 것 같아서 나도 여러 가지를 공부하려고 노력했다."라고 이야기하자 나의 '지방스러움'에 다들 폭소를 터트리기도 했다. 하지만 이때 공부했던 것들이 나중에는 유용했는데 특히 혼자 디자인과 개발을 해내는 지금의 밑거름이 되기도 했다.

서울로 가기 위한 포트폴리오

두 번째 회사에서 1년 정도가 되었을 때 다시 월급이 밀리기 시작했다. '이렇게 계속 월급이 밀려서 부산에서 힘들게 살 바에야 동경하던 서울에서 일해보자.'라는 생각에 본격적으로 서울 취업을 위해 노력하기 시작했다. 지금도 같은 생각이지만, 디자이너에겐 포트폴리오가 가장 중요한데 그중에서도 디자이너의 작업을 담는 포트폴리오 사

포트폴리오 사이트 (2006)

이트야말로 그 디자이너만의 색깔을 가장 잘 나타내는 것이라고 생각했다. 그렇게 나의 첫 포트폴리오 사이트가 만들어졌다. 포트폴리오 사이트는 Profile, Work, Photograph의 3가지 섹션으로 이루어져 있는데 이는 나중에 만드는 나의 모든 포트폴리오 사이트의 기본 메뉴가 되었다. 일이 무척 재미있어서 주말에도 회사에 나와서 일을 하는 나를 일 중독자(Workaholic)로 표현해서, 타이포그래피를 이용해 Workaholic 로고를 만들고 그 로고를 중심으로 개인적으로 선호하는 미니멀한 디자인을 완성해갔다.

Profile 섹션은 나에 대한 소개 페이지인데 내 소개 내용을 진부한 글로 적기보단 시각적으로 재미있게 보여줄 수 있도록 만들었다. 이

일은 배신하지 않는다

는 드라마 대사에 나오는 "나다운 게 뭔데?"라는 물음에 대한 답으로, 여러 사람이 나를 볼 때 다양한 관점으로 나를 보고 나에 대한 이미지를 형성할 수 있도록 해준다. 다른 사람에게 보이는 나라는 존재는 그

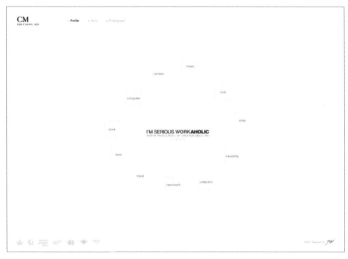

Profile 섹션 디자인

사람들의 시선이 모여서 이루어진다고 생각했다. 여기에는 두 가지 철학적인 뜻이 있는데, 첫째는 '슈뢰딩거의 고양이 이론'이 담겨 있다. 상자 속의 고양이는 죽었거나 살아있을 확률이 50:50이지만, 내가 상자를 열어보는 순간, '살아있다', '죽었다' 중에서 단 하나의 상태로 결정된다. '대상에 대한 관측 행위가 대상을 결정한다.'라는 의미다.

둘째는 동양적인 관점에서 보는 인간 [사람 '인(人)', 사이 '간(間)'] 즉, 사람 간의 사이인 '관계'로서 나를 정의한다는 뜻을 이루고 있다. 그것을 표현하기 위해 내가 좋아하는 것들, 혹은 나에게 중요한 것들을 나를 뜻하는 일 중독자 로고 디자인의 주변에 동그랗게 배치하고 '내가 좋아하는 이런 것들이 모여서 나라는 사람을 만든다.'라는 뜻을

일은 배신하지 않는다

보여주도록 만들었다. 나를 뜻하는 로고를 마우스로 드래그하면 주변
의 나를 이루는 것들이 나를 쫓아가도록 만들고 각각의 아이템들을

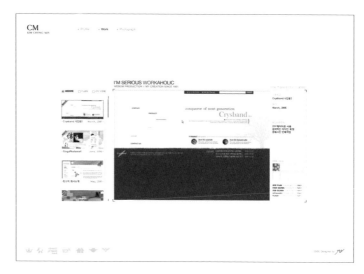

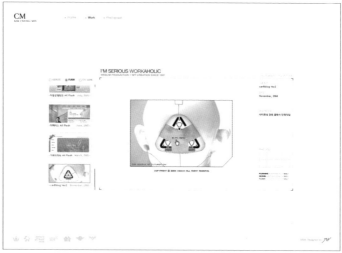

Work 섹션 디자인

클릭하면 상세한 사진을 볼 수 있게 제작했다.

Work 섹션은 내가 한 작업들을 카테고리로 묶어서 볼 수 있게 만들었다. 특이한 점은 당시 작업물의 스크린샷만 보여주던 일반적인 사이트들과는 달리 '내가 만든 플래시 모션도 보여줄 수 없을까?'라고 고민한 결과 작업의 구동 영상을 짧게 녹화하고 섬네일을 클릭하면 동영상으로 볼 수 있도록 만들었다. 포트폴리오를 짧은 영상으로 보여주는 방식은 이때 세계에서 처음 시도됐던 것으로 안다. 거기에는 이미지보다 용량이 큰 동영상을 끊김 없이 보여줄 수 있었던 한국의 빠른 인터넷 속도도 한몫했다.

Photograph 섹션은 내가 찍은 사진들을 시간 순으로 나열해서 지나간 시간을 되돌아보듯이 컨트롤하며 볼 수 있도록 만들었다. 평면의 스크린 속에 공간감을 가지고 있는 디자인은 실제로 종이를 잘라서 모형으로 만들어 보기도 했다.

포트폴리오 사이트를 완성하고 인터넷에 공개하자 한동안 예쁜 디

디자인을 위해 만들어본 종이모형

일은 배신하지 않는다

Photography 섹션 디자인

자인의 웹사이트로 화제가 되었는데 그렇게 입소문을 타고 국내외의
작은 웹디자인 사이트에 소개되기도 했다. 당시 유명한 곳들은 아니
었지만 내 디자인이 인정받는다는 생각에 매우 기뻤고 서울로 갈 수
있다는 자신감이 생기기도 했다. 이렇게 만들어진 포트폴리오 사이트
와 이력서를 가지고 서울의 웹에이전시에 입사 지원을 했다. 그 당시
성장하고 있던 웹에이전시인 디자인피버를 비롯해 총 세 군데의 웹에
이전시에서 면접을 보러 오라는 연락을 받았다.

일은 배신하지 않는다

서울 생활
디자인피버,
플래시

서울, 독립, 개인 공간

서울에 있는 세 군데의 회사에 면접 약속을 잡고 부산에서 서울로 가는 KTX를 탔다. 시간이 많지 않아서 하루에 세 곳의 면접을 모두 보게 되었는데 디자인피버가 가장 마지막이었다. 이전에 본 두 회사가 기업 같은 분위기였다면 그때의 디자인피버는 작은 디자인 사무실 같은 느낌이었는데 이 느낌이 상당히 좋았었다. 사무실 한쪽에 마련된 회의실에 디자인피버에서 유명한 세 분의 이사님이 들어오셨다. 디자인 잡지에서 많이 봤던 분들이라 나도 모르게 "아, 저 잡지에서 봤어요."라고 말해버렸다.

　회의실에 놓여 있던 컴퓨터에 포트폴리오를 띄우고 어떤 의도로 제작했었는지 하나씩 설명하며 면접을 진행했다. 한 시간가량의 면접이 끝나고 그날 저녁 부산으로 가기 위해 서울역에서 기차를 기다리고 있을 때 디자인피버에서 전화가 왔다. 합격했으니 출근 날짜를 정하자는 것이었다. 5분 정도 뒤에 다른 회사에서도 실무진 면접을 통과했으니 임원진 면접을 보러 오라는 전화를 걸어왔다. 디자인피버에 합격했다고 말씀드리자 "아… 벌써요?"라며 아쉬워하는 목소리가 들렸다.

서울에 취직이 결정되고 본격적인 서울 생활이 시작되었다. 형이 서울에서 프로그래머로 일하고 있어서 같이 살기로 하고 봉천동에 반지하 원룸을 구했다. 아버지의 트럭에 컴퓨터와 옷 등 몇 가지 짐을 싣고 서울로 향했다. 도착해서 집을 보니 좁은 방에 작은 책상이라 나의 큰 CRT 모니터가 제대로 놓이지도 못했지만 새 보금자리가 그리 나쁘지만은 않았다. 형과는 평소에는 티격태격하지만 힘들 때면 위로가 되고 의지가 되는 부분이 많았는데 만약 형이 없었다면 4년간의 서울

처음 살았던 서울의 반지하 방

일은 배신하지 않는다

생활을 제대로 견뎌내지 못했을 것이다.

1년 후에 우리는 사당동의 옥탑방으로 이사를 갔다. 반지하에 비해 겨울엔 춥고 여름엔 더웠지만, 옥탑방만의 로망을 만끽하며 더 재미있게 지냈었다. 옥탑방은 큰방 하나와 작은방 하나의 방 두 칸짜리 집으로 사당동 높은 언덕 중턱에 위치해 경치가 좋은 집이었다. 옛날 서울 상경을 주제로 한 드라마에 나올법한 그런 집같이 말이다. 작은방은 책상 하나로 방이 꽉 찰 만큼 작았지만 나는 이 공간을 나만의 작업실로 꾸몄다.

내 생애 첫 작업실로 꾸민 옥탑방의 작은방

그리고 형이 결혼하면서 독립을 했다. 이사한 집은 8평 정도의 작은 원룸이었다. 태어나서 처음으로 독립을 경험하는지라 집안을 내 스타일로 가득 채웠었다. 나는 책상과 공간 디자인에도 관심도 많았는데 이후에 '데스크 프로젝트'를 진행하게 된 계기가 되었다.

처음 독립한 원룸

일은 배신하지 않는다

디자인피버

서울에 터를 잡고 홍대 인근에 있는 디자인피버로 첫 출근을 했다. 이전에 한없이 멀게만 느껴졌던 서울의 디자인 회사에 내가 다닌다고 생각하니 모든 것이 신기하기만 했다. 첫 출근과 동시에 회의가 잡혔다. 당시 디자인계에서 유명 인사였던 박재형 이사님과 지금은 디자인피버의 이사님이 되신 이주환 실장님 그리고 나, 이렇게 세 명이 모여 삼성에서 새로 출시하는 뮤직 플레이어에 대한 디자인 회의를 시작했다. 이제껏 작은 회사에서 혼자 작업을 해와서 디자인 회의라는 것을 해본 적이 없었기 때문에 여러 가지 아이디어가 쏟아지는 동안 한마디의 의견도 말할 수 없었다. 회의가 끝나자 바로 자리로 돌아가 시안을 만들어서 다시 모이기로 했다. 주로 혼자 여유롭게 일해왔던

그 당시 디자인피버 사무실

나였기에 이렇게 빠르고 갑작스럽게 진행되는 작업 방식이 당황스럽기만 했다. 그날 나의 디자인 시안은 말도 안 될 정도로 엉망이었는데, 이것을 본 이사님들이 나를 자르기로 결정했었다는 얘기를 나중에 전해들었다. 첫 출근과 동시에 해고될 뻔한 것이다. 하지만 다행히 플래시 작업이 가능했기에 디자이너에서 플래시 디벨로퍼로 전향하게 되면서 이 위기를 벗어날 수 있었다. 사실 그때의 내 플래시 실력은 그렇게 뛰어나지 않았지만, 그 당시는 플래시 인력이 부족해서 그런 사람조차도 귀할 때였다. 그렇게 디자이너로 입사했지만, 본의 아니게 플래시 개발자로서 일을 시작하게 되었다.

일은 배신하지 않는다

나의 플래시 공부법

플래시를 잘하지 못해서 초반에는 쉬운 프로젝트 위주로 작업했지만, 점점 프로젝트의 난도가 높아지면서 플래시를 본격적으로 배울 필요가 있다고 느꼈다. 2006년 당시 플래시는 인터랙티브한 웹사이트를 만드는 데 필수로 쓰였으며 플래시로 작업을 해야지만 최신 기술을 사용했다고 느낄 만큼 인기가 있었다. 하지만 단순 개발이 아닌 디자인과 모션의 능력을 요구하면서 개발까지 잘해야 하는 특성 때문에 잘하는 사람을 찾기가 어려운 상황이었다. 그런 플래시를 잘하고 싶어서 책을 사기도 했지만, 이런저런 핑계로 일 년이 넘도록 끝까지 읽어보지 않았었다. 진행하는 플래시 프로젝트가 많아지면서 일 년 전에 산 그 책을 몇 달에 걸쳐 다 읽었는데 책 하나를 읽은 정도로는 쉽게 이해할 수 없었다.

그러다가 플래시 실력이 갑자기 늘게 된 계기가 있었는데 이 부분이 재미있다. 당시 사내 연애로 만나던 지금의 와이프인 여자 친구의 집에 놀러 가니 책장에 플래시 책이 여러 권 있었다. 여자 친구도 플래시를 배우고 싶어서 책은 많이 샀지만, 막상 진득하게 읽어보진 않아서 자리만 차지하고 있었다. 여자 친구 집에 놀러 가면 주로 그 책들을 읽었는데 이 덕분에 플래시 실력이 많이 늘게 되었다. 처음 한 권만 읽었을 땐 내용을 이해할 수 없었지만 다른 책을 보니 중요한 부분이 다른 방식으로 설명되어 있어서 이해하는 데 도움이 됐다. 이것은 지금도 새로운 것을 배울 때 즐겨 쓰는 방법인데 책을 한 권만 읽는 것

이 아니라 여러 권의 다른 작가가 쓴 책을 읽어보는 것이다. 어떤 책이
든지 중요한 부분은 자주 나오기 때문에 중요한 내용일수록 중복되어
읽히므로 기억에 더 잘 남고 이해가 안 가는 부분은 여러 작가의 다양
한 설명으로 읽으니 이해하기 쉽다. 그동안 프로젝트를 진행하며 실
무에서 느꼈던 부분과 여러 권의 책을 읽으며 이해했던 부분이 더해
지면서 실력이 월등하게 늘었다. 이 방법은 이렇다 할 사수나 멘토가
없었던 나를 스스로 성장시키는 데 큰 도움이 되었다. 이때 같이 일했
던 동료는 나에게 "어느 날 갑자기 플래시를 잘하게 된 내 모습이 신
기하다."라고 말하기도 했다. 플래시라는 한 가지 언어가 이해되자 프
로그래밍의 규칙이 눈에 보였고 그 후엔 JavaScript, Objective-C,
Java for Android 등 여러 가지 언어를 배울 때 힘들지 않고 빠르게
배울 수 있었다.

좋은 팀원들

디자인피버에선 정말 좋은 사람을
많이 만났다. 지금 생각하면 그렇
게 제멋대로인 나에게 다 맞춰주고
화내지 않고 좋아해 줬던 사람들이
너무나 고맙다. 특히 같이 일했던
팀장님은 나를 정말 좋게 봐주셨는

고마웠던 팀장님과

일은 배신하지 않는다

데 한번은 외부 사람들과의 미팅에서 나를 회사 내의 최고의 꽃미남이라고 소개해서 외부 사람들을 어이없게 만들고 나를 당황하게 한 적도 있었다. 일을 열심히 하는 내 모습이 그만큼 멋져 보였다는 것인데 이는 참으로 고마울 따름이다.

일에 열중했던 시기인 만큼 좋은 작업도 많이 만들어냈다. 대표작으로는 국내에서 처음 인터랙션

팀원들과 파리에 있는 한인 민박집에서

이 가능한 3D를 선보였던 삼성 DNSe 3.0 사이트가 있다. 이 사이트를 만들 때 사운드 효과를 어떻게 3D 형태로 나타낼지 고민을 많이 했는데 심지어 밥 먹으러 간 식당에서 휴짓조각을 뭉쳐 나열해보며 3D 형태를 고민하기도 했다.

밤샘조차 즐거운

디자인피버에서 일한 지 몇 달이 지났을 때 주말에 집에서 쉬고 있는데 실장님에게서 전화가 왔다. 지금 지하철역인데 나올 수 있느냐는 것이었다. 바로 씻고 그 역에 도착해보니 피곤해 보이는 실장님이 나를 기다리고 있었다. 그때 실장님께서 내게 한 첫마디가 "웰컴 투 더

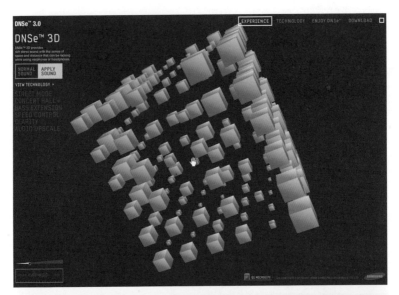

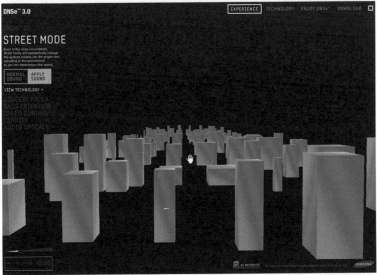

삼성 DNSe 3.0 사이트 (2008)

일은 배신하지 않는다

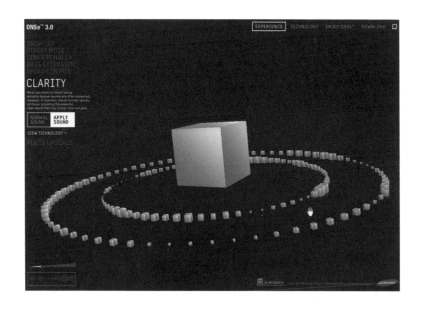

헬!"이었는데 이때는 무슨 상황인지 정확하게 알지 못했다. 실장님을 따라 골목에 있는 어느 사무실로 들어갔는데 거기엔 몇 명의 직원과 사장님이 계셨다. 진행하고 있던 프로젝트의 일정이 꼬이면서 다들 밤을 새우며 일하고 있었고 플래시 인력이 부족해서 신입인 나까지 불렀던 것이다. 프로젝트는 굉장히 힘들게 진행됐는데 온 지 몇 달 안 된 기획자는 도중에 잠적했다가 퇴사하기도 했다.

그런 힘든 상황이었지만 나는 그 모든 것이 신기하고 즐겁기만 했다. 내가 좋아하는 일을 위해 밤을 새운다고 생각하니 전혀 힘들지도 않았다. 부산에서 혼자 일하던 내가 다른 사람들과 같이 밤을 새우며 일한다는 것부터 평소 근엄해 보이시던 실장님께서 머리를 감지 못해 떡칠이 된 머리로 잠에 취해 횡설수설하시는 사소한 것까지 무척 재미있었다. 그렇게 3일 정도 밤을 새우며 작업을 할 때쯤 사장님의 지시로 다 같이 약국에서 사 온 이름 모를 알약을 드링크제에 넣어 마시며 건배를 했다. 피로해소제 같은 것이었는데 약에 특별한 효과가 있었는지는 기억나진 않지만, 그날의 건배는 내가 좋아하는 일을 위해 나 자신을 불태웠던 시기를 상징하는 것으로 내 기억에 남아 있다.

그 후에도 밤을 새워서 일하는 날이 많았다. 한번은 같이 일하던 동료가 나와 함께 밤새워 일하면서 나에게 "너는 정말 밤새 한숨도 안 자고 일만 하는구나."라고 이야기한 적이 있다. 아무도 없는 사무실에서 좋아하는 음악을 이어폰으로 크게 들으며 플래시 코드에 빠져드는 그 순간이 그 당시 나에게는 가장 행복한 순간이었다.

일은 배신하지 않는다

1970년대
미싱사

1970년대 미싱사와 내 모습

1970~80년대엔 그 당시 경제의 주축이었던 미싱 공장, 즉 옷을 만드는 공장이 많이 생겼다. 젊은 여공들이 돈을 벌기 위해 시골에서 상경해 좁은 미싱 책상에 앉아서 천에서 나오는 먼지를 마시며 밤낮으로 일하는 것이 흔한 풍경이었다. 나 역시 어릴 때 미싱 공장에 대한 추억이 있다. 비가 오면 엄마가 다니시던 공장의 셔틀버스 정류소에 우산을 들고 나가 엄마를 기다렸던 것과 재봉 기계의 큰 바늘에 손가락이 찔려 손에 붕대를 감고 집에 오셨던 엄마의 모습도 기억이 난다. '솔아 푸른 솔아'나 '사계' 같은 노래들을 들을 때면 그 시절 여공들의 생활에 감정이 이입되곤 한다.

하루는 밤샘 작업을 하느라 늦은 시간에 사무실 책상을 무심코 보는데 1970년대에 미싱사로 일하시던 엄마 생각이 났다. 엄마도 그 당시 여공들 중의 한 명이었는데 젊었을 때 재봉 기술로 뭔가를 만드는 것이 너무 즐거워서 더 잘하기 위해 밤을 새우며 일하셨다고 했다. 그때 엄마의 모습이 지금 서울의 좁은 책상에 앉아서 모니터에서 나오는 전자파를 마시며 밤낮으로 같은 것을 만들어내는 내 모습과 겹치며 많은 생각을 하게 했다. 엄마의 재봉 기술은 시대가 바뀌고 공장의 자동화와 중국의 값싼 생산력 등에 밀려 한국에선 이제 수요가 그다지 없는 기술이 되었다. 그것을 나에게 적용해보니 나 역시 '지금은 플래시라는 기술로 그럭저럭 먹고살고 있지만, 시대가 바뀌어서 이 기술이 필요없어지면 어떡하지?'라는 생각이 들었다.

내가 찾은 해결책

그때 두 가지 해결책을 생각해서 실천에 옮겼는데 이는 사실 이 책에서 가장 말하고 싶은 부분이기도 하다.

첫째, 플래시라는 특정 기술이 아닌 나만의 '내공'을 가지기 위해 노력했다. 세상엔 플래시를 잘하는 사람은 많지만, 그 플래시를 사용해서 아름다운 작품을 만들어내는 사람은 많지 않았다. 플래시를 열심히 공부해 뛰어난 '플래시 개발자'가 되기보단, 디자인, 모션, 화면 전환, 그리고 유저 인터랙션 등의 완성도가 높은 결과물을 만드는 사람이 되고자 했다. 초점을 개발 언어에서 콘텐츠로 옮긴 것인데, 웹사이트의 디자인과 모션의 디테일 수준을 높이기 위해 고민하고, 사용자

일은 배신하지 않는다

가 어떻게 편하게 웹사이트를 이용할 수 있을지, 메뉴 클릭 시 나오는 모션은 어떤 게 제일 직관적인지 등을 더 연구했다. 거기엔 시장에서 요구하는 기술은 항상 빠르게 변하기 때문에 한 가지 기술에만 의존하는 사람이 되는 것은 위험한 발상이라는 생각이 있었다. 세상엔 영원한 것이 없듯이 플래시라는 기술 또한 언젠간 대체될 것이니 시대가 바뀌어도 변하지 않는 나만의 '내공'을 가져야겠다고 생각했다. 그렇게 쌓인 내 실력은 후에 플래시 시장이 죽고 HTML5가 대세가 되었을 때도 내가 뒤처지지 않고 계속해서 이 일을 할 수 있게 해주었다.

둘째는 '크게 보고 눈앞의 작은 것에 연연하지 말자'라는 것이었다. 당장 눈 앞의 연봉, 직급 등에 연연해서 스트레스를 받거나 승진을 위해 윗사람에게 아부하는 데 시간을 쓰지 말고, 내가 되고자 하는 사람이 될 수 있도록 실력을 쌓고 싶었다. 즉, '이 회사에서 높은 자리에 올라가 연봉을 많이 받는 것'이 목표가 아니라, 내가 스스로 성장한 모습을 목표로 삼았다. 그러기 위해선 좁은 시야로 눈 앞의 작은 것을 가지기 위해 에너지를 낭비하지 말고 오직 내가 좋아하는 일에 모든 에너지를 쏟고 싶었다. 일에만 집중하자는 생각은 지금도 변함이 없는데, 평소 시계나 반지 같은 손을 움직이는 데 걸리적거리는 액세서리는 하지 않고, 옷도 편하고 빨리 입을 수 있는 운동복을 즐겨 입는 이유다.

그리고 그 생각은 '현재의 연봉, 직급 등에 연연해서 회사를 쉽게 옮기거나 하지 말자'는 생각을 하게 해주었다. 회사에서 어떤 일을 하느냐, 혹은 내가 얼마나 성장하느냐가 중요하지 연봉 몇백만 원을 더 받으려고 회사를 옮기는 것이나, 남에게 보이기 위한 내 직급이 무엇인가는 중요하지 않다는 생각이었다. 회사를 옮기게 되면 또다시 새로운 곳에서 적응하고 신뢰를 쌓기 위한 시간과 에너지가 낭비된다고 생각했다. 내가 한국에서 이직을 자주 하지 않고 한 회사에서만 4년 동안 다닐 수 있었던 이유다.

게다가 그 당시 나는 '인맥'이라는 말을 좋아하지 않았는데 한창 텔레비전이나 뉴스에 '누구누구의 미친 인맥' 같은 말이 유행하던 때였다. 당시의 나는 '인맥은 세상에 당당하지 못한 사람들이 찾는 비겁한 방법'이며 '동등하지 않은 인맥은 민폐'라는 생각을 했고 이런 내 생각은 나 자신을 더욱 고립시켜 작업에만 몰두하게 하였다. 즉, 동호회나 세미나 같은 모임에 참석해서 사람들을 만나고 인맥을 쌓는 것에 시간을 쓰는 대신 혼자 방 안에서 자신을 스스로 갈고 닦는 것에 더 많은 시간을 투자했다.

미래를 위한 한걸음

나는 항상 '언젠간 꿈의 무대인 퍼스트본에서 일해보고 싶다'는 막연한 생각을 했었다. 하지만 말 그대로 '언젠가는 이루어질 꿈'으로 생각했지 막상 나에게 와닿진 않았다. 그도 그럴 것이 우선 영어라는 큰 언어의 장벽이 있었고 당시 IT업계에서 해외 취업이 흔하지 않아서 관련 정보를 얻는 것 또한 쉽지가 않아서였다.

그런 내가 본격적으로 해외 취업을 준비한 계기는 한국에선 더는 성장할 수 없다고 느꼈을 때였다. 대부분 회사에선 열심히 일하던 작업자 시절을 지나 경력이 쌓이고 연봉이 올라가면 관리직으로 이동한다. 그 사람이 갖춘 전문성과 내공에 많은 돈을 투자하기보단, 높은 연봉의 관리자 한 명이 저렴한 연봉의 신입 인력 여러 명을 관리하며 프로젝트를 진행하는 게 회사 측에선 더 이익이기 때문이다. 한 분야의 정점인 '장인'이 되는 것이 꿈이었던 만큼 관리자로 승진하기보단 내 분야에서 통달한 전문가로 성장하고 싶었다. 머리가 희끗희끗한 나이든 개발자와 디자이너가 있는 미국의 뉴스를 접할 때면 저런 곳에서 일하고 싶다는 생각을 하기도 했다.

해외 취업을 결심하고 준비한 데에는 많은 이유가 있지만, 이것이 가장 중요한 이유인데, 나이가 들어서도 계속 뭔가를 만드는 사람으로 남고 싶어서였다. 1970년대 미싱사였던 어머니의 전철을 밟지 않으려면 작업자로서 꾸준히 성장할 수 있는 환경이 필요했다. 그러기 위해선 좁은 우물이 아닌 큰 바다로 나가야 할 시기라고 느꼈다. 영어도 못 하고 유학은커녕 미국에 가본 적도 없는 나였지만 미래를 위해 용기를 내야 할 때라는 생각이 들었다. 2009년 연말 29살의 겨울, 그렇게 해외 취업을 위한 첫걸음으로 새로운 포트폴리오 제작에 들어갔다.

CHAPTER 03

꿈에 그리던 퍼스트본으로

나를
표현하는
포트폴리오

Jongmin Kim 포트폴리오 사이트

제작일
2010년 4월

수상
15th Webby Awards - Official Nominee
Web Award Korea - Excellent Prize
The FWA - Site of the Day

---

jongmin
kim •

• photo
graph

• handi
craft

• about
me

nia
canada
gara

july   2011

pa
france
ris

march   2009

new
united states
york

july   2011

april   2011

january   2011

pra
czech republic
ha

february

se oul
south korea

september	2010
december	2008
january	2007
june	2006

bu san
south korea

december	2010
october	2006
november	2004

to kyo
japan

| september | 2008 |
| january | 2008 |

je judo
south korea

| december | 2010 |
| september | 2010 |

fuku oka
japan

| april | 2005 |

sai pan
northern mariana

| october | 2007 |

syd ney
australia

| july | 2010 |

FWA SITE OF THE DAY

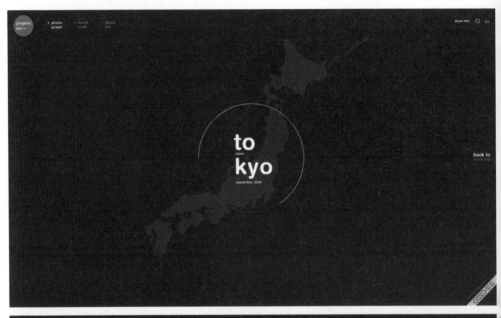

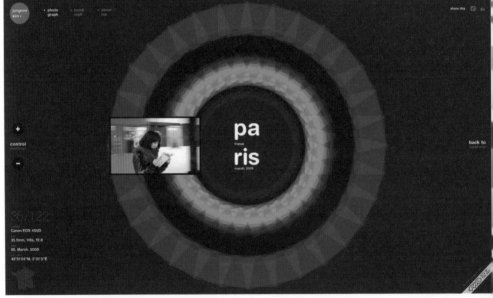

일은 배신하지 않는다

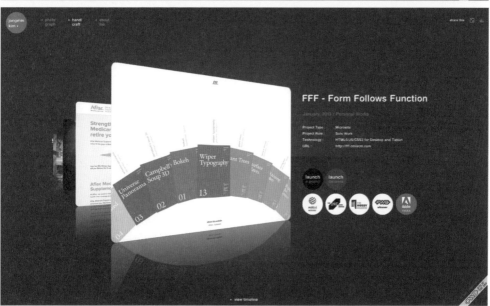

꿈에 그리던 퍼스트본으로

일은 배신하지 않는다

일본 여행에서 얻은 아이디어

일본 여행 마지막 날 다 같이 앉아서 여행 중에 찍은 사진을 카메라의 LCD 화면으로 보고 있을 때였다. 사진의 양이 너무 많아서 빠른 속도로 넘겨보다 보니 시간과 장소의 순서로 찍힌 사진들이 한 편의 스톱모션 애니메이션처럼 흘러가며 그동안의 여행을 한눈에 보여주는 것을 발견했다.

　여행에서 돌아와 이 아이디어를 이용해 간단한 개인 작업물을 하나 만들었다. 'Tokyo Design Tour'라고 불리는 이 작품은 여행에서 찍은 사진들을 시간 순으로 음악과 함께 빠르게 보여주는 작품이었다.

한 편의 스톱모션 영화처럼 보였던 액정 속의 사진들

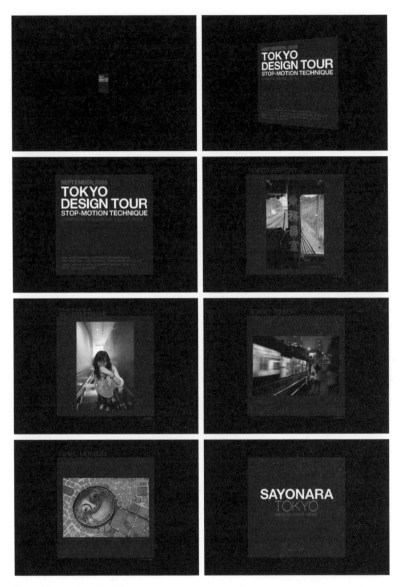

Tokyo Design Tour (2008)

일은 배신하지 않는다

여행 콘셉트

포트폴리오의 사진 섹션을 만들 때 이 아이디어를 좀 더 발전시켜 사용자가 나의 발걸음을 따라 한발짝 한발짝 같이 여행한다는 느낌을 줄 수 있도록 디자인을 시작했다. 우선 그동안 여행 다녔던 나라를 한눈에 보기 위해 세계 지도를 디자인 베이스로 잡았다. 세계 지도는 줌인(Zoom-in), 줌아웃(Zoom-out) 트렌지션을 고려해 크기가 바뀌어도 픽셀이 깨지지 않도록 일러스트에서 벡터로 그렸다. 지도 이미지를 일러스트에서 불러와 선을 따라 그리는데 이런 작업에는 마우스 대신 펜으로 입력하는 태블릿(Tablet)이 굉장히 유용하다. 굳이 그리는 작업 외에도 태블릿은 익숙해지면 마우스보다 더 빠르고 정확하게

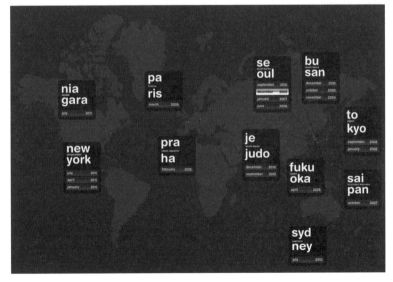

세계 지도 디자인

컨트롤할 수 있어서 빠른 작업 속도를 위해 선호하는 편이다.

여행이라는 느낌을 극대화하기 위해 공항과 비행기의 요소를 디자인에 적용했다. 날짜를 선택하는 선택 창의 디자인은 공항에서 볼 수 있는 플립보드로 만들었다. 마우스가 오버되면 반전 색상의 플립 애니메이션으로 활성화된 버튼을 강조한다. 선택 창들은 전체 화면 크기가 바뀌어도 서로 겹쳐지지 않도록 코드를 작성하고 마우스가 근처에 가면 마우스 방향으로 이동해서 클릭을 인지할 수 있도록 개발했다.

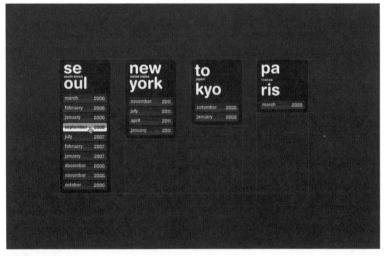

플립창 디자인

플립 버튼을 클릭하면 비행기에서 들을 수 있는 알림음과 함께 해당 국가로 비행기를 타고 날아가는 듯한 줌인(Zoom-in) 모션을 볼 수 있다. 모션을 디자인할 땐 해당 디자인에 맞는 모션을 찾기 위해 많

일은 배신하지 않는다

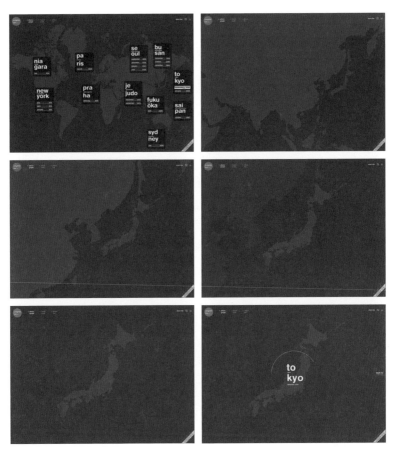

줌인(Zoom-in) 모션

은 테스트를 해보는 것이 가장 좋은 방법이다. 그래서 모션감이 중요한데 많은 작업을 통해 쌓인 모션감은 어떤 것이 아름다운지를 구별할 수 있는 눈을 갖게 한다. 모션감을 늘리는 방법은 많이 만들어 보는 것 외엔 없다. 눈으로 볼 땐 쉬워 보여도 직접 따라 만들어보면 쉽지 않음을 알게 된다. 시간과 가속/감속의 미묘한 차이가 다른 느낌의 모션을 만들어내기 때문이다.

스톱모션 여행 사진

각각의 도시로 들어가면 스톱모션 효과의 사진들이 재생된다. 여기서
중요한 부분은 연속되는 동작의 사진이다. 다양한 사진들을 빠르게
보다가 중간중간 연속되는 사진이 나오는 장면은 전체 흐름에 리듬을
준다. 이는 단순히 여러 장의 사진을 빨리 보는 것이 아닌 여행기를 눈
으로 따라가는 듯한 느낌을 준다.

　스톱모션 사진들을 개발할 때 문제가 생겼다. 스톱모션에 들어가는
사진의 양이 많아지면서 로딩하는 데 시간이 오래 걸리는 문제였다.
대체로 로딩 시간을 줄이기 위해선 로드되는 파일의 용량을 줄여야
한다. 그러려면 사진의 개수를 줄이거나 사진의 크기를 줄여야 했다.
사진의 개수를 줄일 경우엔 내가 생각했던 만큼의 여행에 대한 느낌

연속되는 동작의 사진들

일은 배신하지 않는다

이 충분히 나지 않았다. 그래서 사진의 크기를 줄였는데 큰 화면에 작은 크기의 사진은 남는 공간에 대한 디자인적인 고민을 만들어냈다.

만화경 효과

며칠을 고민하던 중에 아이디어 하나가 떠올랐다. 차를 타고 가다가 창 밖을 사진으로 찍으면 배경이 옆으로 흘려지듯 찍힐 때가 있다. 이것을 모션 블러(Motion Blur)라고 하는데 빠르게 여행을 가는 콘셉트인 만큼 모션 블러 효과가 어울릴 것 같았다. 즉시 코드를 이용해 디자인을 시작했다. 사진을 세로로 일정한 넓이로 나누고 해당 영역에 가장 많이 사용된 색을 추출해 모션 블러처럼 보이게 만들었다. 그리고 그 이미지들을 사진과 같은 크기로 만든 뒤 동그랗게 연속되는 모습으로 나열했다. 그 결과 어디에서도 보지 못한 '만화경 효과(Kaleidoscope Effect)'의 디자인이 나왔다.

　사진에 '만화경 효과'를 적용했을 때 사진이 가지는 고유의 시각 효과에 새로운 시각 효과를 더하여 2차 가공된(하지만 사진의 기능은 간직하는) 창작품으로 변하는 것을 발견했다. 사진 자체로도 하나의 작품이지만 '만화경 효과'가 적용된 사진은 또 다른 작품으로 보였다. 이것은 나의 스톱모션 콘셉트에 완벽하게 어울렸다. 우선 작은 크기의 사진을 사용할 수 있었기 때문이다. 그리고 스톱모션의 특성상 잘 찍은 사진뿐만 아니라 못 찍은 사진(사진 한 장만으로 봤을 땐 재미가 없는

모션 블러 현상

모션 블러 콘셉트의 색상 추출

일은 배신하지 않는다

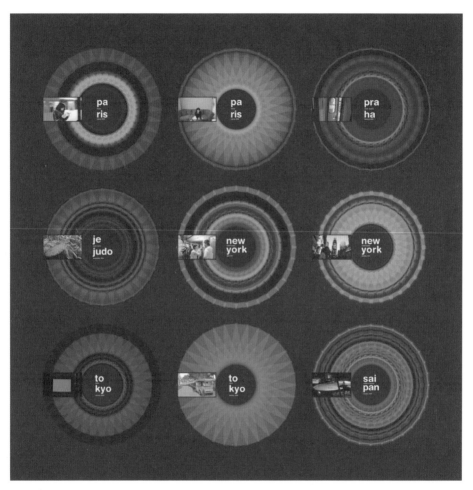

모션 블러 콘셉트의 색상 추출

사진)도 쓰일 수 있는데 만화경 효과는 이런 사진들도 새로운 시각적 즐거움으로 만들어 주고 있었다. 후에 한 영국 잡지사는 나의 이 작업을 "만화경 방식의 사진 배치와 색상 추출의 조화는 사진에 대한 완전히 새로운 방식의 접근이다."라고 평가하기도 했다.

자연스러운 화면 전환

스톱모션 섬네일을 클릭하면 큰 사진을 볼 수 있게 만들었다. 자연스러운 모션을 만드는 방법의 하나는 연속되는 물체를 이용하는 것이다. 예를 들어 작은 사진이 큰 사진으로 보여야 한다면 작은 사진 자체가 큰 사진의 크기로 커지는 모션을 말한다. 즉, A 화면에서 B 화면으로 넘어갈 때 생뚱맞게 그냥 B 화면이 나오기보단 연속되는 물체에 애니메이션을 적용해 두 화면의 이질감을 낮추는 방법이다.

또한, 이전 화면의 사라지는 애니메이션과 다음 화면의 나타나는 애니메이션을 이용해 화면을 자연스럽게 전환할 수 있다. Photograph에서 Handicraft로 갈 때 지도가 줌인되면서 현재 화면이 사라지고, 빈 화면 상태에서 다음 화면이 나타난다. 여기서 타이밍을 적절히 조절하면 두 화면 사이에 빈 화면이 보이지 않고 연속되는 애니메이션처럼 보이게 할 수도 있다. 앞서 말한 플립창 클릭 시 나오는 세계 지도의 줌인/줌아웃 트렌지션이 여기에 해당된다.

일은 배신하지 않는다

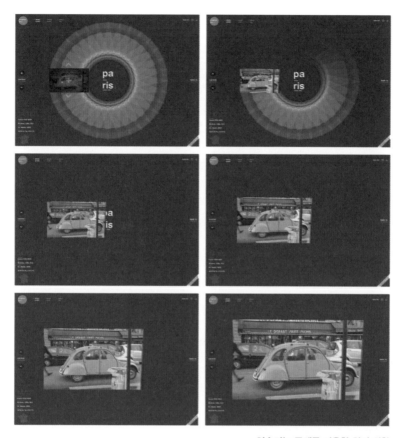

연속되는 물체를 이용한 화면 전환

사용자를 배려하는 개발

프론트엔드를 개발할 때 신경 써야 할 부분 중의 하나는 사용자의 입력 부분이다. 사용자의 입력은 예상치 못한 부분에서 발생하기도 하기 때문이다. 같은 버튼을 여러 번 클릭하는 '중복 클릭'이나, 이미 클릭이 이루어지고 다음 화면을 불러오는 도중에 클릭하는, '모션이 일어나는 도중의 클릭' 등에 대처해야 한다는 뜻이다.

가장 쉬운 방법으론 한 번 클릭한 후, 또는 모션이 일어나는 도중엔 사이트 전체의 사용자 입력을 막는 방법이 있다. 좀 더 나은 방법으론 사용자 입력을 막아야 할 곳과 막지 말아야 할 곳을 나누어서 설계하는 것이 있다. 예를 들어 전체 움직임이 진행되는 중에 사이트의 마우

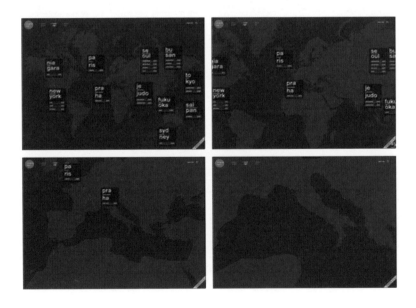

일은 배신하지 않는다

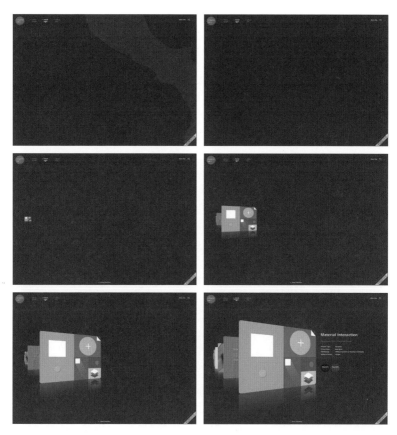

사라지고 나타나는 화면 전환

스 입력을 막았다면 움직임과 상관없는 볼륨 조절 버튼이나 외부 링크 버튼 등은 막지 말고 유지하는 것이다.

가장 까다롭고 신경이 많이 쓰이는 방법으론 입력을 막지 않고 사용자의 모든 입력에 대처하는 것이다. 즉, 모션이 일어나는 도중에 사용자가 다른 버튼을 누른다면 즉시 취소하는 모션을 보여주며 자연스럽게 다음 장면으로 넘어가는 것이다. 이 사이트에서는 사진 간의 이동을 설계할 때 주의를 많이 기울였다. 예를 들어 다음 사진을 클릭한 후 이동하는 모션이 완료될 때까지 사용자가 기다리지 못하고 다시 버튼을 또 클릭하면 이전에 일어났던 모션이 취소되고 자연스럽게 그 다음 사진을 불러오는 모션을 보여주도록 만든 것이다. 이를 위해 객체의 생성을 담당하는 함수를 만들어 현재 보이는 사진들과 새로 보이는 사진을 관리할 수 있도록 개발했다. 이처럼 사용자의 반응을 생각해서 설계하면 그것이 사용자에 대한 배려로 이어지고 완성도 또한 높아진다.

한 번에 여러 번 클릭했을 때 사진의 움직임

일은 배신하지 않는다

타이포 디자인

문자를 발음하면 음절로 나뉘는데 예를 들어 '파리(Paris)'를 발음하면 '파(pa)'와 '리(ris)'로 나뉜다. 이렇게 음절 단위로 나누어진 단어를 위아래로 배치하고 이것을 전체 타이포 콘셉트로 잡았다. 이 방법은 익숙한 단어를 낯설게 보이게 해서 시각적 새로움과 디자인 효과를 가져오도록 하기 위함이었다. 예를 들면, 영어를 잘 모르는 한국 사람이 영어를 볼 땐 문자로 보이지 않고 알파벳의 디자인으로 먼저 보인다. 하지만 한글을 볼 땐 디자인보다 글의 내용인 정보가 먼저 인식된다. 영어를 잘 아는 외국인들에게 '파리(Paris)'라는 글자가 정보로 먼저 인식되기보단 디자인적인 이미지로 먼저 인식이 되도록 글자를 부순 것이다. 이는 나의 닉네임이 세상에 없는 단어인 'cmiscm'을 사용하는 것과 같은 이유인데, 나의 닉네임을 보고 떠오르는 단어

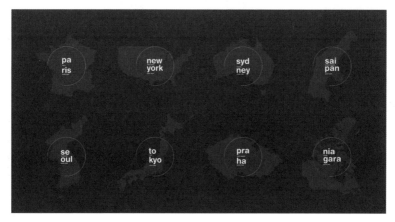

타이포 디자인

일은 배신하지 않는다

City Typo T-Shirt (2010)

를 연상하지 말고 나라는 사람이 그 단어 자체로 먼저 인식되도록 한 효과다.

이 타이포 콘셉트를 이용해 티셔츠 디자인을 했다. 이렇게 만든 티셔츠를 디자인피버의 마지막 날 고마웠던 분들에게 선물하기도 했다.

타이포그래피의 모션에도 신경을 썼다. 전체 디자인이 그리드와 타이포가 중점인 미니멀한 디자인이기 때문에 자칫 심심해 보이거나 비어 보일 수 있다. 이 부분을 해결하기 위해 타이포에 좀 더 시선이 집중될 수 있도록 글이 써지는 모션을 만들었다. 타이포 모션은 사이트의 중요한 핵심 모션으로 전체 사이트에 사용되어 통일감을 준다.

글이 써지는 타이포 모션

Handicraft

작업물은 Works나 Projects라고 쓰지 않고 수작업을 뜻하는 Handicraft 라고 썼다. 이는 컴퓨터로 만든 작업물이든 오프라인에서 만들어지는 작업물이든 모든 작업물은 인간의 손을 통해서 만들어지는 수작업이라고 생각한다는 뜻이었다. 내가 메이커(Maker)이며 만드는 것을 즐긴다는 의미를 담고 있다. 온라인 상의 인터랙션 작업 외에도 책, 티셔

일은 배신하지 않는다

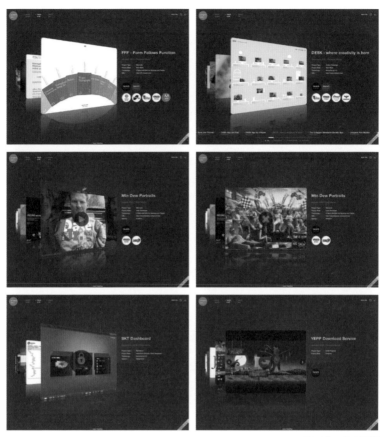

Handicraft 디자인

츠, 포스터, 모형 등 다양한 작업에 관심을 가지고 작업한다는 것을 나타내고 싶었다.

시공간 개념을 적용한 3D 배열을 기본으로 오른쪽에 해당 프로젝트의 정보들을 보여주도록 디자인했다. 섬네일 카드의 배열과 구도에는 황금비율을 사용했다. 그 결과 일직선으로 나열된 것이 아닌 원을 그리듯 둥글게 나열되는 형태를 볼 수 있다. 섬네일 카드를 클릭하면 비스듬한 카드가 정면을 바라보며 상세 이미지를 볼 수 있도록 했다. 이때 인터랙티브한 작업물의 경우엔 비디오를 따로 촬영해서 영상으로 움직이는 모습을 볼 수 있도록 만들었다. 나의 첫 번째 포트폴리오에 사용되었던 비디오 섬네일 아이디어를 사용한 것이다. 하단에는 카테고리와 목록을 볼 수 있는 내비게이션을 만들어서 원하는 프로젝트를 쉽게 찾아갈 수 있도록 했다.

About me

소개 페이지에는 내가 좋아하는 물품이 가득한 작업실 사진으로 나를 표현했다. 여기엔 두 가지 뜻이 있는데 첫째는 '나'라는 개념에 대한 의미다. '나'라는 개념은 하나의 이미지이며, 그 이미지는 내가 좋아하는 것들과 깊숙이 연계되어 있다고 생각했다. 30인치 모니터, 태블릿, 세계 지도, 책장의 디자인 책들과 개발 책들, 벽을 채운 사진들, 해골옷, 팀 버튼 감독의 굴 소년 피규어, 앤디 워홀의 캠벨 수프 등 내가 좋아하는 스타일의 물건들을 메타포로 나를 유추해 볼 수 있다는 의도였다. 둘째는 시공간의 개념이다.

일은 배신하지 않는다

About me 디자인

아인슈타인의 시공간(Space-Time)

아인슈타인 이전의 뉴턴의 물리학에선 '시간은 절대적인 것이고 중력은 지구가 물체를 끌어당기는 힘이다.'라고 생각했다. 하지만 아인슈타인은 기존의 개념을 깨고 '시간은 움직이는 물체에 따라 다르게 흘러가고 이동은 시간과 공간이 동시에 움직인다.'는 '시공간'이라는 개념을 만들어냈다. 이 시공간에 놓인 물체는 질량이 클수록 시공간 표면이 휘어지며 그 휘어진 시공간이 물체를 밀어낸다고 생각했는데, 이는 중력을 기존의 '당기는 힘'에서 '밀어내는 힘'으로 생각한 아주 대단한 사건이었다. 시간과 공간을 하나로 묶은 시공간 개념은 개인적으로 좋아하는 것인데 이것을 포트폴리오 사이트의 디자인에 적용했다.

Photograph 섹션에선 여행 날짜인 '시간'과 여행 장소인 '공간'을 동시에 선택해야만 사진을 볼 수 있도록 만들었다. Handicraft 섹션에선 작업물의 '시간순 배열'이 '공간적 형태'를 보이도록 만들었는데 이 섹션의 디자인이 3D 공간 형태에 놓이게 된 이유다. 마지막 About Me 섹션에선 내가 이 사이트를 처음 구상했을 때의 '장소'를 그때의 '시간'에 찍은 사진을 보여줌으로써 시공간을 표현했다.

후에 구글 인터뷰에서 포트폴리오 웹사이트에 대해 설명할 때 이 시공간 이야기를 한 적이 있다. 나의 인터뷰어이자 매터리얼 디자인의 창시자 중 한 명인 구글의 프린스플 디자이너 존 와일리는 나의 이런 의도와 생각에 상당히 감탄하며 나의 작업물을 높이 평가했었다.

황금비율

1:1.618의 황금비율은 많은 논란이 있지만, 개인적으론 관심을 많이 가지고 있는 부분이다. 예를 들어 개체 간의 간격을 띄울 때, 혹은 전체 구도를 잡을 때 비율 계산을 통해 적절한 값을 찾을 수 있다. 이 사이트를 디자인하면서 황금비율을 많이 사용했는데 사진의 비율, 객체의 간격, 버튼의 크기, 타이포, 구도 등 안 쓰인 곳이 없을 정도다. 미니멀한 디자인은 자칫 잘못하면 어설퍼 보이거나 부족해 보일 수 있는데 이것을 황금비율의 안정된 그리드를 통해 해결했다.

일은 배신하지 않는다

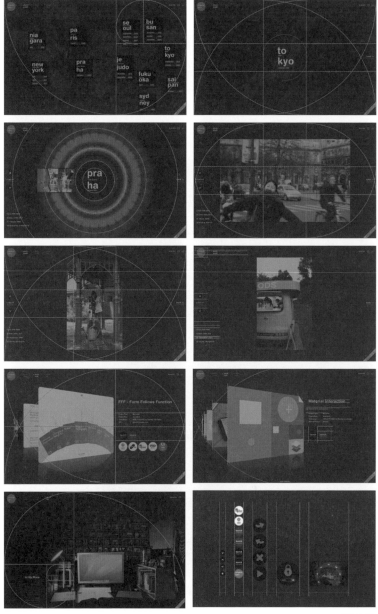

황금비율

UI 디자인

스톱모션 사진을 볼 때 다음 사진으로 넘어가는 시간을 좀 더 빠르게 혹은 느리게 조절하는 기능을 만들었다. 이때 나오는 UI는 여행의 속도를 조절한다는 의미로 자동차의 계기판에서 아이디어를 얻었다.

계기판에서 모티브를 딴 속도 조절 창 디자인

일은 배신하지 않는다

사진의 왼쪽 아래에는 사진에 대한 정보를 볼 수 있게 했다. 사진 한 장 한 장의 카메라, 렌즈값, 날짜, 지역 등의 메타 정보를 보여준다. 많은 양의 사진 정보를 쉽게 입력하기 위해 CMS 툴도 만들었다. 사진이 있는 폴더를 지정하면 자동으로 사진의 메타 데이터를 추출하는 기능을 만들어 업데이트를 쉽게 할 수 있도록 했다. 메타 정보 아래에는 해당 국가의 지도 이미지를 보여 주고 그 위에 빨간 점으로 위치를 나타내도록 디자인했다. 이때 국가의 이미지가 하나의 색으로 채워지면 큰 덩어리로 무게감을 주기 때문에 정보 부분보다 무거워져 지도에만 시선이 집중되는, 자칫 어색한 디자인이 될 수 있다. 이를 해결하기 위해 사선으로 이미지의 색을 채워서 무게감을 가볍게 했다.

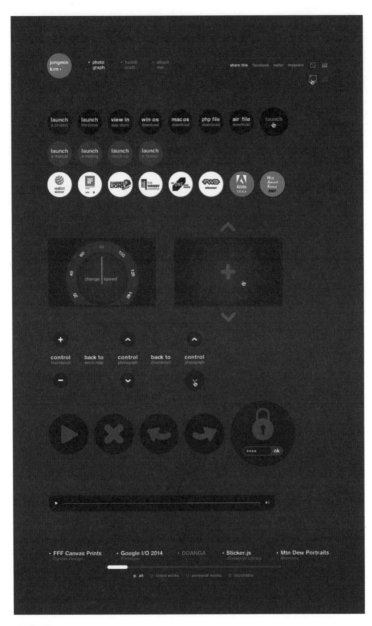

UI 디자인

일은 배신하지 않는다

UI에서는 디자인적 완성도도 중요하지만 사용성 역시 중요한 부분이다. 사용자가 사이트를 쉽게 사용할 수 있도록 모든 버튼을 텍스트나 기호로 표현해 사용자 경험을 높일 수 있도록 만들었다. 버튼의 텍스트는 디자인적 균형을 위해 글자 수를 맞추기 위해 노력했는데 결과적으로 사용하기가 쉽고 보기에도 좋은 UI가 만들어졌다.

디테일

사이트를 완성한 후 디테일을 높이기 위해 많은 고민을 했다. 그중에서 가장 특별한 부분은 텍스트를 소리로 발음해서 들려주는 기능이다. Photograph 섹션에선 도시 이름과 날짜를, Handicraft 섹션에선 프로젝트 제목을 소리로 들려준다. 간단한 아이디어이지만 사이트의 디테일과 완성도를 높여주는 데 중요한 역할을 한다. 처음엔 구글에서 공개하는 소리 API를 사용했지만 느린 로딩으로 인해 싱크가 맞지 않아 사운드 프로그램을 이용해 소리를 녹음하고 바로 들려주는 방법으로 수정했다.

스티커 효과의 로고

로고에는 디테일을 높이고 흥미 요소를 추가하기 위해 스티커 효과를 만들었다. 로고 위로 마우스를 움직이면 스티커를 떼는 듯한 효과를 볼 수 있다.

개발

개발 언어로는 플래시 ActionScript 3.0이 사용되었으며 MVC 디자인패턴, Object Pooling, Bitmapdata 등을 사용하여 퍼포먼스를 높이는 데 중점을 뒀다. 포트폴리오를 만든 후 소스코드를 퍼스트본에 지원할 때 보낼 생각이어서 코드 최적화에도 신경을 많이 썼다.

개발 화면

일은 배신하지 않는다

에피소드

이 사이트를 만들 때 몇 개의 재미있는 에피소드가 있다.

우선 이 당시 한국에서 아주 바쁠 때였는데 사이트를 만드는 게 너무 재미있어서 회사에서 새벽까지 일하고 집에 돌아와 또 작업을 했다. 그렇게 하루에 두세 시간만 자는 생활을 하기도 했다.

그리고 그때 다니던 회사에는 오래 근무한 사람들에게 여행비를 지원해주는 제도가 있었다. 그 제도를 이용하여 지금의 와이프인 여자 친구에게 프러포즈하기 위해 같이 프라하로 여행을 갔는데 여행가는 비행기 안에서도 노트북으로 사이트를 제작했다. 그 당시 해외 취업이 결정 난 것도 아니었고 모아둔 돈도 없었지만 일을 사랑하는 내 모습을 이해해주는 사람이었기에 프러포즈에 성공할 수 있었다.

나를 세상에 알린 첫 번째 작업

사이트를 론칭하고 많은 주목을 받았다. 영국의 FWA, 인터넷의 오스카상인 웨비 어워드, 한국의 웹어워드 등 다수의 상을 받았으며 여러 웹디자인 사이트에 소개됐다. 세계 각국의 잡지사와 인터뷰를 하기도 했다. 세상에 나를 알린 첫 번째 작업이었다. 한번은 독일의 잡지사에서 크리에이터의 휴식을 주제로 인터뷰 요청이 들어왔다. 나의 휴식은 잠이라고 설명하고 내가 좋아하는 해골 후드티를 입고 자는 모습을 찍어서 보냈더니 '멋진 사진'이라는 답을 들었다.

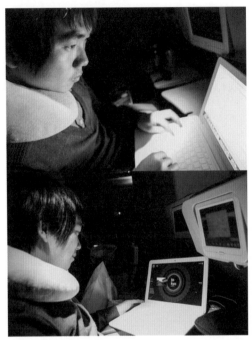

여행가는 비행기 안에서 즐겁게 일하기

자는 모습

일은 배신하지 않는다

Am I hired?

Am I hired?

2010년 3월 마지막 날, 완성한 포트폴리오 사이트와 이력서, 그리고
내가 작성한 플래시 코드 몇 개를 추려 퍼스트본에 시니어 플래시 디
벨로퍼로 지원한다는 메일을 보냈다. 해외 취업보단 그동안 꿈꿔왔던
퍼스트본에서 일하는 것이 목표여서 그 외의 다른 회사에는 관심을
두지 않았다. 이력서를 보내고 연락을 기다린 지 일주일이 되었을 때
디벨로퍼팀의 디렉터인 프란시스에게서 답장이 왔다. 나의 작업물들
을 흥미롭게 살펴봤으며 전화 인터뷰를 하고 싶다는 것이었다.

단지 인터뷰를 하고 싶다는 답장이었지만 흥분을 감출 수 없었다.
뉴욕과 서울에는 13시간의 시차가 있었기 때문에 뉴욕 시간으로 저녁
8시, 서울 시간으로 오전 9시에 전화 인터뷰를 하기로 했다. 전화 인
터뷰 당일 오전 5시에 잠이 깼다. 긴장해서 더는 자지 못하고 9시까지

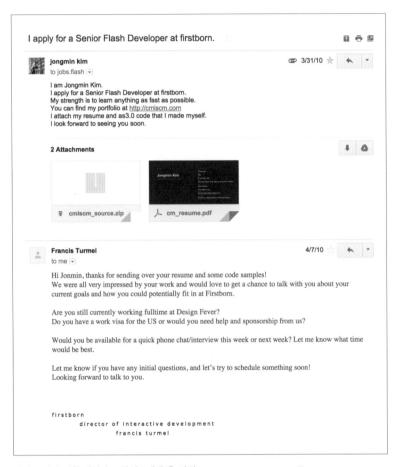

I apply for a Senior Flash Developer at firstborn.

jongmin kim
to jobs.flash

3/31/10

I am Jongmin Kim.
I apply for a Senior Flash Developer at firstborn.
My strength is to learn anything as fast as possible.
You can find my portfolio at http://cmiscm.com
I attach my resume and as3.0 code that I made myself.
I look forward to seeing you soon.

2 Attachments

cmiscm_source.zip   cm_resume.pdf

Francis Turmel
to me

4/7/10

Hi Jonmin, thanks for sending over your resume and some code samples!
We were all very impressed by your work and would love to get a chance to talk with you about your
current goals and how you could potentially fit in at Firstborn.

Are you still currently working fulltime at Design Fever?
Do you have a work visa for the US or would you need help and sponsorship from us?

Would you be available for a quick phone chat/interview this week or next week? Let me know what time
would be best.

Let me know if you have any initial questions, and let's try to schedule something soon!
Looking forward to talk to you.

firstborn
director of interactive development
francis turmel

당시 보냈던 지원 메일과 프란시스에게 온 답장

떨리는 마음으로 전화기 앞에서 전화를 기다렸다. 정확하게 9시가 되
자 국제전화 한 통이 걸려왔다. 전화벨이 두세 번 울리길 기다렸다가
심호흡을 한 번 하고 전화를 받았다.

가벼운 인사를 하고 인터뷰가 시작되었다. 프란시스는 중후한 멋이
있는 캐나다인인데 그의 특징은 말을 오래 한다는 것이다. 그것이 이

일은 배신하지 않는다

때의 나에겐 정말 큰 행운이었는데 영어를 못 하는 나에게 말을 많이 시키기보단 본인이 말을 더 많이 했기 때문이다. 전화 인터뷰는 주로 프란시스가 말하고 내가 맞장구치는 형식으로 진행되었다. 나에 대한 질문은 최대한 캐치해서 이해하지 못했더라도 비슷한 답을 말하려고 노력했고 대부분의 답변에서는 'Yes'만 반복했던 걸로 기억한다. 그렇게 30분가량의 진땀 나는 전화 인터뷰가 끝날 때쯤이었다. 마지막 인사를 하고 전화를 끊으려는 기미가 보이자 나는 마지막으로 이것만은 물어봐야 한다는 생각에 필사적으로 프란시스의 말을 막고 질문을 던졌다. "Am I hired?" 즉, "저 합격했나요?"라는 뜻이었다. 나의 갑작스러운 질문에 프란시스는 웃으며 나는 그러고 싶지만 일단 다른 디렉터들과 상의해보겠다는 답변을 남겼다. 그렇게 전화 인터뷰를 끝내니 시간이 어떻게 갔는지, 무슨 대화를 했는지 하나도 기억나지 않았다. 나중에 프란시스에게 듣기로 나의 갑작스러운 "Am I hired?" 질문이 재미있었고 영어는 못 하지만 일에 대한 열정이 마음에 들었다고 말했다.

I am hired!

인터뷰 다음 날 프란시스가 CCO(Chief Creative Officer)인 박준용 씨를 소개해줬다. 박준용 씨는 한국 매체에도 자주 소개된 퍼스트본의 유명한 한국분으로 이것은 나에게 또 다른 행운이었는데 비자 등

세부 사항을 한국어로 의논할 수 있었기 때문이다. 퍼스트본에는 박준용 씨를 비롯한 한국분들이 몇 명 계셨는데 영어를 못 했던 내가 초기에 미국에 정착하는 데 정말 큰 도움이 되었다. 비자와 연봉 등의 사항을 논의하고 며칠이 지나자 퍼스트본의 President인 댄이 오퍼레터(Offer Letter)를 보냈다. 합격한 것이다. 받아든 오퍼레터에는 퍼스트본 로고와 환영 인사가 있었는데 그게 그렇게 멋져 보일 수 없었다. 오퍼레터에 서명하던 그때의 기분을 아직도 잊을 수가 없다. 내가 절대 닿을 수 없을 것 같던 꿈이 내 손 안으로 내려온 순간이었다. 2010년 4월에 합격했지만, 한국에서의 준비와 디자인피버에서의 일을 마무리 짓기 위해 10월 이후로 입사 날짜를 정하고 해외 취업을 위한 절차들을 진행했다.

미국에서 일하기 위한 첫걸음이자 가장 중요한 부분은 비자다. 비자는 합법적으로 미국에 체류하며 일을 하기 위한 입국 허가증으로 대부분 사람은 H1B라는 취업 비자를 받아서 일한다. 이 비자를 받기 위해선 4년제 대학의 학위가 있어야 하는데 그렇지 않은 사람들에겐 3년의 필드 경력을 1년의 학위와 동일하게 인정해줬다. 고졸인 내가 4년의 학위를 인정받기 위해선 12년의 경력이 필요했다. 당시 5년의 경력밖에 없었던 나는 H1B를 받을 자격이 되지 못했고 '이대로 가지 못하는 것이 아닌가' 하는 불안감이 들었다. 실제로 비자는 해외 취업의 가장 큰 걸림돌이 되기도 하는데 회사에 합격하고도 비자를 받지 못해 취업을 하지 못하거나, 비자를 받는 데 돈과 시간이 들기 때문에 비자 지원이 필요한 지원자는 면접에서 불이익을 받기도 한다.

일은 배신하지 않는다

그때 박준용 씨는 나에게 "종민 씨, 걱정하지 마세요. 방법은 항상 있어요."라고 말하며 변호사와 상의한 후 O-1 비자를 알려줬다. O-1 비자는 유재석과 싸이가 받아서 유명해졌던 비자로 과학, 예술, 체육 등의 분야에서 탁월한 능력을 보유한 외국인을 위한 비자다. 학력이나 경력을 보지 않는 대신 본인이 세계에서 손꼽히는 뛰어난 능력을 지녔다는 것을 증명해야 하므로 받기가 굉장히 까다로운 비자 중의 하나이기도 하다.

우선 내가 받은 상들과 인터뷰들, 그리고 전시회나 세미나 경험, 책이나 글을 쓴 경험들이 필요했다. 그리고 또 다른 중요한 부분은 추천서인데 미국은 추천서의 나라라고 해도 과언이 아닐 만큼 추천서의 영향력이 막강하다. 변호사는 다른 조건은 갖추어졌으니 추천서만 잘 준비한다면 O-1 비자를 취득할 가능성이 있다고 말했다. 이날부터 나의 추천서와의 싸움이 시작되었다.

추천서와의 싸움

추천서라는 것이 본인을 아는 사람뿐만 아니라 객관성을 위해 본인과 일을 해보지 않은, 본인을 모르는 사람에게도 받아야 하는데 이것이 참 쉽지 않다. 평소 다른 사람에게 부탁하거나 피해를 주는 것을 굉장히 싫어했지만 다른 방법이 없었다. 살다 보니 남에게 진심으로 부탁해야 하는 경우가 생기게 된 것이다. 추천서를 써주는 분이 세계적으로 유명하거나 높은 직책일수록 효력이 있는데 이런 분들이 나를 알 리가 만무했다. 국내 매체에 소개된 유명하다는 거의 모든 디자이너 분에게 자세한 내 소개와 함께 추천서를 부탁하는 메일을 보냈다. 정 말 많은 분께 연락했지만 돌아오는 대답은 대부분 거절이었다. 평소 에 알던 사람도 아닌데 추천서 같은 귀찮은 일을 해주는 분들은 없었 다. 텔레비전이나 세미나에서 청춘의 멘토라고 자처하던 분들의 차가 운 거절은 내가 올라가고자 하는 사다리를 먼저 올라간 사람들이 걷 어차 버리는듯한 절망감을 안겨주었다.

하지만 정말 다행히도 평소 나의 작업을 좋게 보신 분들과 주변의 도움을 받아 추천서를 받을 수 있었다. 특히 대학을 안 나온 나로서는 교수님의 추천서를 받기가 힘들었는데 디자인피버의 박재형 이사님 이 어느 날 내게 말했다. "전에 네가 부탁한 교수님 추천서 내가 알아 봤어." 평소 시크하시고 다가가기 어려워서 부탁할까, 말까를 많이 망 설였고 막상 부탁했을 때도 시큰둥하게 말씀하셔서 큰 기대를 하지 않았었는데 기억하셨다가 도움을 주신 것이다. 그렇게 우여곡절 끝에 추천서를 모으고 서류를 준비해서 퍼스트본의 변호사에게 보냈다. 이 런 준비들로 인해 O-1 비자를 받기까지 8개월이 넘게 걸렸다. 추천서 에 가슴 졸이고 느리게만 진행되던 서류 준비 시간은 해외 취업을 준 비하는 동안 가장 힘들게 느껴지던 시간이었다. 게다가 그 당시 내가 가장 많이 들은 말은 "나도 혹은 나 아는 사람도 미국에 합격했는데 비자 때문에 못 갔어."라는 말이었다. 나의 불안감은 커져만 갔다.

O-1 비자를 준비하면서 관련 정보를 찾아보려 했지만, H1B 비자에

일은 배신하지 않는다

비해 많이 알려지지 않은 탓에 인터넷에 정보도 많지 않았다. 비자 인터뷰에 대한 글을 가장 많이 보았는데 영어로 인터뷰를 봐야 하고 이 과정에서 많이 탈락한다는 것이었다. 영어학원을 여러 곳 다녔지만, 효과를 보지 못해서 주변의 소개를 받아 원어민과 1:1로 영어 수업을 진행했다. 늦은 여름에 수업을 시작했는데 시간이 지날수록 학원 가는 길의 풍경이 여름에서 가을로, 그리고 겨울로 바뀌던 모습이 영화의 한 장면처럼 기억에 남아 있다.

2010년 12월, 변호사의 서류 준비가 완료되고 미국 대사관에 비자를 받기 위한 인터뷰를 보러 갔다.

미국에서 변호사가 보내준 책 한 권 두께의 서류들

비자를 받다

금요일 오후, 30분 일찍 와이프와 함께 광화문에 있는 미국 대사관으로 갔다. 불친절한 입구 쪽 한국 직원들이 소리를 질렀기 때문에 와이프는 죄지은 사람처럼 이미 패닉 상태에 빠졌다. 심사대로 가서 지문을 찍고 2층으로 올라가서 인터뷰 대기실에 앉았다. 금요일 오후인데도 사람이 꽉 차 있어서 '오래 기다리겠구나'라고 생각했는데 생각보다 줄이 빨리 줄어들었다. 내 차례가 다가와서 앞으로 나갔지만, 안내원이 "O-1 비자는 인터뷰가 길어질 수 있으니 좀 더 기다리세요."라며 나를 돌려보냈다. 인터뷰가 길어질 수 있다는 말을 듣자마자 긴장감이 확 몰려왔다. 한 시간 정도 의자에 앉아서 기다리니 가장 안쪽의 심사대에서 우릴 불렀다. 긴장되는 마음으로 와이프랑 같이 갔는데, 아…. 인상 좋은 여자 심사관이 웃으면서 반겨 주었다. 그동안 인터넷에서 본 인터뷰 후기로는 불친절한 외국인이 얼굴도 안 보고 빠른 소리로 범죄자를 캐묻듯이 질문한다고 했는데 운이 좋았던 건지 웃으면서 반겨주고 천천히 말해주고 내가 말할 땐 귀를 가까이했다. 사소하지만 덕분에 마음이 편해지면서 준비해온 것 이상으로 수월히 말할 수 있었다. 웃겼던 건 Marriage Certificate(혼인증명서)를 보여달라는 심사관의 말을 잘 못 알아듣고 둘이 같이 결혼반지를 자랑스럽게 보여주며 이것이 '혼인의 증명'이라고 말했다. 결국, 통역관이 나서서 설명해준 덕분에 준비해간 증명서를 건네 주었지만, 심사관은 계속 웃으면서 "Very cute"를 연발했다. 질문이 많지는 않았는데, 하는 일이

일은 배신하지 않는다

뭐냐, 언제 결혼했냐, 한국이 아닌 다른 나라에서 일해본 적 있느냐, 미국에 얼마나 있을 거냐 등등이었다. 연습한 대로 웃으며, 눈을 보며, 자신감을 보이며, 침착하게 대답했다. 5분가량의 인터뷰가 끝나고 심사관이 "끝났어. 다음 주에 택배로 비자를 받을 수 있을 거야"라고 말했다.

　미국 취업을 준비하는 과정에서 정말 많은 분의 도움을 받았다. 처음 인터뷰 때 영어 공부를 도와준 친구, 추천서를 써주신 분들, 디자인 피버의 이사님들, 퍼스트본의 한국분들, 1:1 영어를 진행할 수 있게 도와주신 분들, 그리고 O-1 비자의 경우 H1B 비자보다 준비해야 할 서류도 많고 금액도 비싼데 전액 지원해주며 긴 시간을 기다려준 퍼스트본 등등. 그동안 살면서 가장 많은 도움을 받은 순간이었다. "00가 미국에 갔대."라는 한마디 말로 쉽게 정리될 수 있겠지만 그 속을 들여다보면 결코 쉽지 않은 일이 정말 많이 있었다. 나 혼자만의 실력이 아닌 주변의 도움이 있었기에 가능했고 그렇지 않았다면 지금의 나는 없었을 것이라고 확신한다.

해외 취업은 어떻게 진행되나?

포트폴리오와 이력서

취업에서 무엇보다 중요한 것은 역시 포트폴리오다. 특히 외국의 경우 학력이나 경력보다 실력을 증명하는 포트폴리오를 우선시하는 경우가 많다. 본인이 디자인한 포트폴리오 사이트를 가지고 있으면 더 좋지만 Behance나 Dribbble 같은 온라인 포트폴리오 서비스에 꾸준히 본인의 작업을 올리며 '온라인 명성'을 쌓는 것도 좋은 방법이다. 현지 심사관이 세계 각국에서 오는 모든 포트폴리오의 링크를 다 자세히 읽어 보기는 어렵기 때문에 포트폴리오를 구성할 땐 본인이 꼭 보여주고 싶은 것 위주로 하는 것이 좋다. 포트폴리오가 다양하듯이 이력서 또한 정해진 양식이 없다. 한국에선 정해진 이력서 양식을 내려받아 사진, 이름, 나이, 가족관계 등 자세한 개인정보를 적어서 제출하는데 미국에선 이런 개인정보는 요구하지 않는다. 이름과 본인 소개 내용, 연락처, 스킬, 경력 등을 적절히 서술하면 된다. 연락처는 글로벌하게 정하는 것이 좋은데 한국 계정의 이메일보다는 Gmail과 같은 전 세계인이 알 수 있는 연락처를 남겨두는 것이 좋다.

일은 배신하지 않는다

처음 퍼스트본에 지원할 때 보냈던 이력서 디자인

지원하기

평소 가고 싶었던 회사에서 채용 공고가 나온다면 포트폴리오와 이력서를 준비해서 이메일로 지원한다. LinkedIn 같은 서비스에 본인의 정보와 관심 직종을 올려두면 리크루터에게 먼저 연락이 오기도 한다. 미국의 많은 회사에서 인턴십을 운영 중인데, 인턴십의 장점은 정직원보다 채용될 확률이 높다는 것이다. 풀타임잡(Full-Time Job)의 경력직의 경우에는 많은 조건과 역량을 증명하는 자료, 비자를 요구하기 때문에 한국에서 현지로 바로 채용되기가 쉽지 않다. 인턴십의 경우 인턴십을 위한 비자가 따로 있고 채용 기준도 조금 덜 까다로우니 꼭 가고 싶은 회사의 벽이 높다면 인턴십을 통해 취업한 후 정직원으로 채용되는 방법을 노리는 것도 좋은 전략이다.

인터뷰와 영어

지원한 회사에서 연락이 오면 우선 전화로 인터뷰를 시작한다. 큰 회사의 경우 전화 인터뷰 후 합격을 하게 되면 지원자를 직접 본사로 불러서 대화하는 온 사이트 인터뷰(On-Site Interview)를 보기도 하는데 이때는 왕복 비행기 표를 보내준다. 인터뷰는 주로 본인이 했던 작업들을 소개하고 질문에 대한 답을 하거나 기술 혹은 디자인에 대한 내용을 질문하고 답변하는 형식으로 진행된다. 인터뷰하는 입장에서도 외국인이라는 것을 알고 있으므로 영어를 조금 못해도 크게 감점을 하진 않는다. 조금 과장해서 말하자면 영어를 단어만 나열하는 수준으로 말하더라도 실력이 좋으면 상관없다. 그만큼 실력을 우선해서 본다. 개인적으로 가장 효과를 본 영어 공부 방법은 원어민과의 1:1 과외였는데 수개월 동안 학원에 다니며 공부했을 때보다 1:1로 공부했을 때 실력이 많이 늘었다. 영어는 외국 회사에서 일하면서 배워갈 수도 있으니 미리 겁먹고 해외 취업을 포기하는 경우가 없었으면 좋겠다.

오퍼 레터(Offer Letter)

합격이 확정되면 회사로부터 오퍼 레터를 받는다. 오퍼 레터는 계약서와는 조금 다른데 말 그대로 '이런 조건으로 일할 것을 제안하니 수락한다면 서명해서 보내달라'라는 편지 내용이다. 법이 까다로운 미국에선 계약서를 작성하게 되면 계약서에 명시된 사항에 의해서만 해고할 수 있기 때문에 법적인 제재를 피해 자유롭게 해고하기 위해 보통 계약서 대신 오퍼레터를 사용한다. 오퍼 레터엔 연봉, 복지 혜택 등이 적혀 있으며 회사와 구직자가 같이 서명하고 한 부씩 가진다. 자유로운 해고라는 것이 상당히 무서운 말인데, 한국에선 조금 못하더라도 오랫동안 쌓인 정으로 감싸는 경우가 있지만, 미국에선 실력이 없거나 회사에 손해가 간다고 생각하면 가차 없이 해고당할 수 있다.

비자

비자는 외국에서 합법적으로 일하기 위한 허가증으로 해외 취업에서 가장 중요한 부분 중의 하나다. 회사마다 다르지만, 비자를 전액 지원해주는 회사를 찾는 것이 좋은데 개인이 비자를 준비하려면 준비해야 하는 서류도 많을뿐더러 금액도 만만치 않기 때문이다. 비자를 지원해주는 회사는 담당 변호사를 선임하고 있는 경우가 많고 그만큼 외국인 취업에 있어 경험이 많다는 말이 되므로 다른 회사들보다 믿고 취업할 수 있다. 보통 H1B라는 취업비자를 받는 데 4년제 대학 졸업 자격이 필요하고 매년 발급하는 쿼터(Quota)가 정해져 있다. 만약 올해 쿼터가 소진되어 발급받을 수 있는 비자가 남아 있지 않다면 비자를 받기 위해 1년을 더 기다려야 한다. 구글 같은 글로벌한 회사의 경우엔 H1B 비자의 쿼터가 소진되어 지원자가 1년을 기다려야 한다면 서울이나 도쿄의 구글 오피스에서 1년을 일하고 H1B 비자나 L1 비자를 신청해 미국으로 오는 방법을 이용하기도 한다.

세계적인 어워드에서 수상, 책 집필, 세미나 진행 등의 경력이 있다면 O-1 비자도 하나의 방법이 될 수 있다. O-1 비자는 탁월한 능력(Extraordinary Ability)을 갖춘 외국인에게 발급되는 비자로 쿼터가 정해져 있지 않고 H1B와는 다르게 연장 횟수에 대한 한도가 없다는 장점이 있다. H1B 비자의 경우 6년이 체류 가능 기간이고 그 기간이 지나면 다시 한국으로 돌아가 새로 비자를 발급받아야 하는데 O-1 비자는 그럴 필요없이 미국에서 계속 연장할 수 있다. 게다가 EB1A 영주권(세계적인 탁월한 능력의 보유자가 받는 1순위 영주권)의 신청 자격 요건이 O-1 비자와 유사하므로(물론 EB1A의 취득이 더 까다롭다.) 후에 영주권 신청 시 O-1 비자 신청 때 사용했던 자료들을 사용할 수 있다는 이점이 있다.

일은 배신하지 않는다

집과 생활비

비자가 해결되고 미국으로 가는 날짜를 정했다면 거주할 수 있는 집을 찾아야 한다. 이 부분은 내가 개인적으로 가장 궁금했었던 부분인데, '아무 연고도 없는 낯선 나라에서 집은 어떻게 구하며, 내가 받는 월급으로 생활할 수 있을까?'라는 의문은 누구나 한 번쯤 해보았을 것이다. 집은 온라인만으로는 구하기에는 한계가 있기 때문에 현지 사람의 도움을 받는 것이 좋다. 현지에 연고가 없다면 호텔에서 머물며 그동안 집을 알아보기도 한다. 회사에 따라 템포러리 하우징(Temporary Housing)이라는, 지원자가 처음 몇 달 정도 살 수 있는 집을 제공해주는 혜택을 제공해주기도 한다. 나의 경우엔 퍼스트본의 직원인 로렌이 이사하면서 서블렛 형식으로 로렌의 집에서 처음 3개월을 살았다. 서블렛이란 계약 기간이 남았는데 이사를 할 경우 나 대신 살 사람을 구하는 것, 즉 렌트에 렌트를 하는 것이다. 로렌이 다른 나라에서 오는 나를 배려해서 냄비나 이불 같은 생필품을 아파트에 두고 가서 이삿짐이 도착하기 전에 유용하게 사용했다. 집을 구할 땐 원하는 아파트의 리징 오피스(Leasing Office)에 방문 예약을 한 후 집을 보고 계약을 하거나, 온라인 중계 사이트에서 집주인과 일대일로 계약하는 방법이 있다. 초기에 영어 문제로 계약이 어렵다면 브로커를 이용하는 것도 좋은 방법인데, 뉴욕의 경우엔 한국어를 하는 브로커들도 많아서 유용하다. 아파트에 입주하기 위해선 개인적으로 집보험을 들어야 하는 경우도 있는데 이때 차 보험과 같이 묶어서 등록할 수도 있다.

생활비 부분은 지역마다 다르지만, 미국에서는 전세라는 개념이 없어서 매달 월세를 내고 살아야 하므로 집세가 지출의 많은 부분을 차지한다. 한국에서 원룸이라고 부르는 방 한 칸짜리 집을 스튜디오(Studio)라고 하고, 방 하나에 거실이 있는 것을 원베드룸(One Bedroom)이라고 부른다. 뉴욕의 맨해튼이나 실리콘밸리는 집세가 가장 비싸기로 유명하다. 뉴욕의 경우 맨해튼의 비싼 집세 때문에 많은 사람이 퀸즈나 브루클린, 혹은 뉴저지에 살면서 맨해튼으로 출퇴근하는데 집세가 너무 저렴한 곳은 치안이 좋지 않을 수도 있으니 주의하는 것이 좋다.

해외 이사

출국하기 전 가구나 옷 등을 미국으로 보내게 되는데 이때 해외 이사 서비스를 이용한다. 미국에 집을 아직 구하지 못했더라도 이삿짐을 일단 창고에 보관해뒀다가 집이 정해지면 배달해주는 서비스도 있으니 집 문제가 해결되지 않았다면 이용할만 하다. 이삿짐 서비스는 대부분 배를 이용하는데 배가 적도 부근을 지날 때 많은 열을 받기 때문에 상하거나 끓어 넘칠 수 있는 된장, 고추장 같은 것은 주의해야 한다. 한국에서 발송하는 업체와 미국에 도착해서 미국의 주소지로 배송해주는 업체가 다를 수 있으므로 목록을 꼼꼼히 작성해야 한다. 한국에서 이미 결제를 완료했음에도 미국에서 다시 돈을 요구하며 짐을 주지 않는 악덕 업체가 있으니 이삿짐 업체를 정할 땐 꼭 후기를 읽어보고 믿을 수 있는 곳으로 정하는 것이 좋다.

일은 배신하지 않는다

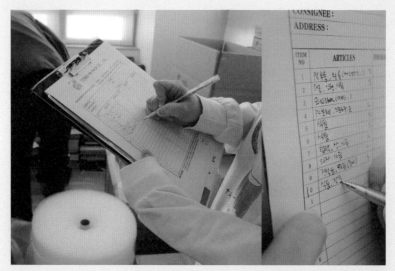

미국에서 해야 할 일들

미국에 도착하면 우선 월급을 받을 수 있도록 은행 계좌를 만든다. 미국에서는 크레딧(Credit)이 가장 중요한 부분 중의 하나인데 집이나 차를 살 때도 크레딧 등급에 따라 이자가 달라지기도 한다. 처음 미국에 오면 크레딧이 없으므로 크레딧 점수를 쌓을 수 있는 시큐어드 크레딧 카드(Secured Credit Card)를 발급받아 사용하다가 크레딧이 쌓이면 신용카드를 만들어서 사용하는 경우가 많다. SSN이라고 불리는 소셜 시큐리티 넘버(Social Security Number)는 우리나라의 주민등록번호 같은 것으로 후에 세금 보고 등에 쓰이므로 발급받아야 한다. 그 외 물세나 관리비 같은 아파트 유틸리티, 전기세, 인터넷, 핸드폰 등을 신청하고 매달 갚는 것도 중요하다. 한국처럼 인터넷으로 편리하게 신청하고 지급하는 시스템도 있지만, 전화로 신청하고 체크(Check: 개인 수표)를 사용해 우편으로 지급해야 하는 번거로운 상황도 많이 발생한다. 그 때문에 한국에선 잘 사용하지 않았던 우표를 많이 사용하게 된다.

운전면허

맨해튼이나 샌프란시스코 같은 대도시는 대중교통 체계가 잘 갖추어져 있어 차가 없어도 크게 불편하지 않다. 하지만 시티 외의 지역에 살 경우엔 차가 없인 생활이 힘든 경우가 많다. 나는 특별히 차에 관심이 없어서 한국에서도 운전면허가 없었다. 뉴욕의 맨해튼에 살 땐 불편하지 않았는데 실리콘밸리로 이사 와선 차가 없으면 생활을 거의 할 수 없었다. 한국에서 운전면허 시험을 보지 않아 비교하기 힘들지만, 미국의 운전면허 시험은 크게 어렵진 않았다. 필기와 실기로 나뉘는데, 뉴욕이나 샌프란시스코 등 한국인이 많이 거주하는 지역에서는 원하면 한국어로 필기시험을 볼 수도 있다. 운전면허 실기시험은 한국에서처럼 기능 코스가 없으며 오직 공공기관인 DMV(Department of Motor Vehicles)에서 도로 주행으로만 치러지는데, 본인의 차나 운전교습소의 차를 운전하여 감독관과 함께 지정된 코스를 돌고 오면 그 자리에서 합격 여부를 통보받는다.

미국에 계속 일하기 위한 영주권

대부분의 비자는 체류 가능 기간이 정해져 있고 '다른 회사와 일할 수

일은 배신하지 않는다

없다'는 등의 제약이 많으므로 미국에서 오래 일하고자 한다면 영주권을 받아야 한다. 게다가 쿼터 등의 문제로 비자 연장에 실패하거나, 갑작스럽게 해고를 당한다면 즉시 한국으로 돌아가야 하는데 영주권이 있다면 이런 상황에서 벗어날 수 있다. 비자처럼 영주권도 다양한 종류가 있는데 변호사와 상의한 후 본인에게 맞는 영주권을 신청하는 것이 좋다. 구글처럼 큰 회사는 입사 첫날 아무 조건 없이 영주권을 신청할 수 있지만, 그렇지 않은 회사들은 영주권 신청에 돈과 시간이 많이 들기 때문에 입사 후 몇 년 이상을 기다려야 자격이 주어지거나, 영주권 신청하는 해에는 연봉 인상과 보너스가 없음 등의 조건을 걸기도 한다.

CHAPTER 04

뉴욕의 크리에이터

퍼스트본으로
첫 출근

미국행 편도 항공권

2011년 1월 11일, 공항에서 가족들과 작별 인사를 하고 생전 처음 가보는 미국을 와이프와 둘이서 편도 비행기 표로 비행기에 올랐다. 보통 여행을 갈 때는 왕복 비행기 표를 끊는데, 이 편도 비행기 표라는 것이 평소와는 다른 기분을 들게 했다. 14시간 정도를 날아 뉴욕의 존에프 케네디 공항에 도착했다. 그때를 떠올려보면 몹시 추웠던 1월의 날씨, 생각보다 허름한 도시의 전경, 이제 낯선 이곳에서 살아야 한다는 약간의 두려움 등이 아직도 생생하다.

공항에 내려서 더듬거리는 영어로 택시를 탔다. 미리 출력해둔 집 주소를 보여주며 맨해튼으로 향했다. 맨해튼의 미드타운에 있는, 방 두 개짜리 아파트는 좁게 느껴졌는데 맨해튼 도심의 아파트였는데 엘리베이터가 없어서 계단을 이용해야 했다. 캐리어와 이민 가방에 짐

일은 배신하지 않는다

을 가득 싣고 온 상태라 가방을 들고 좁고 높은 계단을 오르기가 쉽지
않았다. 마침 같은 아파트에 살던 이웃이 본인이 들어주겠다며 무거
운 짐가방을 들고 계단을 올라갔다. 미국에 살면서 이런 친절을 참으
로 많이 경험했다. 서로 부딪히면 먼저 사과한다든지, 뒷사람을 위해
문을 잡아준다든지 하는 등의 배려와 친절은 사람을 기분 좋게 하는
힘이 있다. 처음에는 버스카드를 사는 곳을 몰라 버스 정류소에 서 있
던 흑인 여자분께 물어보기 위해 말을 건 적이 있었다. 나를 향해 돌아
본 그분은 울고 있었는데 슬프게 우는 와중에서도 내 질문에 친절히
답해주었다.

대충 짐을 풀고 피곤한 몸으로 침대에 누웠다. 첫날 밤에 어두운 창 밖에서 눈이 내리는 풍경은 뉴욕에 왔음을 실감하게 했다.

뉴욕에 도착한 후 기본적인 생필품을 사고 휴대폰, 인터넷, 소셜 넘버 신청 등 생활에 필요한 것들을 하나씩 해 나갔다. 하지만 이런 사소한 일조차 참 만만치가 않았다. 한국에서 약 30년 동안 살아온 나였지만 뉴욕에선 어린아이나 다름 없었다. 그도 그럴 것이 여러 가지 생활의 기본이 되는 것을 처음부터 다시 배워야 했기 때문이다. 전

처음 살았던 미드타운의 아파트

화로 인터넷을 신청하기도 쉽지 않아 능숙하지 못한 영어로 몇 번씩 시도해야 했고, 버스를 탈 때도 교통카드는 어디서 사는지, 어떻게 돈을 내는지 등 모르는 것 투성이었다. 처음엔 '이런 것도 못 하나' 하는 생각에 자괴감이 들기도 했었다. 한번은 휴대폰을 사고 전화로 등록하는데 상담원이 휴대폰 뒤의 제품 번호를 불러달라고 말했다. XHU-RRFGT-HHUIK 같은 영문자를 나름 또박또박 발음해 주었지만 아무리 노력해서 발음해도 상담원은 도저히 알아듣지 못했다. G라고 발음하면 E라고 알아듣고, 그렇게 10여 분을 실랑이하다가 상담원이 안 되

일은 배신하지 않는다

겠다고 생각했는지 나에게 등록되었다는 거짓말을 하고 대충 끊어 버
린 적도 있었다.

　낯선 곳에서의 생활은 한국에서 쌓아왔던 생활에 필요한 지식과 인
간관계를 한 번에 포맷하고 다시 처음부터 시작하는 느낌을 들게 했
다. 나는 그나마 내가 좋아하는 일을 찾아서 온 것이라 어느 정도 불편
을 감수하고 이겨낼 수 있었지만, 와이프는 정말 나 하나만 믿고 가족
도 친구도 없는 낯선 땅에 홀로 떨
어진 느낌이 들었을 것이다. 그런
와중에도 불평 한마디 없이 나를
위해 꿋꿋이 참고 견뎌준 와이프가
너무도 고맙다.

와이프와 처음 뉴욕에서 생필품 구매

퍼스트본으로 첫 출근

뉴욕에 도착해서 2주 정도의 휴가 겸 적응기 를 보내고 첫 출근을 했다. 그 당시 퍼스트본 은 헬스 키친(Hell's Kitchen)이라는 타임스퀘 어 서쪽 지역에 있었다. 미드타운에서 걸어서 20분 정도 걸리는 거리인데 평소 꿈에 그리던 회사에 내가 출근한다는 것이 즐거워 매일 아 침 걸어 다녔다. 첫 출근하는 날 아침에 긴장

첫 출근날 긴장한 내 모습

한 모습으로 집을 나서려는데, 그 모습이 재미있었는지 와이프가 사 진을 찍었다. 지금도 그 사진을 보면 잔뜩 긴장했던 그때의 모습이 생 각나 저절로 웃음이 나온다.

회사에 도착하니 회사 건물 1층에는 덩치가 커다란 경비원이 입구 를 지키고 있었다. 낯선 이들에게는 입장을 제한하는 만큼 나에게도 제지를 걸었다. 더듬거리는 영어로 여기서 오늘부터 일하는 사람이라 고 했지만, 영어가 통하지 않는 것인지 믿지 않는 것인지 들여보내 주 지 않았다. 내 영어를 못 알아듣겠다는 표정으로 한쪽으로 서 있으라 길래 입구 한쪽에서 기다렸는데 경비원은 20여 분이 지나도 나에게 눈길조차 주지 않았다. 마냥 기다릴 순 없어서 오피스 매니저에게 전 화를 걸었다. 1층으로 내려온 오피스 매니저가 상황 설명을 하고 나서 야 경비원은 나에게 미안하다며 입장을 허용하였다. 나중엔 매일 보 는 사이가 되어 인사하며 지냈지만, 처음의 그 답답함은 경험해본 사

일은 배신하지 않는다

입사 초기의 퍼스트본

람만이 이해할 수 있을 것이다.

사무실에 들어가니 전화 인터뷰를 했던 프란시스가 날 반겼다. 인사를 하고 난 후 팀원들을 한 명씩 소개해줬다. 그 당시 퍼스트본에는 업계에서 유명한 분이 많았다. 당장 사인이라도 받아야 할 것 같은 분들을 실제로 만난 것도 모자라 앞으로 같이 일한다고 생각하니 감격스러웠다. 팀원 중의 한 명은 한국인이 온다는 소식에 한국말 인사를 준비했다가 나에게 인사말을 건네기도 했다. 내 자리를 안내받고 퍼스트본의 웰컴킷인 퍼스트본 로고가 새겨진 모자, 후드티, 비니, 티셔츠 등을 받았는데, 사소한 것이지만 '아, 내가 진짜 퍼스트본에 왔구나'라는 것을 실감하며 묘한 소속감을 느꼈다.

퍼스트본의 웰컴킷

  팀원들과 인사를 하고 자리에 앉으니 이메일 도착 알람이 쉴 새 없이 울렸다. 새로운 팀원이 왔다는 소식에 여러 동료가 동시에 나에게 인사하는 내용과 재미있는 사진들이 바쁘게 오고 갔다. 그때는 무슨 말인지 몰라 "너희의 말을 내가 못 따라가겠어."라고 답장했다. 나중에 알고 보니 이곳에선 이메일을 잡담 용도로도 사용하며 하루에도 많은 양을 주고받는 것이었다. 재미있는 동영상을 공유한다든지, 점심 때 무엇을 먹을지 이야기한다든지, 주말이나 공휴일에 대한 인사 등의 사소한 내용부터 관련 분야의 최신 뉴스나 자신이 만든 프로젝트의 진행 소식까지 광범위한 내용의 이메일을 그때그때 주고받았다. 한국에선 업무에 필요한 내용만 이메일을 보내고 잡담은 메신저로 했었는데 다른 부분이 많다는 것을 실감했다.

오후 시간엔 팀원들과 함께 커피를 마시러 나갔다. 커피숍에서 미국인 동료인 라우쉬가 "넌 오늘 처음 왔으니 내가 커피 한잔 사줄게."라며 호의를 베풀었다. 사실 별거 아닌 일일 수 있지만, 선입견을 가지고 있던 나에게는 고정관념을 깨는 큰 사건이었다. 미국 회사에 취직하기 전에 나에게는 '외국 사람들은 개인주의적일 것이다.'라는 선입견이 있었다. 밥값도 정확하게 더치페이하고 남이 무엇인가를 선물하거나 어떤 것에 대해 대신 돈을 내주면 고마워하기보단 이유 없이 받는 것에 당황해한다고 들은 적이 있었기 때문이었다.

미국에서 생활하며 느낀 외국인들은 개인주의적인 모습이 아닌 정이 넘치는 사람이 많았다. 작은 것에 고마워하고 어려울 때 적극적으로 도와주는 모습에 그들도 우리와 다를 것이 없다고 생각했다. 인종과 관계없이 사람들은 다 비슷하다. 좋은 사람도 있고 나쁜 사람도 있는데, 이는 인종 탓이 아니라 단지 개인의 차이다. 퍼스트본의 팀원들은 새로운 곳에서 만나 소중한 인연을 맺은 사람들이며 그동안 정말 많은 도움을 받았다. 아마 팀원들의 도움이 없었다면 낯선 환경에서 적응하기가 쉽지 않았을 것이다.

그렇게 첫 출근을 해서 인사를 하고 알 수 없는 영어로 된 서류들을 받고 서명을 하고, 하루가 정신없이 지나갔다.

퍼스트본의 내 자리

Am I fired?

뉴욕에서 첫 프로젝트

뉴욕에서 진행했던 첫 프로젝트는 5 Gum이라는 껌 브랜드의 웹사이트였다. 총 5개의 섹션으로 이루어진 이 웹사이트는 섹션 하나하나가 재미있는 게임들인데, 디테일한 디자인과 다양한 시각 효과가 인상적인 사이트다. 이때 브라질 출신의 디자이너인 데이비드를 처음 만났다. 나와 비슷한 시기에 입사해서 둘 다 이 프로젝트가 첫 프로젝트였다. 데이비드가 그려내는 디자인의 퀄리티는 '내가 큰물에 왔구나.'를 실감하게 했다. 특히 웹캠으로 껌 포장지를 인식하는 섹션에서는 11가지의 다른 시각 효과가 필요했는데 데이비드가 처음 디자인 시안을 보여줬을 때 나는 단번에 그의 팬이 되었다. 한 가지 재미있었던 점은 그 당시 데이비드의 영어도 뛰어나진 않았는데, 신기하게 영어를 잘 못 하는 우리 둘이서 이야기할 땐 통하는 게 무척 많았다는 것이다.

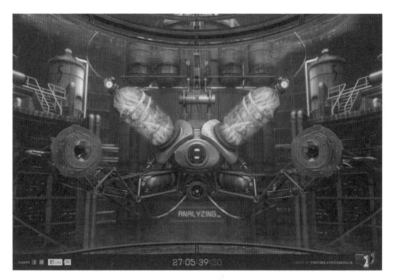

뉴욕에서의 첫 작업인 5 Gum (2011)

플래시 업계에서 유명 인사였던 제 페르난도가 전체 사이트의 구조를 작업하고, 나와 팀 동료인 블레이크가 콘텐츠 섹션을 나눠서 작업을 진행했다. 나는 그중에서 2가지의 섹션을 맡아서 작업했는데, 하나는 손잡이를 돌리면 소용돌이와 플라즈마를 보여주는 섹션과 다른 하나는 웹캠으로 껌 포장지를 인식하는 섹션이었다.

손잡이를 돌리는 섹션에서 플라즈마 애니메이션을 만들 때였다. 처음에는 플래시에서 랜덤으로 라인을 그리는 효과를 만들었지만 많은 플라즈마 애니메이션을 보여줄 때면 플래시의 드로잉 퍼포먼스의 한계로 속도가 느려지는 문제가 생겼다. 그에 대한 해결책을 생각하다가 속도가 빠른 비트맵 드로잉을 이용해서 퍼포먼스 문제를 해결했다. 물결이 치며 소용돌이를 보여주는 부분에서는 디테

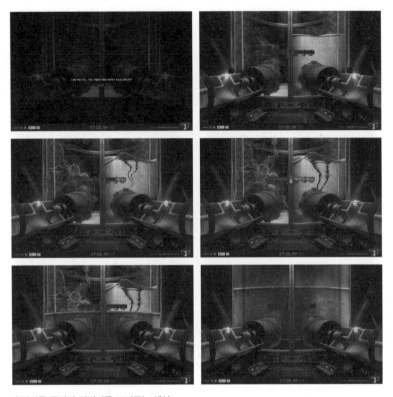

손잡이를 돌리면 정전기를 보여주는 섹션

일을 살리기 위해 많이 노력했다. 우선 물결의 깊이를 보여주기 위해 물결을 각기 다른 음영을 이용해 여러 라인으로 만들었다. 거기에 DisplacementMapFilter 기능을 이용해 물결에 비치는 햇살의 이미지를 적절히 비틀어서 출렁임이 더욱 자연스럽게 보이게 했고, 소용돌이의 속도에 따라 기포의 양과 움직임도 변화를 주었다.

또 다른 섹션은 웹캠으로 껌 포장지의 디자인을 검사해서 어떤 껌인지 알아낸 다음 해당 껌에 맞는 애니메이션을 보여주는 섹션이었

일은 배신하지 않는다

다. 웹캠으로 사물을 인식하는 라이브러리를 사용하여 총 11개나 되는 껌 포장지를 검사하는 코드를 만들었다. 포장지들이 거의 비슷한 디자인이어서 구분하기가 쉽지 않았는데 그중에서 두 가지는 완전히 같은 디자인에 색상만 달랐다. 이 때문에 색상을 추출해서 검사하는 코드를 따로 만들었는데 이 부분에서 문제가 발생했다. 회사에서 작업할 땐 잘 작동하던 색상 추출 코드가 집에선 전혀 작동하지 않았다. 이유는 대부분의 한국 가정에선 형광등을 사용하지만, 미국 가정의 대다수는 노란색의 백열전구를 사용하고 있었기 때문이었다. 이 노란

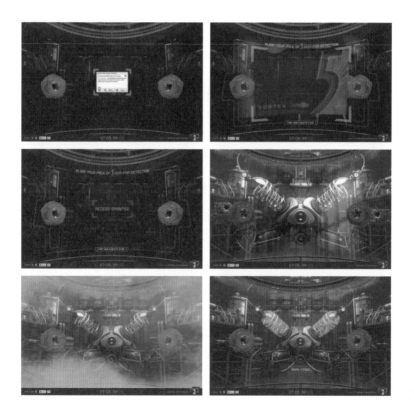

웹캠으로 포장지를 인식하는 섹션

조명 때문에 웹캠에서 정확한 색상을 보여줄 수 없었고 추출한 색상은 모두 노란색으로만 나왔다. 해결책을 찾기 위해 회사에서 작업하고 집에 와서 다시 테스트해보는 등 많은 노력을 기울였다. 미국에서의 첫 프로젝트이자 한국과는 다른 환경이라는 것을 실감했던 프로젝트였던 만큼 나에겐 특별한 의미로 기억되는 프로젝트다.

일은 배신하지 않는다

Am I fired?

한국에서 플래시 디벨로퍼로 일할 때 가장 꺼렸던 일은 바로 페이스북과 연동해서 무언가를 만드는 일이었다. 페이스북은 개발자가 페이스북 연동에 필요한 접근을 허용하는 장치(이를 API라고 부른다)를 만들어두고 사용법을 위한 문서를 제공하고 있다. 하지만 그 문서라는 것이 영어로만 쓰여 있어서 읽기가 부담스러웠다. 게다가 당시는 페이스북의 초창기라 한 달에도 몇 번씩 업데이트하는 바람에 어제까지 잘되던 코드가 안 되는 경우도 빈번했다. 그 당시 영어로 된 문서의 API를 많이 다뤄보지 않았던 나에겐 가장 힘들고 피하고 싶은 일 중의 하나였다.

초반에 미국에서 진행했던 일 대부분은 페이스북 연동이 필요한 일이었다. 처음에 일할 때 이것만은 시키지 말았으면 하는 일이 딱 내게 떨어진 것이다. 사전을 동원해 문서를 읽고 옆자리의 동료에게 물어가며 작업을 진행했다. 막상 해보니 영어라는 장벽에 지레 겁먹었을 뿐이지 그다지 어려운 일은 아니었다. 프로젝트를 하나둘씩 진행하면서 나만의 노하우가 생겼고 나에게 가장 어려웠던 작업이 몇 번의 프로젝트를 진행하는 동안 어느새 쉬운 작업이 되어 있었다. 모든 일이 다 그런데, 안 해봐서 어렵고 몰랐던 거지 막상 시간을 들여서 해보면 누구나 할 수 있고 생각보다 어렵지 않은 일이 많다.

그러던 어느 날 팀의 동료가 "페이스북 연동은 종민에게 물어봐."라고 말하는 것을 들었다. 내가 그 일을 많이 하게 되면서 어느 순간 팀

내에서 페이스북 연동에 대해 가장 많이 아는 사람이 되어있었다. 이 일은 나에게 한 가지 큰 깨달음을 줬다. '뉴욕의 세계적인 회사에서 일하는 사람들은 나와는 다른 천재들일 것이다.'라는 예상과 달리 그들도 나처럼 새로 나온 것은 공부하면서 알아가는 평범한 사람들이었다. 그동안 거인처럼 크게만 보이던 팀 동료들이 이때부터 나와 같은 수준으로 보이기 시작했다. 내가 처음 서울에 대한 환상이 깨졌을 때처럼 말이다. 초반에 기죽어 있던 내가 이 일을 계기로 기를 펼 수 있었다.

그전까지만 해도 작업 하나를 끝낼 때마다 매니저에게 'Am I fired?' 즉 '저 잘렸나요?'라고 물어봤었다. 누가 말하지도 않았는데 혼자 괜히 '내가 만든 부분이 부족해서 나 혹시 해고되느냐?'라고 물어본 것인데 내가 초반에 얼마나 기죽어 있었는지를 보여주는 일화

2013년 5월 퍼스트본에서

일은 배신하지 않는다

다. 그 당시 나의 매니저였던 데커는 아직도 이때의 이야기를 하면서 "잘하고 있는데 왜 그렇게 물어보는지 도무지 알 수가 없었다."라며 웃곤 한다.

미국의
회식문화

피터 루거스 데이

한국 회사에선 회식을 중요하게 생각하는데 '회식은 업무의 연장선이다.'라는 말이 괜히 나온 것이 아님을 겪어본 사람들은 안다. 나는 술을 별로 좋아하지 않고 많은 사람과 어울려 노는 것 또한 그다지 좋아하지 않는다. 이런 나에게 회식이라고 하면 신작 영화를 같이 보거나 좋아하는 팀원들과 도란도란 얘기했던 좋은 기억도 물론 많지만, 반드시 참석해야 하는 강제성과 단체 행사에 힘들어했던 기억도 많이 있다.

미국에서는 회식 때 주로 점심 식사를 다 같이 하거나 스키장이나 사파리 같은 곳을 여행 가곤 한다. 뉴욕의 퍼스트본에서도 다 같이 경마장이나 아이스 스케이트장을 가거나 점심을 먹는 회식을 했었다. 그중에서도 피터 루거스 데이(Peter Luger's day)라는 퍼스트본의 특별한 전체 회식은 재미있는 부분이 많았다.

피터 루거스 데이는 3월 혹은 4월에 하루 날을 잡고 식당을 빌려서 1년 동안의 고생을 위로하고 성과를 축하하는 날이었다. 이날은 직원들이 아침에 출근하면 책상에 작은 선물이 놓여있었다. 애플 TV나 닥터드레 이어폰 같은 선물을 전 직원에게 주는 것인데 이 때문에 마치 크리스마스 같은 느낌을 주기도 했다. 아침에 출근해서 잠깐 업무를 보다가 점심 때가 되면 다 같이 브루클린에 있는 뉴욕의 유명 맛집인 피터 루거 레스토랑으로 이동해 회식을 시작한다.

이날을 위해 직원들이 자발적으로 뭔가를 준비하기도 하지만 회사에서 강제로 시키는 건 전혀 없다. 직원들은 그저 준비된 음식을 먹고 즐기기만 하면 되고 회사에서 고용한 전문 사진사가 와서 이날의 모습을 카메라에 담는다. 다음 날 다 같이 사진을 돌려보며 웃곤 하는데

지하철 창 밖으로 보이는 피터 루거 레스토랑

한국의 전체 회식 행사와는 다르다는 느낌을 많이 받았다. 보통 한국에선 1차, 2차로 술을 마시거나 다 같이 게임을 하는 등 정해진 일정을 소화하는 경우가 많은데, 강제성이 있어서 빠질 수가 없다. 만약 빠지게 되면 사회성이 없는 사람으로 찍혀서 회사생활에 불이익을 받기 때문이다.

자유로운 회식 분위기는 회식에 대한 나의 인식을 변화시켰는데 예전에는 도망가기 바빴던 회식이 어느새 스스로 참여하는 즐거운 시간이 되었다. 일단 회식이 자주 있는 일이 아니었고 중간에 빠지고 싶으면 언제든지 빠질 수 있으니 부담도 없었기 때문이다. 그래서 첫해에는 점심때 식사만 하고 집에 왔었지만, 두 번째 해와 세 번째 해에는 스스로 나서서 팀을 위한 뭔가를 만들기도 했다.

팀 티셔츠

퍼스트본의 디벨로퍼팀은 매년 피터 루거스 데이에 팀 티셔츠를 만들었는데 두 번째 해에는 내가 디자인을 해보고 싶은 마음이 들었다. 평소 웹 이외에도 티셔츠나 포스터 같은 종류의 디자인에도 관심이 많았던 터라 내가 디자인한 티셔츠를 팀원들이 입어준다면 소중한 추억거리가 될 것 같았다. 올해는 내가 디자인하겠다는 의견을 내고 팀원들의 아이디어를 모았다. 그중에서 블레이크의 아이디어가 좋았는데 피터 루거스 데이의 타임라인을 디자인하자는 의견이었다. 피터 루거

일은 배신하지 않는다

스 데이에 일어나는 일들을 아이콘으로 만들고 그것을 시간 순으로 배치해서 디자인을 만들었다.

내가 디자인한 팀 티셔츠 디자인 (2012)

우선 지하철 M라인을 타고 레스토랑으로 간 뒤 준비된 빵과 음료, 그리고 주요리인 스테이크, 베이컨, 햄버거, 후식인 선데이 아이스크림을 먹는다. 그 후 펍에서 여러 종류의 술을 마시고 당구를 치며 놀다가, 늦은 밤 택시를 타고 귀가하면, 화가 난 와이프(혹은 여자 친구)가 기다리고 있다는 내용이었다. 마지막 이미지는 화가 난 와이프를

팀 티셔츠를 입고 있는 동료들과

그런 것인데, 몇몇 짓궂은 동료는 거리
(?)의 여자를 만나러 간다는 다른 의미
로 해석하며 장난을 치기도 했었다. 디
자인을 하면서 팀원들의 제각각인 의
견을 수용하느라 '내가 왜 한다고 했을
까.' 하고 잠깐 후회한 적도 있지만, 막
상 당일에 모두 다 같이 티셔츠를 입고
있는 모습을 보니 뿌듯함이 밀려왔다.
제작된 티셔츠는 뉴욕에 있는 디벨로

**비자 문제로 회식에 참여하지 못한 동료
매티가 오스트리아에서 보내준 사진**

퍼팀뿐만 아니라 비자 문제로 잠시 고국으로 돌아간 팀원들에게도 우
편으로 보냈다. 그중에는 매티가 티셔츠를 입고 위트 있게 연출한 사
진도 있었다.

일은 배신하지 않는다

LUGR LOG

세 번째 해에는 3D 팀의 브렛이 재미있는 아이디어를 디벨로퍼팀으로 가져왔다. 루거 로그(Lugr Log)라고 소개한 이 아이디어는 전 직원이 카메라 앱을 본인의 휴대폰에 설치한 후 피터 루거스 데이 하루 동안 사진을 찍고 다음 날 찍은 사진을 한 번에 보는 것이었다. 한 사람당 32장의 사진만 찍을 수 있으며 심지어 사진을 찍을 때 화면이 흐리게 나와 어떤 사진이 찍히는지 찍는 사람 본인도 알 수 없다는 점이 포인트였다. 24시간이 지난 다음 날 루거 로그 웹사이트에 접속하면 전날 찍었던 사진들을 시간 순서로 볼 수 있는데 다양한 순간의 사진들을 보며 다 같이 웃고 떠들었던 재미있는 경험이었다.

이 아이디어를 듣는 순간 재미있을 것 같다는 생각에 내가 디자인을 하겠다고 나섰다. 이 작은 프로젝트에 꽤 많은 사람이 투입됐는데 iOS 앱은 필, 안드로이드 앱은 제 페르난도, 그리고 웹사이트 개발에는 에밀리가 맡아서 진행했다. 디자인하는 도중 재미있는 아이디어가 떠올라 앱에 특별한 기능을 한 가지 추가했다. 피터 루거스 데이 다음 날 앱을 실행시키면 마치 007 영화에서처럼 5초 후 자동 폭파한다는 메시지가 뜨면서 5초 카운트 다운이 시작된다. 5초가 지나면 휴대폰 진동과 함께 폭파되는 애니메

이션이 나오고, 그 후 'Back to Work!'라는 메시지가 보이는 아이디어였다. 가장 많은 '좋아요'를 받은 사진만 따로 볼 수 있는 기능이 있는데 공개하기 힘든 나의 굴욕 사진이 2위를 차지하는 영광(?)을 얻기도 했다.

웹 디자인 (2013)

일은 배신하지 않는다

웹 사이트 디자인 (2013)

피터 루거스 데이에 앱으로 사진을 찍는 직원들의 모습

자유로운 분위기

미국의 회사생활에서 좋았던 부분 중의 하나는 이 회식문화였다. 가정을 중시하는 라이프 스타일 덕분에 주말이나 저녁은 피하고 주로 주중 점심 때 회식을 한다. 술 또한 자유로운 분위기로 한국에서 흔히 볼 수 있는 파도타기나 윗사람이 술을 권하면 억지로라도 한 두잔 정도 마셔야 하는 분위기와는 사뭇 달랐다. 또한, 바쁜 일이 있거나 회식

일은 배신하지 않는다

에 참석하기 싫은 사람들은 집에 일찍 가거나 참석하지 않아도 아무도 신경 쓰지 않는다.

이런 자유로운 분위기는 평소에도 잘 나타나는데 직급에 상관없이 모든 사람이 자유롭게 자신의 의견을 표현하는 것이 참 인상적이었다. 몇 년 전 A사가 새로운 서비스를 내놓았을 때 형편없는 결과물에 많은 비난을 받은 적이 있었다. 퍼스트본도 비슷한 분위기였는데 전체 이메일로 다 같이 한마음이 되어 조롱하는 기사를 옮기거나 의견을 냈다. 그때 옆자리의 동료가 그 이메일에 '그래도 그 서비스는 앞으로 성장할 것이며 지금은 단지 시작에 불과하니 이렇게 조롱할 필요가 없다.'라는 본인의 생각을 전체 답변으로 보냈다. 모두가 '아니오'라고 할 때 혼자 '예'라고 한 경우인데 나에겐 참 생소한 모습이었다.

생각해보면 그동안 나는 내 의견을 말하기보단 상대방이 듣고 싶은 이야기를 했던 경우가 많았다. 그렇게 상대방의 의사를 살펴 의견을 말하고 동조를 얻어야만 올바른 의견을 말한 것 같은 생각이 들었기 때문이다. 나와 같은 의견은 우리 편, 다른 의견은 나쁜 편으로 가르고 공격하는 경우를 많이 봤기에 스스로 터득한 처세술일 것이다.

자유로운 의견제시는 자신감 있는 당당한 모습을 말하고 이는 지나친 겸손과 반대된다. 미국사람들은 별로 대단한 것도 아닌데 말로 포장하며 본인을 내세우려는 반면, 대부분의 한국 사람은 부족한 영어 실력이 드러날까 봐서인지 혹은 겸손이 몸에 배어서인지 티 내지 않으려는 경향이 많은 것 같다. 나 역시 '너 정말 잘하는구나!'라는 말을 들을 때면, 속으로는 그렇게 생각하더라도 밖으로는 "아휴 제가 뭐 한

거 있나요, 다 된 밥상에 숟가락 얹은 것뿐이죠.″라고 대답하곤 했다. 이런 습성을 몸에 밴 채 처음 이곳에 와서 "나는 별로 잘하는 것도 없는데 그냥 열심히 한다고 해서 뽑혔다.″라고 했던 적이 있다. 그런데 누군가 많은 사람이 모인 자리에서 나에 관해 "우리 회사에 최근에 오신 분이 있는데 그냥 열심히 하겠다고 해서 합격했다.″라고 이야기한 것을 나중에 알게 됐다. 그 말을 듣고 처음엔 그동안의 나의 노력과 과정이 한 번에 부정당하는 듯한 기분이었지만, 가만히 생각해보면 내가 뿌린 말이었기에 그 일을 교훈 삼아 좀 더 자신감 있게 표현하기로 마음먹었다. 겸손은 분명 세계 어느 나라에서나 통하는 미덕이지만, '지나친 겸손'은 미국에선 자신감 부족으로 비칠 수 있다.

일은 배신하지 않는다

뉴요커의
24시간

뉴욕에서의 회사생활은 너무나 만족스러웠다. 몇 달에 한두 번씩 늦게까지 일하는 경우가 있었지만 아무리 늦어도 밤 10시를 넘기진 않았다. 남들보다 작업 속도가 빨랐던 덕분이기도 하지만, 프로젝트의 스케줄 또한 상당히 합리적이었다.

　나에겐 특별한 장점이 있는데 바로 쉽게 생각하기와 집중력이다. 예를 들어 어떤 복잡한 기능을 만들어야 한다면 최대한 쉽고 빠르게 구현하는 방법을 잘 찾아낸다. 그것을 본 동료가 "내가 온종일 고민한 걸 어떻게 그렇게 쉽게 해내느냐?"라고 물어본 적도 있었다. 그리고 집중력은 조금 특이한 부분인데 평소 모임에 참석하거나 TV를 봐도 5분만 지나면 집중을 하지 못하고 딴생각을 하기 일쑤다. 하지만 일을 할 땐 옆에서 불러도 모를 정도로 집중해서 일한다. 아마 내가 좋아하는 일을 하기 때문일 것이다.

　이 덕분에 한국이든 미국이든 어디를 가나 '일을 빠르게 잘한다.'라는 말을 들었다. 재미있는 건 미국 회사에선 빨리 일을 끝내고 퇴근을 했던 반면, 한국에선 빨리 끝내면 또 다른 일이 주어졌다는 것이다. 그러다 보니 새벽에 퇴근하거나 밤을 새우는 경우가 많았고 일 외에 다른 것을 생각할 여유도 없었다.

처음 뉴욕에 왔을 때 나의 포트폴리오를 봤던 동료들이 경력에 비해 대단히 많은 프로젝트를 진행한 것에 놀라워했었다. 뉴욕에선 일 년에 평균 4~5개의 프로젝트를 진행하는데 한국에선 평균 12~14개의 프로젝트를 진행했으니 그들의 시각에선 놀랄 만도 한 일이었다. 물론 그렇게 일했기 때문에 남들보다 빨리 성장할 수 있었던 것도 사실이다. 그래서 나는 신입 디자이너라면 바쁘게 돌아가는 에이전시에서 일을 시작하는 것도 나쁘지 않다고 생각한다. 하지만 문제는 시니어 레벨이 되고 나서도 바쁘게 돌아가는 일정이었다. 일정한 실력이 쌓이고 나면 아이디어를 생각할 시간, 공부할 시간, 충전할 시간이 필요한데 그런 여유를 가지기가 힘들었다.

뉴욕에선 일이 여유롭게 진행되니 여유가 생겼다. 기획자나 디자이너가 수정을 부탁해도 시간이 많으니 바로바로 해결할 수 있었다. 안 된다는 핑계나 짜증을 낼 필요가 없었다. 여기엔 부족한 영어도 한몫했는데, 안 된다는 말을 영어로 복잡하게 돌려 말하기 힘들어서 그냥 'Yes'라고 말하고 빨리 해버린 적도 많이 있었다. 덕분에 퍼스트본의 기획자들로부터 '같이 일하고 싶은 디벨로퍼 1위'에 뽑히기도 했다. 넘치는 휴식 시간에 많은 아이디어를 생각할 수 있었고 그로 인해 개인 작업도 활발히 진행할 수 있었다.

일은 배신하지 않는다

한국에서와 똑같은 일을 했지만, 생활은 완전히 반대되었다. 뉴욕에서 일할 때의 특이한 점과 재미있는 점, 그리고 일반적으로 겪었던 상황을 하루의 시간으로 정리해보면 다음과 같다.

뉴욕 타임스퀘어

🕗 8:00

아침에 일어나서 씻고 나갈 준비를 한다. 가끔은 아침을 먹고 가기도 하는데 워낙 잠이 많아 아침을 포기하고 잠을 더 자는 쪽을 선택한다. 사람 많은 출근 지하철을 타고 30분 정도 걸려서 6 Avenue에 있는 회사에 도착한다. 뉴욕의 지하철은 더럽기로 유명한데 쥐를 보는 게 특별한 일이 아니었다. 더운 여름이면 찜질방 같은 지하철역이지만 다행히 지하철을 타면 에어컨

이 빵빵하게 나왔다. 뉴욕의 지하철역은 기존의 건물이나 시설물을 활용한 경우가 많아서 지하철에서 내려 계단을 올라오면 바로 회사의 출입문과 통했다. 비 오는 날에도 우산 없이 출근할 수 있다는 편리함이 있었다. 보통 9시까지 출근이지만, 주말 다음 날인 월요일엔 10시까지 출근이다. 월요일에

뉴욕의 출근길 비디오

출근하기 힘든 직원들을 위한 작은 배려인 셈인데, 월요병은 한국이나 미국이나 다르지 않나 보다. 뉴욕에서 출근길은 항상 설레는 기분이 들게 했는데 짧은 비디오를 찍어 프로젝트를 만들기도 했다.

🕐 9:00

출근과 동시에 회사 내 카페테리아에서 가볍게 마실 음료나 물을 가지고 온다. 자리에 앉으면 아침 업무가 시작된다. 아침엔 주로 어제 저녁에 온 이메일에 대한 답장이나 최신 기술에 대한 동향을 살펴보곤 한다. 하지만 일이 바쁠 땐 아침부터 정신없이 일한다. 프로젝트에 여유가 생겨 많이 바쁘지 않은 날에는 재미있는 사진이나 유튜브 링크가 쉴 새 없이 메일로 오고갔

일은 배신하지 않는다

다. 바쁜 날엔 업무 메일 외엔 오지 않으니 오히려 메일이 조용하다.

아침엔 누군가 도넛을 사 와서 다 같이 먹기도 한다. 직원 중 한 명이 도넛을 사 와서 먹으라길래 "왜 사 왔느냐?"라고 물어봤더니 "그냥 나눠 먹으려고"라고 대답했다. 외국 사람들은 개인주의적일 것으로 생각했지만 사실 알고 보면 사람은 다 똑같다.

직원들과 나눠먹는 도넛

⏱ 11:00

새로운 프로젝트에 대한 회의에 참석한다. 미국은 도시마다 시차가 있을 정도로 큰 나라여서 화상회의 시스템이 잘 구축되어 있다. 영어를 잘 못 하는 나였지만 정말 다행스럽게도 일에 대한 말은 잘 알아들었는데 프로젝트라는 하나의 주제에 대한 이야기라서 여러 상황과 눈치를 동원해서 어렵지 않게 이해할 수 있었다. 여럿이 모여서 농담을 할 때의 영어는 정말 알아듣기 힘들다. 농담이라는 것이 예상과 다른 말들이 튀어나오는 경우가 많고 하나의 주제를 겨우 이해하면 금세 주제가 바뀌는 경우도 많았기 때문이다. 하지만 농담은 농담일 뿐 못 알아들어도 크게 상관없는 부분이다. 중요한 건 일을 제대로 하느냐 못하느냐이기 때문이다. 그런 면에서 눈치가 빠르다는 것은 한편으론 참 다행이었다.

🕐 12:00

미국의 명절 같은 날엔 가끔 회사에서 특별한 점심을 제공하기도 하지만 주로 회사 주변의 식당에서 점심을 사 와서 사내 카페테리아에서 팀원들과 같이 먹는다. 카페테리아에서도 점심을 팔지만, 주메뉴가 요즘의 웰빙 트렌드에 맞춘 샐러드와 샌드위치라서 고기를 좋아하는 우리 팀은 식당에서 사 먹는 것을 선호한다. 처음 왔을 때 채식주의자냐고 묻는 말에 아니라고 대답하니 환호하던 그들이 떠올라 가끔 웃음 짓곤 한다.

뉴욕엔 맛집이 정말 많이 있는데 비슷한 음식을 좋아하는 사람들끼리 모여서 특정 식당에 가는 모습을 흔하게 볼 수 있다. 날씨가 좋은 금요일에는 팀원들이 다 같이 조금 멀리 있는 식당까지 걸어가서 먹기도 했었다. '마더 버거'라는 햄버거 가게의 야외 테이블에서 햇살을 받으며 팀원들과 먹었던 햄버거에는

마더버거에서 팀원들과

여유로운 금요일 오후의 특별한 맛이 있다.

🕐 13:00

점심이 끝나면 뉴욕 거리를 구경하
거나 디저트를 사 먹기도 한다. 달
콤한 디저트가 많은 뉴욕은 살찌기
에 좋은 도시다.

점심 후 팀원들과 구경했던 뉴욕의 한 인쇄소
가장 좋아하는 뉴욕의 아이스크림 가게

점심시간이 끝나면 오후 업무가 본격적으로 시작된다. 사실 일 자체는 한국과 별로 다를 것이 없다. IT 업종은 세계 어디나 비슷한 작업을 하는 일이기 때문일 것이다. 예를 들어 디벨로퍼의 경우엔 세계가 공통으로 영어로 된 코드를 작성하고, 디자이너의 경우엔 세계가 공통으로 추구하는 아름다움을 그려낸다. 대기업 사원이나 공무원의 경우 혼자만 잘한다고 성공할 순 없다. 그래서 개인의 능력보단 사회성이나 회사에서 필요한 인재가 되는 것에 더 초점을 맞춘다. 반면 디자이너나 디벨로퍼 같은 직종은 창의성이나 개인의 능력을 더 중시하기 때문에 오로지 본인의 실력만으로 평가받고 성장할 수 있는 직종이라고 생각한다.

뉴욕에서 일할 때 특이한 점은 팀장이나 실장이라는 직책이 없었다는 것이다. 디벨로퍼팀이 있고 디벨로퍼들의 전체 스케줄을 관리하는 테크니컬 디

디벨로퍼팀에서 가장 훈남인 필의 일하는 모습

렉터가 있지만, 팀원의 작업을 컨펌(Confirm)하는 한국의 팀장이라는 개념은 없다. 뉴욕에도 높은 직급을 가진 사람들이 있지만, 그렇다고 그들이 내 작업에 합격/불합격을 결정하진 않는다. 대신 알파리뷰, 베타리뷰 같이 중간중간 리뷰를 하는데

이때 다 같이 모여 잘된 부분, 고쳐야 할 부분들을 의논한다. 즉, '너 이렇게 바꿔라.'가 아닌, '이런 것을 이렇게 해보면 어떨까?' 가 되는 것이다. 한국에서 상사의 취향에 맞지 않아 의욕적으로 한 작업을 지워야 했던 경험이 있는 나로서는 굉장히 합리적인 시스템이라고 생각한다.

개발자와 다르게 디자이너는 커뮤니케이션 능력이 많이 요구된다. 디자인을 잘하는 것도 중요하지만 디자인 콘셉트를 클라이언트에게 잘 설명하는 것도 중요하기 때문이다. 프로젝트가 시작되면 한두 명의 디자이너가 각자의 콘셉트를 바탕으로 시안을 만든다. 이런 경쟁 시스템 때문에 디자이너들 사이에선 미묘한 경쟁의식이 있다. 클라이언트 리뷰를 거쳐 시안이 결정되면 한 명의 아트디렉터와 한두 명의 주니어 디자이너가 디자인 작업을 시작한다. 프로젝트마다 다르지만, 대체로 크리에이티브한 프로젝트를 많이 진행하는 편이어서 디자인하는 중간중간 개발자와 의논을 많이 한다. 기술적인 부분을 모르고서는 그에 맞는 디자인이 나오기 어렵기 때문이다. 그래서 디자이너들은 디자인뿐만 아니라 SNS나 테크 뉴스, 혹은 유명한 엔지니어들의 웹사이트에 방문하면서 새로운 기술의 동향도 꾸준히 살피고 있다.

⏱ **16:00**

모든 프로젝트에 다 해당하진 않지만, 가끔 잘된 프로젝트의 경우 Post Mortem 미팅을 하는데, 이는 프로젝트를 진행하면서 잘된 부분, 잘못된 부분을 함께 이야기하며 앞으로의 프로젝트에는 이런 부분을 발전시켜 나가자고 의논하는 자리다. 작업에 참여했던 인원들이 모여 다 같이 이야기하는 형식으로 진행되고 그 이야기들을 기획자가 받아적고 정리한다. 또한, 론칭한 프로젝트에 특별한 기술이 사용되었거나 전 직원에게 알려줄 만한 일들이 있었다면 해당 프로젝트를 주제로 사내 세미나를 열곤 한다. 프로젝트 하나가 끝나면

디즈니 프로젝트를 마치고 Post Mortem 미팅 탁자 위의 바구니는 클라이언트에게 감사의 선물로 받은 디즈니 컵과 인형

프로젝트를 끝내고 마시는 위스키 한잔 물론 나는 술을 싫어해서 콜라를 마시지만

그것은 봉인한 채 다음 프로젝트를 시작하기 바빴던 과거와는 달리, 내가 했던 작업들을 한 번 더 돌아보고 자신을 성장시킬 수 있는 중요한 부분이었다.

프로젝트를 론칭한 날에는 한국처럼 거창한 팀 회식은 없지만, 함께 작업했던 사람들끼리 삼삼오오 모여서 맥주나 위스키를

일은 배신하지 않는다

브라질리언 바비큐 레스토랑에서 팀원들과

마신다. 한국의 대부분 회사는 연말이나 연초에 연봉 협상과 함께 인센티브라고 불리는 보너스를 주기도 하는데 뉴욕의 회사에선 한 프로젝트가 잘 되거나 큰 프로젝트가 끝나면 그때그때 보너스 지급과 함께 연봉 인상이 진행되며 연봉의 인상 폭 또한 매우 크다.

⏱ 18:00

일이 끝나는 시간이면 대부분 퇴근을 하거나 친한 사람들끼리 저녁을 먹고 헤어진다. 다양한 인종이 모인 만큼 다양한 식당이 있는 곳이 뉴욕이다. 여러 나라에서 온 동료들이 자국의 요리를 맛있게 하는 레스토랑을 추천해서 다 같이 찾아가곤 했다. 덕분에 고기를 무한 리필할 수 있는 브라질리언 바비큐, 생전 처음 보는 분위기의 러시아 술집, 프랑스 친구와 같이 먹었던 프랑

스 요리 등 세계 각국의 요리를 경험해볼 수 있었다. 이는 뉴욕
이라서 가능한 것이기도 한데 뉴욕을 국제도시(International
City)라고 부르는 이유일 것이다.

⏰ 19:00

일이 많이 남았다면 좀 더 늦게까지 일을 하기도 한다. 하지만
밤을 새우며 혹사할 정도의 일정은 주지 않는다. 클라이언트 역
시 우리를 이 분야의 전문가로 인정하고 스케줄을 협의하기 때
문이다. 한국에서 일할 때 매우 급한 프로젝트여서 팀원들과 며
칠을 밤새며 2주 안에 끝낸 적이 있었다. 그렇게 프로젝트를 잘
끝낸 자신이 너무나 자랑스러웠고 클라이언트로부터 "역시 프
로다."라는 반응을 기대했지만 들려오는 대답은 그것이 아니었

뉴욕에서 야근할 때 자주 시켜 먹었던 고기덮밥

일은 배신하지 않는다

다. 바로 "안 된다더니 쪼으면 다 되네."라는 반응이었다. 클라이언트 입장에선 우리가 잘해서 끝낸 게 아니라 '갑'인 본인이 '을'인 우리를 잘 쪼아서 잘 끝냈다고 생각하고 있었다. 그때 함께 밤을 새웠던 팀원들은 클라이언트의 독촉이 무서워서 그렇게 열심히 했던 것이 아님을 나는 잘 알고 있다.

금요일 퇴근 시간에 일을 던져주며 월요일까지 보고하라거나 일이 잘못되면 뒤로 메일을 돌려서 모두 내 책임으로 만드는 등 한국에서 겪은 갑의 횡포는 직업에 대한 회의감을 들게 하기도 했었다. 게다가 프로젝트가 조금이라도 빛을 볼 것 같으면 여기저기서 피드백을 주기 위해 달려들었다. 이 프로젝트가 성공했을 때 '갑'으로서 본인이 참여했다는 것을 알리기 위해 숟가락을 얹는 것이다. 초반에 야심 차게 진행했던 프로젝트가 갈수록 산으로 가는 경우를 많이 봤다. 모두가 그런 것은 아니지만, 대기업에서 일한다는 것만으로 에이전시에서 일하는 사람을 무시하고 우습게 보던 시선은 분명 고쳐야 할 점이다. 사람 간의 예의가 아닌 높은 계급을 향한 일방적인 예의를 강요하고 그것이 나아가 '갑과 을'의 문화, 또는 '네가 감히' 문화가 되는 현상이 안타깝기만 하다.

🕐 20:00

가끔은 디벨로퍼팀에서 무비나잇을 열기도 한다. 늦은 저녁 동료의 집이나 회사 회의실에 모여 피자를 먹으면서 영화를 보는 날이다. 다 같이 최신 영화를 보러 자주 영화관에 가기도 했었지만, 좁은 집에 옹기종기 모여앉아 피자를 먹으며 보는 올드무비들은 독특한 매력이 있었다.

무비나잇

주말

겨울의 뉴욕은 춥고 삭막하지만, 여름의 뉴욕은 거리에 활기가 넘친다. 해도 길어져 저녁 8시가 되어도 해가 지지 않는다. 이런 주말에는 와이프와 맨해튼을 구경하거나 단골 일식집에 가곤 했다. 가끔은 센트럴 파크를 산책했는데 빌딩 숲 한가운데 거대한 공원은 뉴욕을 또 다른 모습으로 보이게 한다.

파리 여행 중 미술관에 갔을 때 무거운 짐을 지고 짧은 시간에 하나라도 더 보려고 부지런히 움직이는 여행자였던 나는 옆에 지나가는 가벼운 차림의 현지인의 여유로움을 보고 부러움을 느낀 적이 있었다. 뉴욕에 살면서 그때 생각이 났다. 언제든 가벼운 차림으로 집 앞의 MoMA나 메트로폴리탄 같은 미술관에 갈 수 있다는 것은 뉴요커만이 누릴 수 있는 특별함이다.

다양한 매력이 있는 뉴욕의 거리

일은 배신하지 않는다

뉴욕의 크리에이터

센트럴파크

일은 배신하지 않는다

겨울의 뉴욕

뉴욕의 야경

외국 회사에서
느끼는 차이점과
조심해야 할 것들

처음 뉴욕으로 출발할 때의 모습이 아직도 생생한데, 와이프와 둘이서 낯선 땅, 낯선 사람들에 대한 걱정에 마음을 졸였었다. 하지만 막상 와서 겪어보니 사람 사는 곳은 어느 곳이나 비슷하다는 생각을 갖게 하는 일이 많이 있었다. 그중의 하나는, 한국이 세계에서 가장 예의 바른 나라라고 알고 있지만, 이곳 역시 매너라는 이름으로 다른 이를 배려하는 모습이 눈에 많이 띈다는 것이다.

예를 들어 노인분들께 자리를 양보하는 모습은 한국에만 있는 모습인 줄 알았지만, 이곳에서도 노약자분들께 자리를 양보하는 모습을 종종 볼 수 있다. 바로 사람이 다른 사람과 어울려 살기 위한 기본적인 조건인 배려라는 것인데, 굳이 '예(禮)'라는 동양적인 개념을 설명하지 않아도 그렇게 하는 것이 좋다는 것을 다들 알고 있는 것이다. 하지만 이렇게 비슷한 외국일지라도 한국과 아주 똑같을 수는 없다. 가끔 '이런 부분은 상당히 다르구나.' 하고 느낄 때가 있다.

일은 배신하지 않는다

겸손함은 이제 그만

나는 겸손함을 미덕으로 생각하는 전형적인 한국인이다. 누군가 나에게 '너 정말 잘하는구나'라고 이야기하면, 속으로는 '아 나 정말 잘해'라고 생각할지라도 입 밖으로는 '아니에요, 운이 좋았을 뿐이죠'라는 말을 자주 하곤 했다. 이런 습성을 몸에 밴 채 처음 이곳에 왔을 때 자기 소개를 하는 자리에서 '나는 별로 잘하는 것도 없는데, 그냥 열심히 한다고 했더니 뽑아주더라'라고 했던 적이 있다. 그런데 시간이 지나 누군가 나에 대해 이야기할 때, '실력이 없지만 뽑아만 주면 열심히 일하겠다고 해서 뽑힌 사람'이라고 말하고 다니는 것을 들은 적이 있다. 당시에는 상당히 기분이 나빴지만 가만히 생각해보면 내가 뿌린 씨앗이었기에 그 일을 교훈 삼아 좀 더 자신감 있게 표현하기로 마음 먹었다. 겸손은 세계 어느 나라에서나 통하는 미덕이지만, 지나친 겸손은 자신감 부족으로 비춰질 수 있다는 것이다. 누군가 당신에 대해 칭찬을 해준다면 겸손보단 칭찬에 대해 고맙다고 대답하는 것이 좋다고 생각한다.

의견은 자유롭게

한국에서 일할 땐 몇 안 되는 직원들끼리도 직급을 나누고 존칭을 사용한다. 그리고 자신보다 높은 사람의 의견에 반대의견을 냈다간 건방지다는 말을 듣는 경우도 종종 있다. 즉 옳고 그름에 따라 의사결정을 하는 것이 아닌 개인의 친분이나 상하관계에 따라 의사결정을 하는 경우가 있다는 것이다.

이것은 미국에서는 조금 다른데, 모두들 자기 의견을 내세우는 데 거리낌이 없다. 예를 들어 내가 낸 의견에 격렬하게 반대하다가도 회의가 끝나면 뒤끝 없이 웃으면서 이야기하는 것이 이들의 일상이다. 그리고 내가 싫어하는 사람이 낸 의견일지라도 본인의 호불호가 아닌 의견 자체를 기준으로 의사결정을 하는 경우가 많이 있다.

거기에 막 입사한 인턴이 전체 회의에서 자신의 의견을 당당하게 이야기하는 모습을 볼때면, 한국에서 시키는 대로 묵묵히 일했던 내 모습과 비교되어 많은 생각을 하게 한다. 특히 미국에선 회의를 할 때 의견을 내지 않으면 '내 의견에 동조하는 내 편'이 아니라 자신의 생각을 말하지 못하는 '생각이 없는 사람'으로 보일 수 있으니 조심해야 한다.

나이는 중요치 않아

한국에선 처음 사람을 만나면 몇 살인지 물어보고 나이에 따라 형, 동생으로 호칭을 정하지만, 이곳에선 나이를 중요하게 생각하지 않는다. 처음 만날 때 물어보지도 않을뿐더러, 형이나 동생이라는 상하관계가 아닌 나이에 상관없이 누구나 친구라는 이야기다. 동양인들은 나이보다 어려보이고 서양인들은 조금 들어 보이는 경우가 많아서 외모만 가지고 나이를 구분하기는 힘들다. 같은 팀의 동료들 중에도 유독 나이가 들어 보이는 사람들이 있는데, 후에 나보다 훨씬 어리다는 것을 알고는 놀란 적이 있다. 액면가는 나보다 굉장히 많아 보이는데 말이다.

인종 관련 농담은 금물

뉴욕에는 정말 많은 인종이 있다. 그래서 혹자는 뉴욕을 미국의 도시가 아닌 국제도시(International City)라고 부르기도 한다. 그만큼 인종차별과 관련된 발언에 대해선 조심해야하는데, 예를 들어 한국에서 농담 식으로 이야기하던 xx나라 사람은 너무 시끄러워라든지, xx나라 사람들은 좀 멍청해 같은 이야기를 하는 것은 상당히 위험할 수 있다.

　나 역시 인종에 대한 기본적인 편견이 있었지만, 여기서 겪어보니 '모든 사람이 그런 것은 아니구나'라는 생각을 하게 된다. 인터넷에서는 한국인을 무시하고 미워하는 일본인 이야기를 많이 접했지만, 실제로 여기서 만난 일본인 친구들은 오히려 한국에 호감을 보이고 한국 음식을 좋아한다.

　또 주변 지인 중에서 파리로 3박 4일 여행을 다녀오신 분이 프랑스 사람들은 뭔가 모를 야만인의 특성을 가지고 있다고 해서 정말 그런 줄 알았었다. 하지만 뉴욕의 회사에서 양 옆자리에 프랑스인들과 친해져보니, 작은 것에 고마워하고, 어려울 때 적극적으로 도와주는 모습에 그들도 우리와 다를 것이 없다고 생각했다. 프랑스인들뿐만 아니라 국적에 관계없이 사람은 정말 비슷하다. 좋은 사람이 있으면 나쁜 사람도 있기 마련이다. 한두 명의 경우만 보고 그나라 사람 모두를 판단하는 실수를 해서는 안 될 것이다.

사람과의 관계가 덜 힘들다

한국에서 누군가 새로운 팀원으로 오게 되면 일단 신상 조사부터 들어간다. 나이는 몇 살인지, 여자 친구는 있는지, 없다면 이상형은 어떤지 등등, 어떻게 보면 지나치게 사생활에 간섭하는 것일 수 있는 경우가 많이 있다. 사정이 이렇다 보니 많은 회사가 직원을 채용할 때 일은 좀 못해도 잘 놀고 팀원과 잘 화합할 수 있는 사람을 선호하는 현상도 이해가 되는 부분이다.

한국과 가장 비슷한 직장환경을 가지고 있다는 일본도 공과 사의 구별만은 확실하다고 하니 한국에서 일하는 것이 일 자체보다 사람과의 관계에서 얼마나 많은 스트레스를 받는지 알 수 있다. 서로 긴밀하게 친하다 보니 많이 기대하게 되고, 또 많이 기대한 만큼 실망도 많이 하게 되면서 사람과의 관계에 힘들어한다.

이 부분은 장단점이 있는데, 한국에선 사람과의 관계가 힘든 대신 '정'이 있는 반면, 미국에선 '정'을 기대하긴 어렵다.

일은 배신하지 않는다

하나의 프로젝트가 완성되기까지

시작하며

프로젝트 하나가 완성되려면 어떤 과정을 거쳐야 할까?

뉴욕에서 일하면서 느끼는 점은 전체적인 진행 과정이 한국과 상당히 비슷하다는 것이다. 인터넷은 국경이 없기에 세계 어느 나라를 가더라도 사용하는 프로그램, 프로젝트 진행 과정 등은 비슷할 것이다. 하지만 세밀하게 따지고 보면 분명 차이점이 존재하며, 이런 차이점들이 모여서 프로젝트의 퀄리티를 결정하는 것은 아닐까 생각해본다. 프로젝트의 진행 과정을 하나하나 살펴보며 한국과 뉴욕의 진행 과정에는 어떤 점이 비슷하고 어떤 점이 다른지 알아보도록 하자.

Kick Off Meeting

경기 시작을 알리는 축구 용어인 Kick Off는 프로젝트의 시작을 뜻한다.

이는 전체 프로젝트뿐만 아니라 세부적으로 나뉘기도 하는데, 예를 들어 디자인 파트가 시작할 땐 Design Kick Off, 개발 파트가 시작할 땐 Dev Kick Off, 혹은 개개인이 따로 시작할 땐 Jongmin Kick Off 라고 부르기도 한다. 이 미팅에서는 프로젝트의 방향과 전체 일정 등을 논의한다.

Brainstorming & 기획

Brainstorming은 다 같이 모여 프로젝트에 대해 이것저것 아이디어를 내며 의견을 나누는 과정이다. 이 단계는 클라이언트에 따라 많이 좌우되는 편인데, 이미 구체적인 기획을 바탕으로 시작하는 클라이언트도 있고, 막연한 주제만 가지고 시작하는 클라이언트도 있기 때문이다. Brainstorming에서 정해진 아이디어는 다음 단계인 기획 과정을 거치며 살이 붙는다. 기획자들은 애플리케이션의 전체 흐름과 중요한 부분 등을 정리해서 문서화하는 작업을 한다. 이과정에서 카피라이터들이 같이 작업을 하는데, 규모가 크지 않은 회사에서는 대부분 기획자가 카피라이터의 작업을 병행하지만, 규모가 조금 큰 회사는 두세 명의 카피라이터를 두고 있다. 퍼스트본에서도 카피라이터가 몇 명 있는데, 가끔 개인적인 요청으로 필자가 쓴 영어 문장을 세련된 문장으로 수정해줄 때면 존경스럽기까지 하다.

디자인

정리된 기획안을 기초로 디자인 시안을 만드는 단계이다.

뉴욕은 한국과 비슷하게 1~2명의 디자이너가 각자의 콘셉트를 가지고 시안을 만들어서 경쟁하는 구조다. 같이 일하는 유럽에서 온 친구들의 이야기를 들어보면, 유럽의 일부 회사들은 한 프로젝트당 하나의 시안만 만든다고 한다. 기획 당시부터 방향이 틀어지지 않게 초점을 잘 맞추어 하나의 시안으로 프로젝트를 진행하고, 클라이언트들 또한 그것을 당연하게 받아들인다니 정말 부러운 일이 아닐 수 없다. 같은 회사의 친한 디자이너 친구의 말을 들어보면, 뉴욕에선 이런 경쟁 구조 때문에 디자이너 사이엔 보이지 않는 미묘한 경쟁의식이 있다고 한다. 클라이언트 리뷰를 거쳐 시안이 결정되면 한 명의 아트디렉터와 한두 명의 주니어 디자이너가 디자인 작업을 시작한다. 프로젝트마다 다르지만, 대체로 크리에이티브한 프로젝트를 많이 진행하는 편이어서 디자인하는 중간중간에 개발자와 의논을 많이 한다. 커뮤니케이션은 개발과 디자인을 동시에 하지 못하는 대부분의 디자이너에겐 굉장히 중요한 부분이다. 기술적인 부분을 모르고서는 그에 맞는 디자인이 나오기 어렵기 때문이다. 때문에 디자이너들은 디자인뿐만 아니라 새로운 기술에 대한 동향도 꾸준히 살피고 있다. 이는 그래픽 디자이너가 아닌 인터랙티브 디자이너이기 때문에 어쩌면 당연한 것인지도 모르겠다.

개발

개발 파트는 디자인 파트와는 달리 한 명 한 명이 본인의 맡은 부분을 작업하는 형식으로 이루어진다. 즉 경쟁이 아닌 협업인데, 그 때문인지 개발팀은 항상 떠들썩하고 정보공유 또한 활발하다. 한 가지 특이한 점은 팀장이라는 직책이 없다는 것인네(이는 디사인팀도 마찬가지다), 그만큼 누구나 자유롭게 의견을 낼 수 있고 본인의 스케줄을 본인이 알아서 관리할 수 있다. 서열을 반드시 정해야 하는 한국에서만 일하던 필자에겐 팀장이 없다는 것은 굉장히 재미있는 부분이었는데, 그렇다면 만들어진 애니메이션이나 개발 작업들은 누가 Confirm(최종 승인)을 할까?

답은 '아무도 Confirm을 하지 않는다'이다.

대신 알파리뷰, 베타리뷰같이 중간중간 리뷰를 하는데 이때 다 같이 모여 잘된 부분, 고쳐야 할 부분들을 의논한다. 즉, '너 이렇게 바꿔라'가 아닌, '이런 것을 이렇게 해보면 어떨까?'가 되는 것이다.

이것은 장단점이 있는데, 한국에선 팀장이 존재하고 지시하는 분위기인 대신, 윗사람이 아랫사람을 챙겨주는 '정'이 있다면, 이곳에선 한국만큼의 '정'을 기대하긴 어렵다. 대신 아무도 간섭하지 않고, 본인 스스로 컨트롤할 수 있는 자유가 주어지는데, 본인의 성향이 후자 쪽에 가깝다면 해외 취업을 진지하게 고려해보기 바란다.

또한 일반적인 직책의 부분에서도 상당히 다른데, 한국에서 일할 땐 직책이 높은 사람이 큰 프로젝트 혹은 프로젝트의 중요한 파트를 담당하고, 직책이 낮은 사람은 기타 잡다한 일들을 해야 하는 경우가 많이 있지만, 미국 회사에선 직책이 프로젝트와 크게 상관없다. 프로젝트를 관리하는 디렉터가 개개인들의 일정을 파악하여 프로젝트에 투입하기 때문에, 직책이 낮더라도 큰 프로젝트의 메인 개발자로 참여할 수 있고, 직책이 높아도 배너 수정 같은 자질구레한 작업을 해야 할 때도 있다.

일은 배신하지 않는다

피드백 & QA

베타 리뷰 후엔 클라이언트의 피드백을 받고 QA(Quality Assurance-개발을 완료한 후 버그 등을 수정하는 작업)를 진행한다. 한국에선 클라이언트가 '갑'이고 그에 따른 '을'들의 서러움에 대한 이야기가 많이 있다. 뉴욕도 클라이언트가 굉장히 중요한 존재이지만, 클라이언트 측에서 해당 에이전시를 이 분야의 전문가로 인정하고 그들의 의견을 존중하는 분위기다.

론칭

모든 일정이 끝나면 드디어 기다리던 론칭!

론칭을 한 후에는 한국처럼 거창한 팀회식은 없지만, 같이 작업했던 사람들끼리 삼삼오오 모여서 맥주나 위스키를 마시곤 한다. 론칭을 한 후 같이 고생한 팀원들과 몸 보신용 팀회식을 하던 한국의 문화는 내가 뉴욕으로 온 후 가장 그리워하는 부분 중의 하나다.

Post Mortem & 세미나

모든 프로젝트에 다 해당하진 않지만 가끔 Post Mortem 미팅을 하는데, 이는 프로젝트를 진행하면서 잘된 부분, 잘못된 부분을 같이 이야기하며 앞으로의 프로젝트에는 이런 부분을 발전시켜 나가자고 의논하는 자리다. 작업에 참여했던 인원들이 모여 다 같이 이야기하는 형식으로 진행되고, 그 이야기들을 기획자가 받아적고 정리한다.

또한 론칭한 프로젝트에 특별한 기술이 사용되었거나 전 직원에게 알려줄 만한 일들이 있었다면 해당 프로젝트를 주제로 사내 세미나를 열곤 한다. 이런 부분은 프로젝트 하나가 끝나면 그것은 봉인한채 다음 프로젝트를 시작하기 바빴던 과거와는 달리, 내가 했던 작업들을 한 번더 돌아보고 자신을 성장시킬 수 있는 중요한 부분이라고 생각한다.

보너스와 연봉 협상

한국의 대부분 회사는 연말이나 연초에 연봉 협상과 함께 인센티브라고 불리는 보너스를 주기도 하는데, 뉴욕의 회사에선 한 프로젝트가 잘되거나 큰 프로젝트가 끝나면 그때그때 보너스를 지급하는 한편 연봉을 올려주기도 한다. 인상 폭도 큰 편이어서 한국처럼 몇백만 원 수준이 아닌 몇천만 원 수준이다. 처음 뉴욕에 왔을 땐 많지 않은 연봉으로 가져온 돈을 조금씩 빼 써야 했었지만, 몇 개의 프로젝트를 거치면서 연봉이 많이 올라 일 년이 채 되지 않은 기간에 회사에서 받은 돈만으로도 생활을 할 수 있게 되었다.

위기는 기회,
인터넷 락스타

변화의 물결

플래시 디벨로퍼로 퍼스트본에 입사한 지 2년 정도가 지났을 때였다. 시장은 플래시라는 기술보단 HTML5라는 신기술을 선호하기 시작했고 변화는 퍼스트본에도 다가왔다.

　플래시는 개발 언어를 모르는 디자이너도 손쉽게 만들 수 있는 타임라인 기반의 애니메이션 제작이 가능했고, 비디오나 사운드 같은 다양한 미디어를 플러그인 없이 재생하는 등 막강한 애니메이션 도구로 인기를 끌었다. 하지만 완벽한 것만은 아니었는데, 가장 큰 문제는 플래시를 재생하는 플래시 플레이어(Flash Player)가 브라우저에 플러그인(Plugin)으로 설치되어 재생된다는 점이었다. 이 독립된 플러그인이라는 것이 장단점이 있는데, 장점은 브라우저의 종류에 상관없이 어디서나 동일한 화면을 보여줄 수 있고, 웹뿐만 아니라 애플리케이션이나 게임 등 다른 곳에도 사용될 수 있다는 것이었다. 단점은 보안 문제, 성능 문제, 그리고 플래시 플레이어가 설치되지 않는 디바이스에선 보일 수 없었다는 점이다. 거기에 검색엔진이 플래시 안의 내용을 읽지 못해 해당 웹사이트의 내용을 찾지 못해서 플래시로만 이루어진 올 플래시(All Flash) 사이트를 만드는 것은 웹 표준에 맞지 않는 일이었다. 이런 단점이 있지만, 플래시가 보여준 애니메이션 퀄리티에 사람들의 눈높이가 이미 맞춰져 있었고, 플래시를 대체할 만한 것이 없던 시절엔 플래시의 점유율은 90%가 넘기도 했다. 하지만 스마트폰과 태블릿 PC의 등장으로 플래시 플레이어가 설치되지 않는 디바이스들이 늘어나자 웹에서 플래시는 급격히 내리막길을 걷게 되고 그 자리를 HTML5가 대신하게 되는 상황이었다. 그동안 해왔던 플래시 기술을 사용하지 못한다는 것은 많은 플래시 디벨로퍼들에게 위기 상황이었다. HTML5 프로젝트가 하나둘씩 늘어나며 변화에 적응한 사람도 생겼고 그렇지 못한 사람도 생겨나기 시작했다.

그때쯤 내 옆자리로 실반이라는 친구가 새로 입사했다. 굉장히 시크한 프랑스 친구였는데 서로 취향이 비슷해 쉽게 친해질 수 있었다. 자주 커플끼리 모여서 저녁을 먹거나 수다를 떨었고 작업에 대해 진지하게 얘기하기도 했다. 한번은 본인이 제작 중이라던 개인 작업물을 보여주며 나의 의견을 물었다. HTML5로 만들어진 웹사이트였는데 플래시 못지않은 부드러운 움직임이 인상적이었다. 사실 그전까지는 HTML5에 별로 관심이 없었다. 플래시가 만들어내는 애니메이션의 퀄리티를 HTML5가 따라오기엔 멀었다고 생각했기 때문이었

일은 배신하지 않는다

다. 하지만 실반의 작업물을 본 이후로 내 생각은 완전히 달라졌다. HTML5의 가능성을 실감했고 그때부터 HTML5 공부를 시작했다. 나는 이것이 해외 취업의 장점 중 하나라고 생각한다. 세계 각국에서 모인 실력 있는 동료를 보고 자극받아 내 실력을 더 쌓을 수 있기 때문이다.

HTML5를 배우기 시작하고 얼마 지나지 않았을 때 나는 첫 HTML 프로젝트를 맡았다. 자동차 브랜드인 캐딜락의 마이크로 사이트로, 영국 출신의 리가 디자인을 했고 나는 전체 웹사이트의 개발을 담당했다. 새로운 것을 배울 때 가장 좋은 방법은 프로젝트를 하나 진행해보는 것이다. 프로젝트를 진행하다 보면 많은 문제점에 부딪히게 되는데 그것을 해결하는 과정에서 실력이 늘기 때문이다. 지금도 역시 프

첫 HTML5 프로젝트 캐딜락 ATS (2012)

로젝트를 진행할 때마다 많은 것을 배운다. 그리고 같은 것을 만들더라도 다른 방법으로 시도해보려고 노력한다. 덕분에 프로젝트를 진행할 때마다 발전하는 코드를 볼 수 있다.

나의 작업 철학

플래시 개발자에서 HTML5 개발자로 쉽게 변신할 수 있었는데 그 과정에서 내가 가진 작업 철학이 큰 도움이 되었다. 고등학교를 졸업할 당시 나의 희망 직업은 영화의 미니어처 등에 쓰이는 모형을 만드

일은 배신하지 않는다

는 장인이었다. 그때 내 재능에 대해 스스로 진진하게 반문을 해본 적이 있다. 모형을 만드는 장인이 되려면 처음부터 모형을 직접 빚어내고 완성을 해야 한다고 생각했는데 나는 그러지 못했다. 내 실력은 이미 만들어진 모형을 사서 조립하고 색칠하는 수준밖에 되지 않는다는 것을 깨달았다. 즉, 취미로는 훌륭할지 몰라도 직업이라고 말하기에는 부족했다. 내가 그 분야의 진짜가 되기 위해선 본질이 되는 작업이 가능해야 한다고 생각했다. 개발의 본질은 개발 코드를 사용해 구조를 설계하고 움직임을 만드는 일이다. 코드에 대한 이해가 없이 툴(Tool)이나 라이브러리(Library)만을 사용해 결과물을 만드는 것은 시중에서 모형을 사다가 조립하고 색칠만 하는 취미 정도의 수준과 다르지 않다는 생각이었다.

플래시는 누구나 모션을 만들 수 있도록 타임라인 기반의 오소링 툴(Authoring Tool)을 제공하고 있다. 이 툴을 이용하면 코드를 몰라도 애니메이션을 손쉽게 만들 수 있다. 이것이 개발 코드에 서툰 디자이너들에게도 플래시가 인기 있었던 이유 중의 하나였다. 그래서 많은 작업자가 플래시의 편리한 기능인 툴을 사용해 버튼의 움직임이나 세밀한 모션 등을 만들었다. 모두가 편리한 방법을 찾을 때 나는 어렵고 시간이 걸려도 개발 코드만을 이용해서 움직임을 만들려고 노력했었다. 플래시라는 프로그램의 특정 기능에 의지하지 말고 개발의 본질인 '코드'를 이해해야 한다고 생각해서였다. 사수나 멘토가 없었던 것이 이런 부분에서 장점이 됐다고 생각하는데 누가 가르쳐준 대로만 따라 하지 않고 스스로 생각하고 결정한 방향으로 공부할 수 있었기 때문이다. 그렇게 쌓인 '코드 애니메이션'의 노하우는 오소링 툴이 없는 HTML 작업에서도 쉽게 JavaScript를 이용해서 인터랙티브한 결과물을 만들 수 있는 바탕이 되었다.

라이브러리도 마찬가지 부분이다. 라이브러리는 '개발에 필요한 특정 기능을 미리 구현해둔 소스 파일'로 잘 사용하면 개발 시간을 단축할 수 있는 유용한 도구다. 하지만 코드에 대한 이해 없이 라이브러리에만 의존하는 것은 피해야 한다. 하지 않는 것과 할 수 없는 것엔 큰 차이가 있다. 라이브러리를 사용하는 것이 문제가 되진 않는다. 문제는 라이브러리를 사용해 만들어진 결과물이 자신의 실력이라고 생각하는 경우다. 그때 본인의 실력에 대해 거짓말을 하게 되는데, 컬렉터(Collector)가 되기 쉽다. 컬렉터란, 실력을 쌓는 데 시간을 쓰기보단 라이브러리를 수집하는 데 더 많은 시간을 보내는 사람들을 말한다. 이런 습관은 처음엔 괜찮을지 몰라도 시간이 지날수록 자신을 옭아매는 덫이 된다.

본질에 대한 나의 작업 철학은 구글에서도 빛을 발했다. 처음 구글에서 했던 작업은 더 나은 구글 웹사이트를 위해 프로토타입을 만드는 일이었다. 보통은 프로토타입 작업을 위해 편리한 프로토타이핑 툴이나 다른 사람이 만들어둔 라이브러리를 사용한다. 하지만 나는 어떤 툴이나 라이브러리를 사용하지 않고 네이티브 언어인 JavaScript 코드만으로 프로토타입을 만들었다. 이미 누군가 만들어둔 코드를 사용하는 것이 아니라 각각의 디자인에 최적화된 코드를 만들어서 성능을 높였다. 결과적으로는 이런 나의 작업 철학이 모바일에서 부드러운 움직임을 위한 해결책을 생각해내는 원천이 되었다.

툴이나 라이브러리는 분명 편리한 점이 많지만, 실질적인 코드에 대한 이해가 부족하고, 툴에서 제공하는 한정된 기능만을 사용할 수 있다는 단점이 있다. 툴의 기능이 아무리 뛰어나고 그것을 100% 이해하고 사용한다고 해도 한계가 있다. 툴이나 라이브러리도 결국에는 코드로 만들어진 것들이다. 어려워도 툴의 도움 없이 개발의 본질인 코드를 이해하고 사용한다면 더 넓은 시야를 가질 수 있다.

인터넷 락스타

2013년 1월, 그동안 공부한 HTML5를 사용해 개인 프로젝트인 Form Follows Function을 론칭했다. 개인 프로젝트인 만큼 개인 SNS에 론칭 소식을 알렸을 뿐인데 정말 순식간에 전 세계로 퍼졌다. 자고 일어나니 스타라는 기분이 뭔지 이해할 수 있을 정도였다. 많은 매체가 내 작품을 소개했고 레드닷 어워드, 웨비 어워드, 원쇼 어워드, W3 어워드, FWA 등 다수의 상을 받았다. 세계 각국에서 팬레터도 쏟아졌다. 많은 사람이 날 만나고 싶어 했고 내 얘기를 듣고 싶어 했다. 직장 동료들은 친구들이 이 사이트에 대해 말할 때면 본인의 동료가 만들었다고 자랑하며 으쓱했다는 말을 했다. 그때 한 동료가 내게 이렇게 말했다.

"You are a rockstar in the world!"

CHAPTER 05

개인프로젝트와 영감

RBT
Red Bus Tracking

RBT – Red Bus Tracking
제작일: 2011년 4월

The Octagon Weekend Shuttle Bus
제작일: 2011년 8월

일은 배신하지 않는다

Roosevelt Island

뉴욕에 온 지 3개월이 지나고 맨해튼 미드타운에서 루즈벨트 아일랜드로 이사를 했다. 루즈벨트 아일랜드는 맨해튼과 퀸즈 사이에 있는 작은 섬으로 걸어서 40분 정도면 섬을 다 둘러볼 수 있을 정도로 작았다. 트램이나 지하철을 이용해 섬으로 들어갈 수 있는데 트램에서 보는 뉴욕의 풍경은 추천하는 관광 포인트이기도 하다. 작은 섬이라 뉴욕에 오래 사신 분들도 잘 모르는 지역인데, 맨해튼 주변의 뉴저지보다 맨해튼과 가깝고 퀸즈나 브루클린보다 조용한 분위기가 마음에 들어 아파트를 구하게 되었다.

루즈벨트 아일랜드

루즈밸트 아일랜드의 교통수단 중의 하나인 트램

　봄에는 벚꽃이 아름답게 피고 여름에는 반딧불을 보기도 했다. 겨울에 눈이 내린 풍경도 나쁘지 않았다. 우리 부부는 조용하고 아름다운 경치 때문에 실리콘밸리로 오기 전까지 약 3년 동안 이곳에서 살았다. 물론 불편한 점도 있었다. 그중의 하나는 허리케인이 오면 강이 넘쳐 아파트가 정전된다는 문제였다. 허리케인 샐리가 왔을 땐 일주일 동안 정전된 적도 있었다. 한국에선 정전이 돼도 하루 이틀이면 복구되는데 미국은 그렇지 않았다. 일주일 동안 정전이 된 경험은 다시는 하고 싶지 않다.

　다른 불편한 점은 교통이었다. 우리 아파트는 섬의 맨 끝에 있었는데 지하철역에서 내려 레드 버스라고 불리는 빨간색의 마을버스를 타고 다녔다. 문제는 작은 마을의 마을버스인 만큼 기다리는 시간이 많

　　　　　　　　　　　　　　일은 배신하지 않는다

내가 살았던 옥타곤 아파트

일은 배신하지 않는다

왔다. 특히 늦은 시간 퇴근해서 집으로 갈 때 시간을 놓치면 평소보다 더 많은 시간을 기다리기도 했다.

레드 버스 트래킹

'마을버스가 어디쯤 왔는지 알 수 있는 방법이 없을까?' 하고 고민하다가 뉴욕의 버스는 GPS 시스템을 장착하고 있다는 것을 알게 됐다. 웹사이트를 검색해서 레드 버스의 GPS 데이터를 찾았다. GPS 데이터는 XML 형식으로 제공되고 있었는데 그것을 이용해 레드 버스의 위

레드 버스 트래킹 앱

치를 추적하는 아이폰 앱을 만들었다.

전부터 아이폰 앱을 만들기 위한 언어인 Objective-C를 공부해 볼 생각이 있었는데 레드 버스 앱은 기능이 단순해서 좋은 시작이 될 것 같았다. 처음 배우는 Objective-C였지만 ActionScript와 비슷한 OOP(Object Oriented Programming: 객체 지향 프로그래밍) 언어라서 배우는 것이 크게 어렵지 않았다. 디자인과 개발에 3일 정도 걸렸는데, 옆에서 작업을 지켜보던 한 동료는 내가 새로운 언어 대해 빠르게 배워서 결과물을 만들어내는 것에 감탄하기도 했다.

프로그래밍을 할 때 중요한 것은 언어의 문법보단 로직(Logic)이다. 프로그래밍을 이해하고 있고 로직을 짤 수 있는 능력이 있다면 다른 언어를 배워서 만드는 건 크게 어려운 일이 아니게 된다. 문법만 바뀔 뿐이지 실제로 생각하고 구조를 설계하고 기능을 만드는 것은 같기 때문이다. 그래서 나는 프로그래밍을 배울 때는 얼마나 많은 언어를 배우느냐보단 한 가지 언어라도 로직을 설계할 수 있는 능력을 키우는 것이 좋다고 생각한다.

옥타곤 셔틀버스

내가 살았던 옥타곤 아파트는 주민들의 편의를 위해 주말마다 아파트에서 지하철역까지 운행하는 셔틀버스를 제공하고 있었다. 이 셔틀버스는 GPS 시스템은 없었지만 정해진 시간표에 맞춰서 운행했는데 이를 이용해 옥타곤 아파트의 셔틀버스 앱도 만들었다. 그래픽의 기본 요소인 점, 선, 면과 타이포만을 사용해 디자인했고 황금비율을 계산해 그리드를 잡았다.

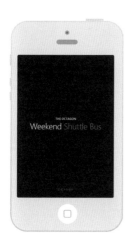

옥타곤 셔틀버스 앱

우리 마을 유명인

이렇게 만들어진 앱을 앱스토어에 무료로 등록했다. 무료로 등록한 이유는 나와 같은 불편을 겪고 있는 사람들을 도울 수 있으면 좋겠다는 생각 때문이었다. 앱을 등록하고 마을 게시판에 소식을 알렸고 사용해본 마을 사람들에게서 감사하다는 메일을 받았다. 버스정류장에서 내가 만든 앱을 사용하는 사람을 볼 때면 괜히 뿌듯해지기도 했다.

그리고 루즈벨트 아일랜드를 관리하는 RIOC(Roosevelt Island Operating Corporation)에서 메일을 받았다. 내가 만든 앱을 포스터로 만들어 사람들이 많이 내려받을 수 있도록 버스 정류장과 버스 내부에 부착하고 싶다는 내용이었다. 포스터가 부착되고 더 많은 사람이 사용하면서 우리 마을에서 가장 인기 있는 앱으로 선정되기도 했다.

버스정류장에 붙은 포스터

일은 배신하지 않는다

이 프로젝트가 디자인이나 기술 등에서 크게 대단한 프로젝트는 아니었다. 하지만 뉴욕에 온 지 얼마 안 된 풋내기였던 내가, 나의 기술로 뉴욕에 살고 있던 사람들을 도울 수 있는, 아주 값진 경험을 했던 프로젝트였다.

DESK Project

DESK where creativity is born

제작일
2011년 12월

수상
16th Webby Awards - Official Honoree
Web Award Korea - Winner
The FWA - Site of the Day, Mobile of the Day

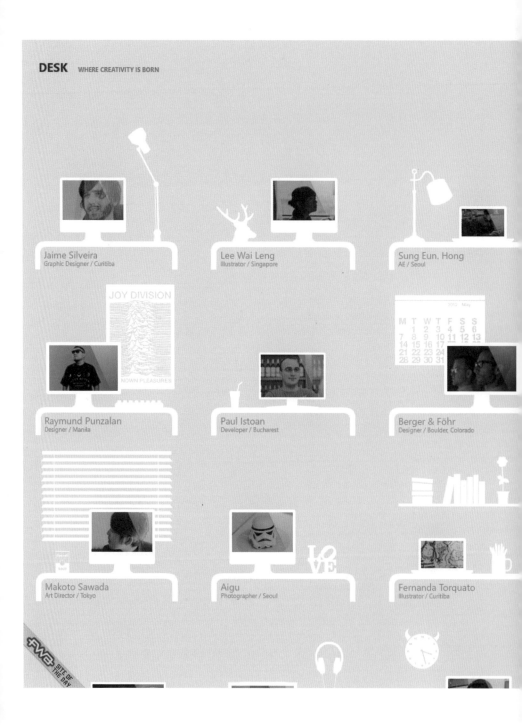

Jaime Silveira
Graphic Designer / Curitiba

Lee Wai Leng
Illustrator / Singapore

Sung Eun. Hong
AE / Seoul

Raymund Punzalan
Designer / Manila

Paul Istoan
Developer / Bucharest

Berger & Föhr
Designer / Boulder, Colorado

Makoto Sawada
Art Director / Tokyo

Aigu
Photographer / Seoul

Fernanda Torquato
Illustrator / Curitiba

일은 배신하지 않는다

el Van den Bergh
c Designer / Antwerp

Kim KKan
Interactive Planner / Seoul

Erkan Bulut
Sn. Art Director / Istanbul

Rainsford
esigner / Athy

Jeremy Slagle
Graphic Designer / Columbus

Yummygum
Designer / Amsterdam

l
r / Seoul

Boris Crestia
Graphic Designer / Cotonou

Frank Neu
Photographer / Neunkirchen

개인 프로젝트

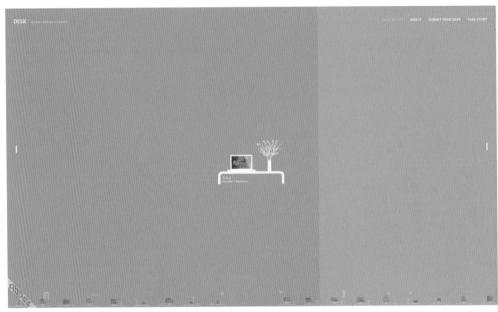

일은 배신하지 않는다

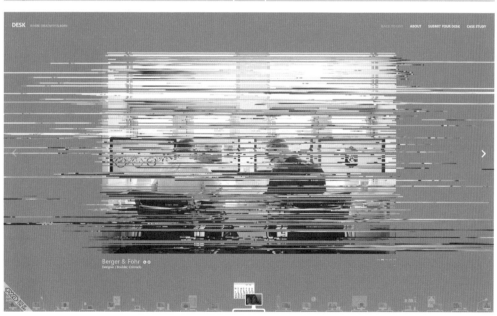

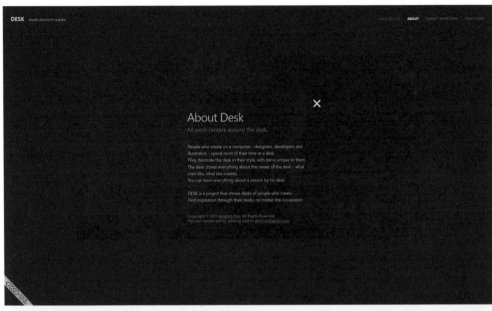

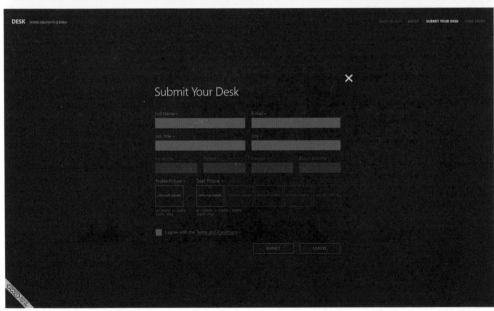

일은 배신하지 않는다

동료들의 책상에서 얻은 아이디어

디자인피버에 근무할 때 개성이 넘치는 직원들의 책상을 보면서 저런 것들을 한곳에 모아서 볼 수 있으면 재미있겠다는 생각을 했다. 이런 생각을 한 이유는 나에게 책상에 대한 남다른 애착이 있었기 때문이다. 나에게 책상은 항상 뭔가 만들어지고 탄생하는, 나만의 공간이었다. 그런 공간을 내가 좋아하는 것들로 꾸미는 것은 즐거운 일이었다.

잘 꾸며진 책상을 보면 영감이 떠오르고 가슴이 두근거리는 경험을 많이 했었다.

크리에이터들은 다양한 장소에서 영감을 받고 작업을 구상하

지만, 실제 작업은 대부분 책상에서 이루어진다. 좋아하는 물건들의 배치에서부터 모니터에 비치는 작업, 어지럽게 널린 종이들과 수북한 담배, 더러워진 커피잔 등은 크리에이터의 작업이 완성에 가까워질수록 그 모습이 뚜렷해진다. 책상은 크리에이터의 작품이 만들어지는 공간이자 동시에 작업의 흔적이며 그 자체만으로도 또 다른 작품이라고 생각했다. 이러한 느낌을 구체화해서 한곳에 모아보면 사람들에게 영감을 주는 좋은 프로젝트가 될 것 같았다.

이 아이디어를 생각한 때가 2008년쯤이었는데 그때는 바빠서 미처 프로젝트로 만들어 볼 시간이 없었다. 그러다 3년 뒤 뉴욕에서 일하면서 개인 시간이 많아져 계속 생각해왔던 책상에 대한 프로젝트를 시작했다.

기획

보통 개인 프로젝트를 만들 때 다양한 방법으로 시작하는데 코드로 뭔가를 만들다가 재미있는 생각이 나서 시작하는 경우도 있고 디자인을 먼저 해보는 경우도 있다. 데스크 프로젝트는 시작 단계부터 철저하게 기획한 경우다. 컴퓨터라는 공통된 도구를 사용하는 사람들의 책상, 참여를 위한 사진의 업로드 그리고 SNS를 통한 공유가 주된 키워드였다. 거기에 책상 사진을 데이터화해 두면 여러 가지 미디어로 만들 수 있을 것 같다는 생각을 했다. 그래서 하나의 프로젝트가 웹사이트 - 애플리케이션 - 포스터 디자인 - 책의 다양한 미디어로 만들어지는 것을 시도해보고 싶었다.

일은 배신하지 않는다

웹사이트 디자인

기획이 정해지고 웹사이트 디자인에 들어갔다. 크리에이터의 목록을
볼 수 있는 리스트, 사진을 보는 뷰 화면, 프로젝트 소개 그리고 업로
드로 화면을 구성했다. 가장 처음 그린 디자인 시안에는 책상이 더 각
진 형태였고 부수적인 디자인이 들어가 있었다.

　디자인 시안을 다듬으면서 필요 없는 부분을 지우고 어색한 부분
을 정리했다. 하단의 푸터를 지웠고 로딩 화면을 단순화했다. 책상 아
이콘 모서리의 간격을 지우고 둥글게 변경시켰는데 결과적으로 좀 더
일체화된 아이콘으로 보였다.

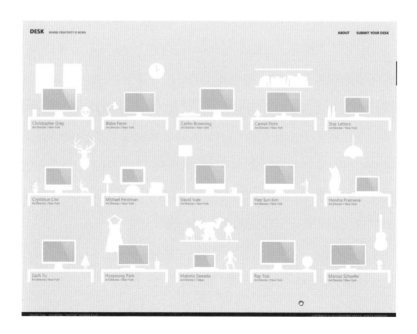

리스트 화면

크리에이터의 목록을 볼 수 있는 리스트 화면은 텍스트나 섬네일로 나타낼 수 있지만, 책상이라는 주제에 맞게 책상 아이콘으로 나타내면 더 재미있겠다는 생각을 했다. 우선 책상을 단순화해서 아이콘으로 만들었다. 그리고 그 위에 크리에이터의 공통 도구인 컴퓨터를 두었다. 컴퓨터를 둔 이유는 주제가 컴퓨터를 사용하는 크리에이터라는 점도 있었지만, 컴퓨터의 화면을 크리에이터의 프로필 이미지를 보여주는 용도로 사용하기 위해서였다. 여기에 디테일 수준을 높이는 방법으로 각각의 사진에서 재미있는 혹은 대표하는 아이템을 선택해 일러스트로 그렸다. 각자의 책상 아이콘이 해당 사진을 나타내는 일종의 픽토그램(Pictogram)으로 보이도록 한 것이다.

후에 "책상 아이콘을 일일이 그리는 게 힘들지 않느냐?"라는 질문을 받은 적이 있다. 물론 쉽지는 않았지만, 하기 싫은 일을 억지로 하는 것이 아니라 내가 좋아하는 일을 하는 것이기에 힘들다는 생각은

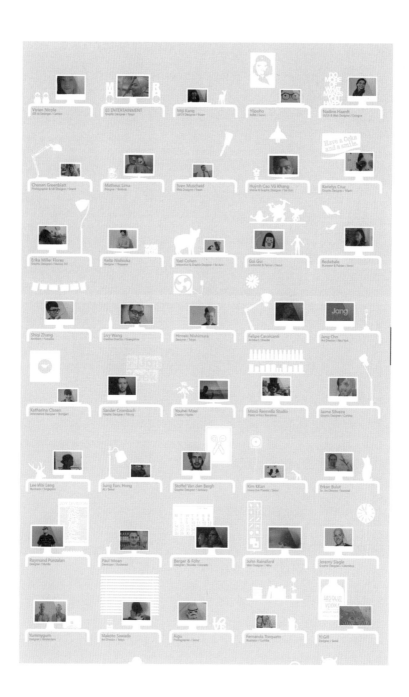

일은 배신하지 않는다

일은 배신하지 않는다

픽토그램의 역할을 하는 책상 아이콘

들지 않았다. 게다가 아이콘을 그릴수록 실력이 늘면서 빠르게 그릴 수 있었는데, 처음에 그렸던 아이콘보다 나중에 그린 아이콘들의 디테일이 더 좋은 이유다.

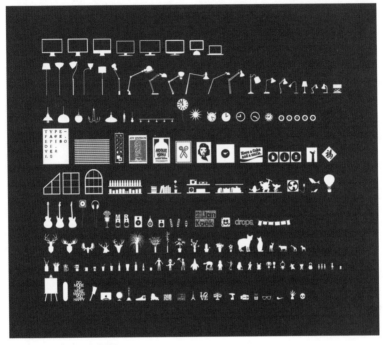

데스크 프로젝트의 아이콘들

마우스에 반응하는 세세한 부분에도 신경을 썼다. 쉐이더를 이용해 아이콘에 마우스를 올리면 컴퓨터 화면에 어울리는 모니터가 지글거리는 노이즈 효과를 추가했다.

웹사이트가 처음 로딩될 때 전체 리스트가 스크롤 애니메이션과 함

일은 배신하지 않는다

께 보이고, 랜덤으로 책상위의 모니터 아이콘이 점프하며 옆으로 한 칸씩 이동하는 애니메이션을 만들었다. 사용자의 입력이 없을 때 단지 멈춰 있는 것처럼 보이기보다는 자동으로 움직이는 애니메이션을 보여줘 좀 더 동적이고 리듬감 있는 느낌을 주고자 했다.

마우스를 올렸을 때 컴퓨터 화면의 노이즈 효과

뷰 화면

리스트에서 각 책상을 클릭하면 해당 크리에이터의 사진을 볼 수 있다. 사진을 로딩하는 화면에서는 리스트의 책상 아이콘을 연속되는 오브젝트로 두어 자연스러운 화면 전환을 구성했다. 리스트 화면은 차분한 회색으로 아이콘에 시선이 모일 수 있게 한 반면, 뷰 화면에선 다양한 색상으로 변하는데 이는 각각의 크리에이터들의 다양한 개성

모니터가 점프하는 애니메이션

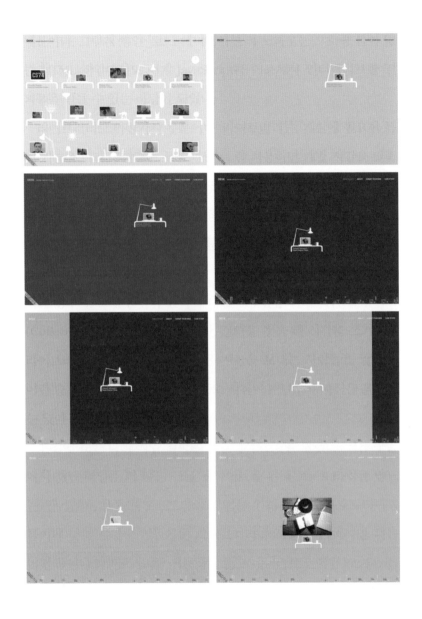

일은 배신하지 않는다

을 나타낸다. 화면 전환은 전체 화면을 프로그래스바(Progressbar)로 만들어 로딩이 진행될수록 배경색이 변하는 모습을 보여주도록 했다.

가운데 황금비율로 크기를 조절한 크리에이터의 사진을 보여주고 그 주변에 간단한 정보와 버튼을 배치했다. 크리에이터의 코멘트나 인터뷰, 혹은 다른 기타 정보를 보여주기보다는 사진에 시선이 집중될 수 있도록 디자인했다. 이는 무엇보다 책상만으로 크리에이터가

뷰 화면

어떤 사람인지 상상했으면 하는 바람이었다. 사진의 왼쪽 아래엔 이름과 도시, 직업을 보여주고 원하는 크리에이터에게만 SNS나 웹사이트를 보여주도록 했다. 오른쪽 아래에는 책상 아이콘을 이용해 총 몇장의 사진이 있으며 현재 몇 번째 사진을 보고 있는지를 나타내도록 디자인했다.

사진의 양쪽엔 화살표 버튼을 두어 다음 사진을 볼 수 있도록 만들었다. 다음 사진으로 넘어가는 화면 전환에는 가로 픽셀로 분리된 사진이 옆으로 흘러가는 애니메이션을 만들었다. 한 일본팬은 이 기능에 대해 다음과 같은 말을 했다.

"다음 사진을 클릭하면 나오는 애니메이션은 쓸데없지만 멋있어!"

나는 이 말이 참 마음에 들었는데 어떻게 보면 정확한 표현이기 때

일은 배신하지 않는다

다음 사진으로 넘어가는 픽셀 애니메이션

문이다. 딱히 어떤 기능이라기보단 개인 프로젝트인 만큼 다양한 시도를 해보고 싶었다. 이것이 개인 작업의 묘미인데 평소 클라이언트 작업에서는 해볼 수 없는 과감한 시도를 해볼 수 있다는 것이다.

클라이언트 작업을 진행할 때 이런 식으로 과감히 시도했던 에피소드가 하나 있다. 한국에서 S사의 MP3플레이어 웹사이트 작업을 할 때 음악이라는 키워드를 나름대로 시각적으로 표현해 흔하게 볼 수 없는 로딩 화면을 만들었다. 너무 과감했던 탓에 클라이언트 측에서는 그 부분을 빼 달라고 요구했었다. 하지만 함께 일하던 팀장님은 나의 의도를 잘 이해하고 그 로딩이야말로 이 사이트의 핵심이라며 클라이언트를 설득해 결국 이것을 포함해서 오픈한 적이 있다. 이 경우엔 내 작업을 잘 이해해주는 상사의 끈질긴 설득으로 성공한 경우지만, 디자인은 나만의 예술이 아니기에 대부분의 경우엔 클라이언트의 요구를 수용해 적절한 방향으로 타협한다.

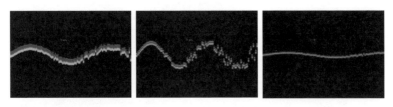

한국에서 작업 시 과감했던 로딩 화면

다시, DESK 프로젝트 이야기로 돌아오면, 사진에 마우스를 대면 SNS로 공유하기 위한 버튼을 볼 수 있다. 사진의 공유는 이 사이트의 핵심 기능 중의 하나다. 이것을 위해 사이트를 개발할 때 URL을 기본

일은 배신하지 않는다

SNS 공유 화면

없는 페이지 화면

으로 하는 프레임워크를 만들어서 각각의 크리에이터가 고유한 URL 주소를 가질 수 있도록 했다. 그래서 기본 URL이 아닌 크리에이터의 고유 주소로 접속하면 해당 크리에이터의 사진을 바로 볼 수 있도록 구조를 설계했다. 사용자가 입력한 주소가 틀리거나 삭제된 페이지로 접속하면 에러 메시지를 보여주도록 해 사용자 경험을 증가시켰다.

　홍보를 따로 하지 않았지만, 이 SNS 공유 기능을 통해 자연스럽게 홍보되었다. 실제로 방문객의 통계를 살펴보면 페이스북이나 트위터 같은 SNS를 방문하는 사람이 가장 많아서 SNS의 위력을 다시 한번 실감하기도 했다.

　화면의 아래에는 모든 책상 아이콘을 한 줄로 배치해 스크롤을 할 수 있는 내비게이션을 만들었다. 마우스를 오버하면 마우스를 따라다니는 동적인 움직임을 가진 정보 표시로 디테일 수준을 높였다.

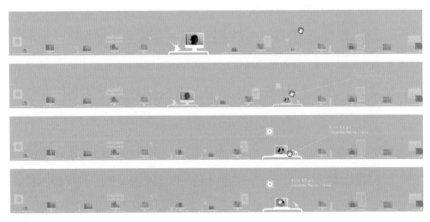

하단 내비게이션

일은 배신하지 않는다

업로드 화면

또 다른 핵심 기능 중의 하나인 사진 등록 화면 역시 미니멀한 디자인
으로 최소한의 정보만 입력되도록 했다. 반드시 입력해야 하는 부분
에 입력이 되지 않았다면 붉은색으로 강조하는 애니메이션을 보여줘
사용자가 잘못된 부분을 인지할 수 있도록 했다. 약관 부분에선 처음
기획부터 앱, 포스터, 책의 출판을 생각했기에 이 부분에 대한 동의를
받을 수 있도록 만들었다.

업로드한 사진과 정보들은 DB에 저장된다. 백엔드 개발은 MySql
과 PHP로 작업했다. 등록된 사진을 어디서나 쉽게 확인하기 위해 관

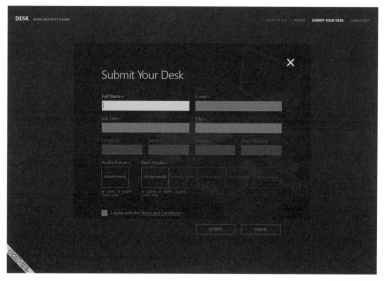

업로드 화면

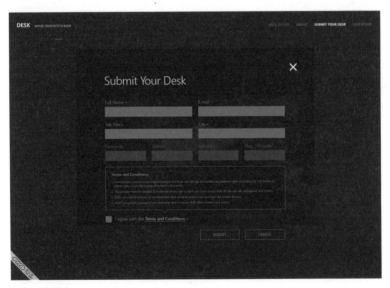

업로드 화면

사용 약관 화면

일은 배신하지 않는다

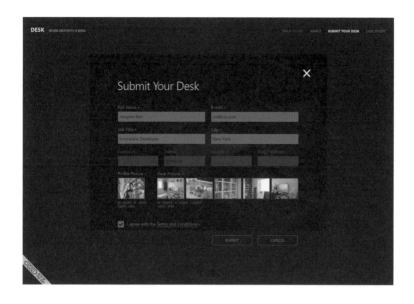

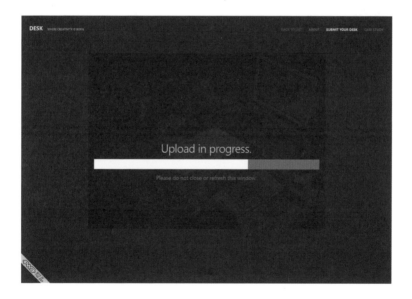

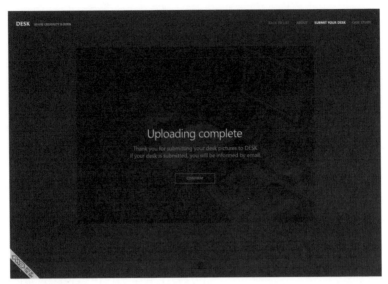

업로드 진행 화면

모바일에서도 확인할 수 있는 관리자 화면

일은 배신하지 않는다

리자 화면은 모바일에서도 잘 보일 수 있게 만들었다.

어바웃 화면과 업로드 화면은 일종의 팝업(Pop-Up)으로 리스트나 뷰 화면 위를 덮으며 보여주는 구조로 되어 있다. 그래서 리스트 화면이나 뷰 화면에서 어바웃이나 업로드를 누르면 팝업으로 페이드인되는 화면 전환을 보여준다. 하지만 어바웃 화면에서 업로드 화면으로 가거나, 그 반대의 경우에는 같은 레벨상의 움직임이므로 옆으로 슬라이드되는 화면 전환이 보이도록 만들었다.

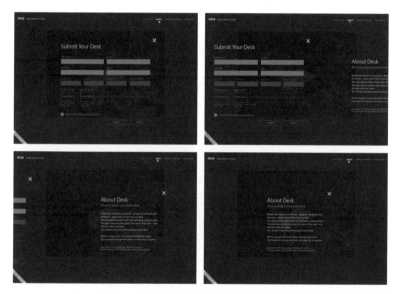

업로드 화면에서 어바웃 화면을 볼 때 슬라이드되는 화면전환

Case Study

프로젝트를 론칭하고 앱, 포스터, 책, 어워드, 미디어에 소개된 내용을 Case Study 섹션을 만들어 정리했다. 이 섹션은 프로젝트와 완전히 다른 성격이라는 것을 보여주기 위해 첫 화면의 밝은 회색에 반대되는 어두운 회색으로 배경색을 설정하고 가운데 오브젝트들을 배치하는 디자인을 만들었다. 오브젝트가 독립적으로 움직이게 하도록 매거진이나 어워드 등을 따로 책이나 액자 형태로 디자인했다.

화면 전환 역시 다른 성격임을 강조하기 위해 전체 화면이 움직이는 모습을 만들었다. 포스터 디자인은 재미를 위해 포스터의 종이 재질이 책장이 넘겨지는 듯한 애니메이션을 보여주도록 했다.

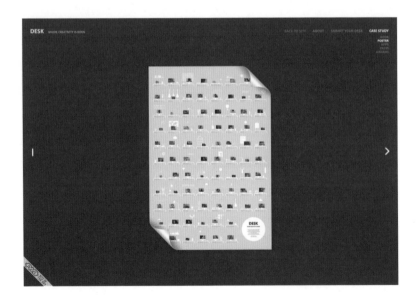

일은 배신하지 않는다

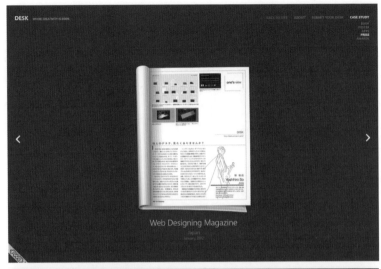

Web Designing Magazine
Japan
January 2012

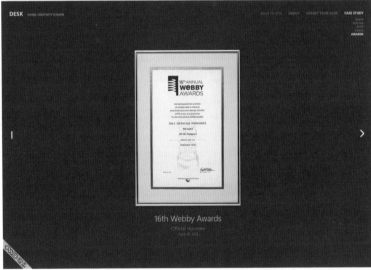

16th Webby Awards
Official Honoree
April 9-10, 2012

일은 배신하지 않는다

개인 프로젝트

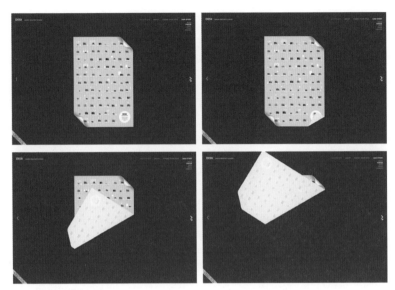

포스터 디자인 화면전환

힘들었던 점

보통 개인 프로젝트는 혼자서 제작하고 오픈할 수 있지만, 이번 프로젝트는 다른 사람들의 참여가 중요한 프로젝트였다. 프로젝트의 퀄리티가 높아지려면 퀄리티 있는 사진을 보여줘야 하는데, 처음엔 이런 사진을 모으기가 쉽지 않았다. 그래서 우선 사이트를 먼저 제작했다. 단순히 글로 기획을 설명하고 참여를 부탁하기보다는 뭔가 눈에 보이는 것이 있으면 사람들이 더 잘 참여해줄 것으로 생각해서였다. 그렇게 제작한 사이트를 보여주며 주변의 아는 디자이너분들에게 참여를 부탁하는 메일을 발송했다. 대부분이 참여해주셨지만, 그걸로는 부족했다. 프로젝트가 성공하기 위해서는 더 다양한 크리에이터의 참여가

일은 배신하지 않는다

절실했다.

그때 와이프가 아이디어를 냈다. 외국의 유명한 사진 공유 사이트 중 하나인 플리커(Flickr)에서 개인이 올려놓은 책상 사진을 검색해 사진의 주인에게 참여를 부탁하는 메일을 발송하자는 것이었다. 그때부터 와이프와 둘이서 약 2주일 동안 사진을 검색하고 메일을 발송하는 작업을 진행했다. 이 작업은 프로젝트를 진행하면서 가장 어려웠던 부분이다. 일단 아무 사진이나 사용할 수 없기에 꼼꼼히 사진의 퀄리티를 결정해야 했다. 그리고 사진을 결정했더라도 플리커의 특성상 원작자의 연락처를 알 수 없는 경우도 많았기 때문에 해당 아이디를 따로 구글링하는 등의 노력이 필요했다. 이 작업이 데스크 프로젝트를 진행하며 가장 힘든 부분이었는데, 나중엔 책상 사진만 봐도 두통이 올 정도였다. 다행히도 연락한 대부분의 크리에이터분이 흔쾌히 참여해주셔서 프로젝트를 무사히 진행할 수 있었다. 오픈 후엔 SNS를 통해 프로젝트가 유명해져서 따로 사진을 찾아보고 연락하는 수고를 하지 않아도 많은 크리에이터께서 참여해주셨지만, 처음의 보이지 않는 노력이 없었다면 프로젝트는 성공할 수 없었을 것이다.

애플리케이션

웹사이트를 론칭한 후 애플리케이션 제작에 들어갔다. 처음엔 내가 아이폰 사용자라서 아이폰과 아이패드용의 앱을 개발했고, 후에 안드

로이드를 사용하게 되면서 안드로이드 앱을 개발
했다. 이렇게 만들어진 앱은 앱스토어에 무료로 등
록했다. 데스크 프로젝트는 나 혼자 만든 것이 아
닌 많은 크리에이터의 참여로 만들어진 프로젝트
라는 생각에서였다.

앱 아이콘 디자인

   앱을 개발할 땐 네이티브 언어인 Objective-C와 자바를 배워서 개
발을 진행했다. 이것 역시 앞서 말한 본질이 되는 작업을 중요하게
생각하는 나의 작업 철학 때문이다. 플래시나 다른 도구를 사용하면
한 가지 언어만으로 아이폰 앱과 안드로이드 앱을 동시에 만들 수도
있고, 혹은 개발 언어를 몰라도 앱을 만들 수 있는 툴도 존재한다. 개
인적으론 그런 것들보단 네이티브 언어를 직접 배우는 방안을 선호
한다.

일은 배신하지 않는다

아이폰 앱 (2011)

아이패드 앱 (2011)

안드로이드 앱 (2014)

아이패드 개발 당시

일은 배신하지 않는다

포스터

데스크 아이콘들은 픽토그램으로서 그 자체만으로도 데스크 프로젝트의 특징을 잘 나타내고 있다. 그래서 아이콘을 이용해 포스터 디자인을 진행했다. 포스터로 출력할 때 회색 배경의 농도가 원하는 대로 나오지 않아 직접 출력소 몇 군데를 방문해보기도 했다. 뉴욕에 있는 작은 출력소에서 디자인을 보여주며 출력물에 관해 이야기했던 경험은 온라인 작업에선 해보지 못한 새로운 경험이었다. 우여곡절 끝에 출력을 완료하고 와이프를 모델 삼아 사진을 찍었다.

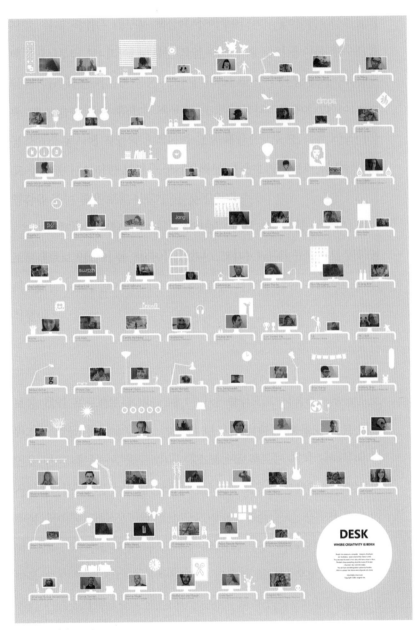

포스터 디자인 (2012)

일은 배신하지 않는다

출력한 포스터 디자인

책

데스크 프로젝트를 책으로 출간하는 것은 이번 프로젝트의 마지막 단계였다. 하지만 책을 출간해본 적이 없어서 어떻게 진행해야 할지 몰랐다. 그러던 중에 신기하게도 출판사에서 먼저 연락이 왔다. 데스크 프로젝트를 인상 깊게 보았으며, 책으로 꼭 만들어 보고 싶다는 것이었다.

책의 출간은 개인 프로젝트를 진행하는 것처럼 쉽게 이루어지진 않았다. 책의 디자인, 폰트, 편집 등을 마케팅이나 출판사의 사정상 내 마음대로 결정할 수 없었다. 그래서 막상 출판했을 땐 '내 책인 듯 내 책 아닌 내 책 같은 책'처럼 느껴지기도 했다.

와이프가 디자인한 아이콘 그래픽

일은 배신하지 않는다

책을 출판할 때 디자이너인 와이프가 웹사이트에 사용된 아이콘을
이용해 속지에 들어갈 그래픽을 디자인했다. 이후 출판사에선 이것이
마음에 들었는지 기존의 표지 디자인 대신에 이 아이콘 디자인을 이

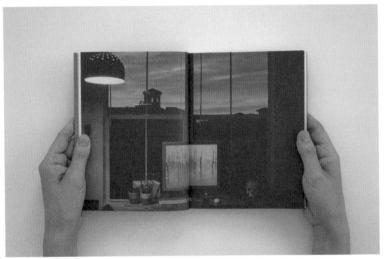

일은 배신하지 않는다

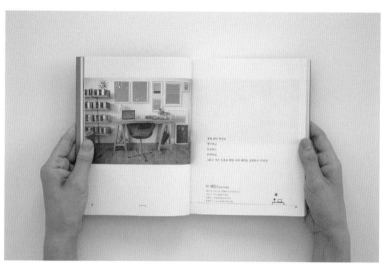

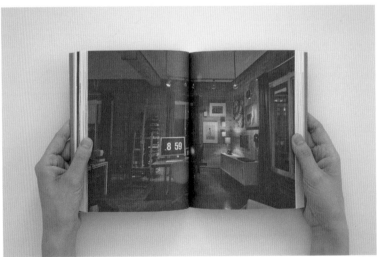

데스크 프로젝트 책 (2014)

일은 배신하지 않는다

용해 표지를 새로 만들기도 했다.

개인 프로젝트로 시작한 부분이라 책의 판매량에 큰 기대를 하지는 않았다. 하나의 프로젝트가 책이란 매체로도 발행될 수 있다는 것에 의미를 두었다. 하지만 소소하게 찾는 분이 많아서 기대한 것 이상으로 사랑을 받았다. 게다가 이번에 대만 출판사와 연계되어 대만에서 책을 출판하기로 계약했다. 대만에서 출판할 때는 내가 만들었던 포스터 디자인을 한정품으로 제공할 마음도 먹고 있다.

에피소드

하나의 아이디어가 여러 매체로 발행되는 기획 덕분에 디자인을 포함해 프론트엔드 개발에 ActionScript, 백엔드 개발에 PHP/Javascript/HTML, 아이폰 앱을 위해 Objective-C, 안드로이드 앱을 위해 Java 등 다양한 작업을 해볼 수 있었다. 거기에 출력소를 방문해 포스터를 출력해본다든지, 출판사와 책을 발행하는 과정을 진행하는 등 여러 가지 흥미로운 경험을 쌓을 수 있었다.

프로젝트를 론칭하고 퍼스트본의 모션팀에서 데스크 프로젝트에 대한 영상을 만들었다. 퍼스트본에선 대체로 개인 작업을 인정해주는 분위기여서 주변 동료들의 적극적인 지원을 받으며 작업을 진행할 수 있었다. 카피라이터인 안나는 영어 문구를 좀 더 세련되게 바꿔주었고 같이 일하는 디벨로퍼 팀원들은 자주 내 자리로 와서 이런저런 의견을 제시하기도 했었다.

한국에서 일할 때 클라이언트 작업 외에 자체적으로 재미있는 프로젝트를 하자고 모인 적이 있었다. 이때 평소 생각했던 크리에이터의 책상에 대한 아이디어를 냈었는데, 사람들의 반응이 크게 좋진 않았었다.

수년 후 뉴욕에서 일할 때 개인 시간이 많이 생겨 혼자서 그동안 생각했던 책상에 대한 프로젝트를 진행했다. 결과적으로 프로젝트는 굉장히 성공적이었는데 약 364,000명이 방문했고 전 세계에서 615명의 크리에이터가 참여했다. 영국, 일본, 미국, 그리고 한국 등의 여러 매체

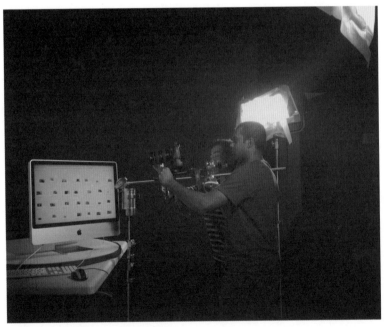

데스크 영상을 만드는 퍼스트본의 모션팀

일은 배신하지 않는다

에 소개되었고, 웨비 어워드, 웹어워드, FWA 등 다수의 상을 받았다.

개인의 아이디어에 대해 사람들이 부정적인 평가를 할 때가 있다. 하지만 한 가지 명심할 점은 아이디어를 평가하는 사람들이 항상 옳지는 않다는 것이다. 취향이 다를 수도 있고 수준이 미치지 못할 수도 있다. 높은 직급의 사람이라고 해서 모든 것을 다 아는 절대적인 평가자는 아니다. 다른 사람의 말에 휩쓸리지 말고 직접 시도해보고 경험해보는 것이 자신을 성장시키는 방법이라고 생각한다.

퍼스트본에서 만든 데스크 프로젝트 영상

Form
Follows
Function

Form Follows Function

제작일
2013년 1월

수상
Red Dot Award - Winner
One Show Award - Merit Award
17th, 18th Webby Awards - Official Nominee
W3 Award - Best in Show Winner
Davey Award - Silver Winner
.Net Awards 2013 Side project of the year - Nominee
The FWA - Site of the Day, Mobile of the Day
The FWA / Adobe - The Cutting Edge Award

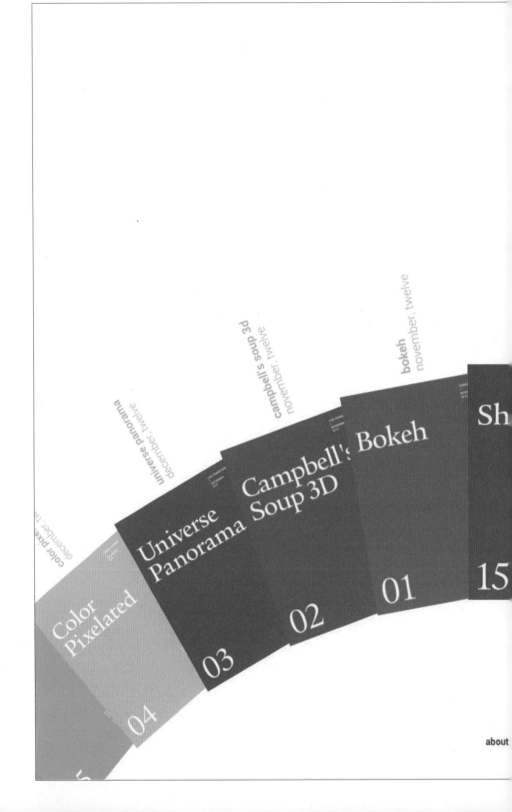

about

the scream
february, thirteen

wiper typography
january, thirteen

plant trees
december, twelve

surface wa
decembe

CSS SERIES
MAY
2013

he Scream

Viper
ypography

Plant Trees

Surface
Waves

Ra
Men

CHRIS CLEMENT
FEBRUARY
2013

SEE
FORM FOLLOWS
FUNCTION

A
COLLECTION OF
INTERACTIVE
HTML 5
EXPERIENCES

SEE
FORM FOLLOWS
FUNCTION

A
COLLECTION OF
INTERACTIVE
HTML 5
EXPERIENCES

n saver

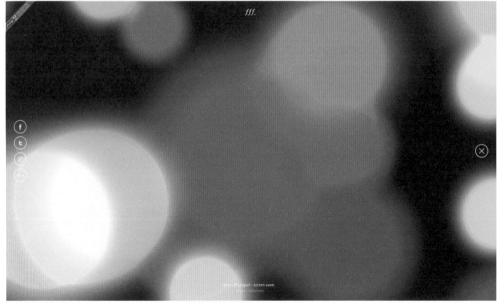

일은 배신하지 않는다

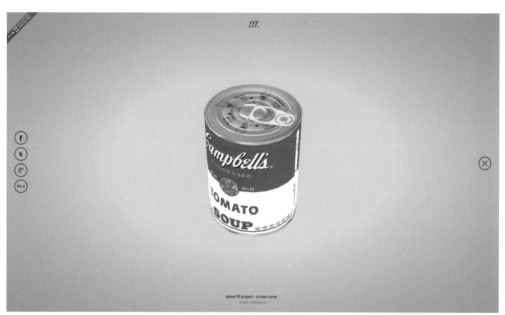

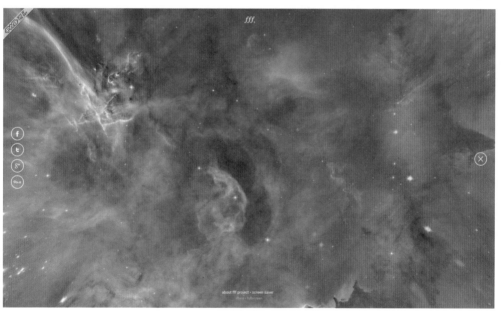

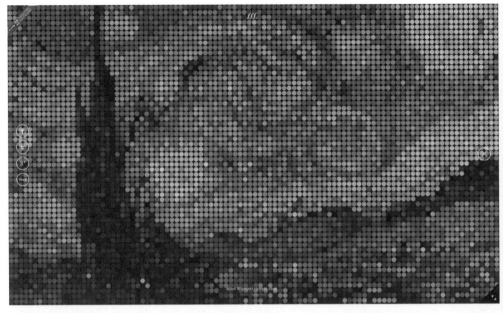

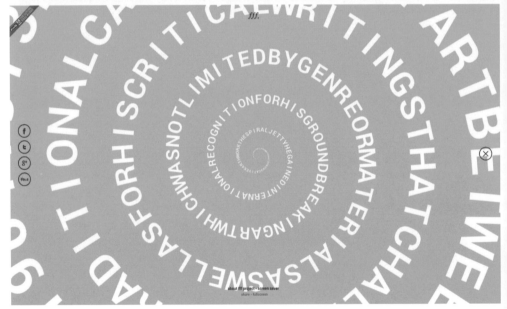

일은 배신하지 않는다

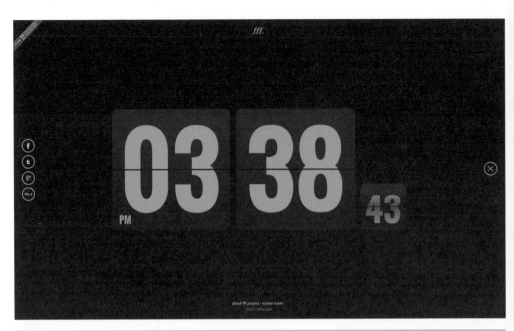

일은 배신하지 않는다

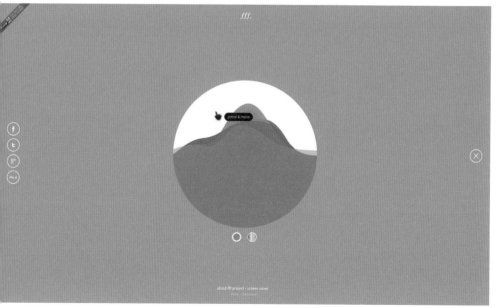

일은 배신하지 않는다

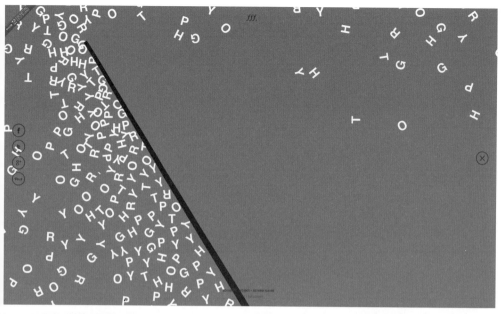

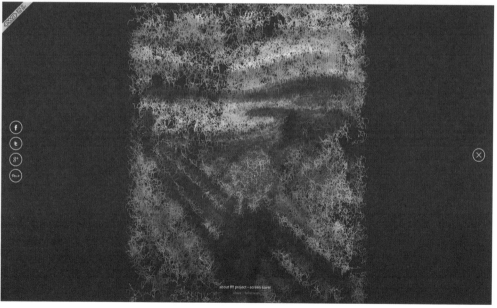

일은 배신하지 않는다

아이디어

HTML5를 처음 배울 때였다. 보통 HTML 웹사이트라고 하면 움직임이 없는 정적인 느낌이었는데, HTML5를 공부해보니 많은 가능성이 보였다. 특히 CSS Transform은 상당히 매력적인 부분이 많았다. 잘 이용하면 플래시 못지않은 인터랙티브한 결과물을 만들 수 있겠다는 생각을 했다.

재미있는 생각이 떠올라 즉시 코드를 이용해 프로토타입을 하나 만들었다. CSS Transform의 속성 중 하나인 Rotate를 이용해 회전하는 내비게이션을 가진 독특한 갤러리였다. 포스터의 섬네일을 동그랗게 배치하고 마우스로 돌려보다가 각각의 포스터를 클릭하면 큰 이미지가 나오는 기능을 가졌다.

리스트 화면

Form Follows Function(형태는 기능을 따른다)

테스트로 만든 것이었지만 단순한 이미지 갤러리로는 뭔가 부족했다. 이때 아이디어가 떠올랐는데 단지 이미지를 보여주는 것이 아니라 각각의 포스터가 '인터랙티브하게 움직이는 어떤 것'을 담고 있으면 어떨까 하는 생각이었다. 내가 잘할 수 있는 인터랙티브한 콘텐츠를 보여 줌으로써 프로젝트를 더 재미있게 만들 수 있을 것 같았다.

생각을 정리해 코드를 사용해서 인터랙티브한 사용자 경험을 만들고 그 인터랙션을 나타내는 포스터를 디자인하자고 기획했다. 이 아이디어를 같이 일하던 회사 동료인 큐에게 말했다. 큐는 내 말을 듣자마자 "어 그럼 Form Follows Function(형태는 기능을 따른다)이네?"라고 대답했다. 맞는 말이었다. 코드(Function: 기능)로 만든 것을 포스터 디자인(Form: 형태)으로 보여주니 그렇게 생각할 수 있었다. Form Follows Function은 워낙 유명한 말이기도 하지만, 평소에 내가 좋아하는 말이라서 즉시 프로젝트명으로 정하고 작업에 들어갔다.

와이프가 준 아이디어

처음 기획대로 각각의 인터랙티브 디자인에 맞는 다양한 스타일의 포스터 디자인을 만들었다. 거기에 이미지만 회전시켰던 초기 디자인에서 황금비율을 계산해 크기를 바꾸고 그리드를 정렬하는 등 보기 좋

은 디자인으로 다듬었다. 그렇게 디자인을 다듬었지만, 포스터 디자인
이 제각각이어서 뭔가 통일감이 없어 보이고 전체 디자인도 2% 부족
해 보였다.

여기에 재미있는 일화가 하나 있다. 포스터 디자인으로 고민할 때
와이프가 요리를 하다가 손을 다쳤다. 급하게 응급처치를 하기 위해
구급 상자를 열었는데 그 순간 구급 상자 안의 일관성 있는 라벨 디자
인이 눈에 들어왔다. 거기에 영감을 얻어 포스터 디자인을 통일감 있
는 라벨처럼 제작했다.

리스트 화면

결과적으로 처음의 의도였던 Form Follows Function과는 조금
멀어진 디자인이 돼버렸지만, 이런 과정도 역시 프로젝트의 묘미라는

생각에 군이 프로젝트명을 바꾸진 않았다. 와이프는 다행히 크게 다치지 않아서 괜찮아졌는데 아직도 본인이 다친 덕분이라며(?) 생색을 내기도 한다.

여기서 얻을 수 있는 교훈은 디자이너는 항상 디자인에 민감해야 한다는 점이다. 좋은 디자인을 만들기 위해서는 눈을 높이는 게 가장 중요한데, 이를 위해선 좋은 디자인을 계속 보고 익히는 것 외엔 방도가 없다. 미술관에 가거나 다른 디자이너의 잘 만들어진 작품을 보는 것 외에, 주변의 소품이나 생필품 같은 사소한 부분에서도 잘 디자인된 부분을 찾고 영감을 얻으며 디자인 훈련을 하는 것도 좋은 방법이다.

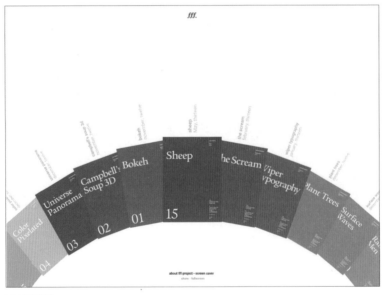

리스트 화면

화면 전환

원형으로 나열된 포스터를 마우스를 사용해 돌려볼 수 있고, 각각의
포스터를 클릭하면 포스터가 커지는 애니메이션과 함께 로딩이 진행
된다. 포스터가 커질 때 Transform을 사용해 각 모서리에 시차를 두
고 커지게 해서 좀 더 다이나믹한 애니메이션을 보여주도록 했다.

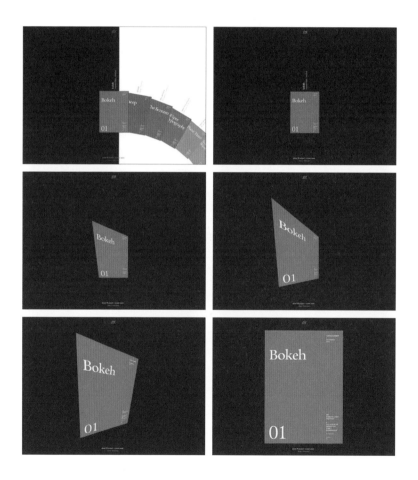

사용성을 위해 로딩이 진행되는 중이라도 언제든지 닫기 버튼을 누르면 이전 페이지로 이동할 수 있게 개발했다. 로딩 중일 때 닫기 버튼을 누르면 포스터가 커졌던 애니메이션과 반대로 다시 작아지는 애니메이션을 보여준다. 그리고 콘텐츠 화면에서 닫기 버튼을 누르면 전체 화면이 포스터 크기만큼 줄어드는 마스킹 애니메이션을 보여주도록 만들었다.

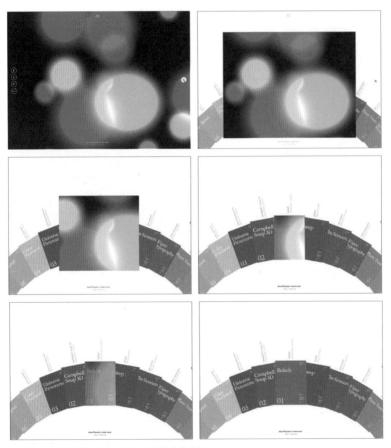

콘텐츠에서 닫기 버튼 클릭 시 마스킹 애니메이션

일은 배신하지 않는다

화면 구성

콘텐츠의 인터랙티브하고 다양한 디자인을 위해 버튼이나 요소의 디자인을 최소화했다. 다른 곳보다 콘텐츠 자체에 시선이 집중되게 하기 위해서였다. 왼쪽에 SNS 공유를 위한 버튼을 배치하고 오른쪽엔 동일한 디자인의 닫기 버튼을 배치해 사용성을 높였다. 닫기 버튼은 로딩 진행 상황을 표시하는 인디게이터 역할을 할 수 있도록 디자인했다.

최소한의 요소만을 사용한 뷰 화면 디자인

닫기 버튼의 로딩 표시

배경색에 따라 변하는 요소들

콘텐츠는 다양한 디자인만큼 배경색 역시 다양하다. 배경색이 어두울 때도 있고 밝을 때도 있는데, 이를 위해 로고와 버튼들은 검은색과 흰색 두 가지로 변할 수 있게 만들었다. 특히 상단의 로고는 벡터 그래픽 요소인 SVG를 사용해 자연스럽게 색이 변하는 애니메이션이 가능

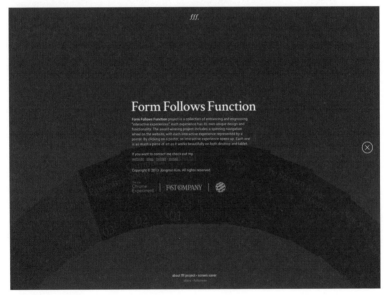

소개 페이지 디자인

일은 배신하지 않는다

하도록 했다.

소개 페이지에는 프로젝트의 설명, 제작자인 나의 정보, 그리고 수상 내역이나 미디어에 소개된 링크를 보여주도록 디자인했다. 처음 등장할 때 제목에 타이포 애니메이션을 주어 동적인 느낌을 더했다.

화면보호기 페이지에서는 FFF의 콘텐츠 중에서 몇 개를 내려받아 화면보호기로 설치할 수 있게 했다. 명확한 디자인을 위해 모니터 화면을 디자인 오브젝트로 삼고 HTML5의 Canvas를 사용해 실제로 화면보호기가 움직이는 모습을 만들어 어떤 섹션의 콘텐츠인지 알 수 있도록 했다.

화면보호기 파일은 플래시의 ActionScript로 개발했다. ActionScript를 사용한 이유는 플래시 개발자일 때부터 사용하던 습관 때문인

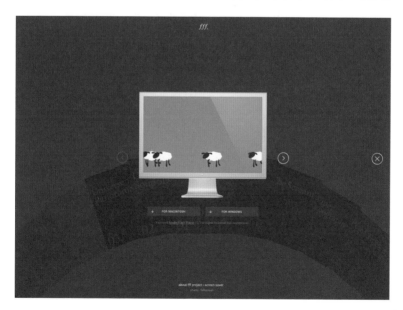

데 플래시 파일을 화면보호기로 만드는 것에 익숙했기 때문이다. 즉, JavaScript로 만든 콘텐츠를 ActionScript라는 다른 언어를 사용해 동일하게 만들었다. 이는 개발 언어가 중요하지 않다는 것을 의미하기도 한다. 내가 FFF 프로젝트 개발에 HTML5와 JavaScript를 사용한 이유는 HTML5를 공부하는 중이었기도 하지만, 모바일이나 아이패드 같은 태블릿 디바이스에서도 잘 보였으면 하는 생각이 들었기 때문이다.

일은 배신하지 않는다

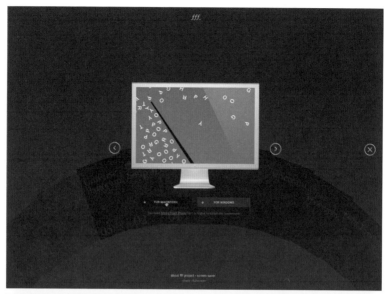

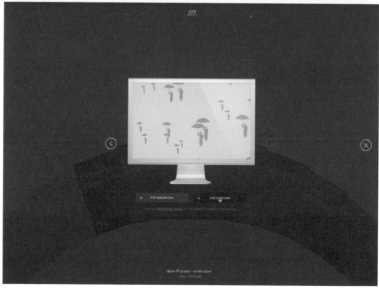

화면 보호기 다운로드 디자인

개발

리스트 화면, 뷰 화면, 소개, 화면보호기 다운로드의 구조에 각각의 페이지는 SNS 공유를 위해 고유 URL을 가지고 있다. 그래서 URL을 구분해 해당하는 콘텐츠를 로드하거나 삭제할 수 있는 프레임워크를 만들었다.

모바일이나 태블릿 등 다양한 디바이스를 지원하기 위해 여러 가지 화면 크기에 대응할 수 있도록 디자인했다. 화면 크기만큼 중요한 것은 퍼포먼스인데 모바일 같은 낮은 스펙의 디바이스에서도 잘 볼 수 있도록 퍼포먼스를 최적화하는 데 중점을 두고 개발을 진행했다. 집 근처 가전제품 판매장에 놀러 가거나 새로운 디바이스가 생기면 항상 FFF를 띄워보며 퍼포먼스를 체크하기도 했다.

나는 다른 사람이 만든 라이브러리를 사용하기보다는 필요한 기능을 직접 만들어 사용하는 것을 즐기는 편이다. 라이브러리는 다양한 환경에서 구동되어야 하므로 불필요한 코드가 붙기 마련이다. 그런 부분에서 생기는 퍼포먼스 이슈를 최소화하기 위해서인데 FFF 프로

다양한 디바이스에서의 화면

일은 배신하지 않는다

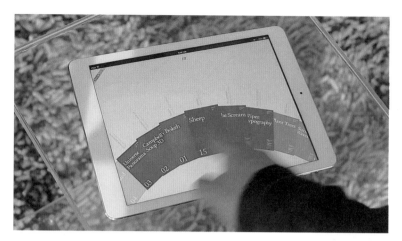

아이패드 구동 영상

젝트 역시 최소한의 라이브러리만을 사용했다.

많은 사람이 사용하는 jQuery를 예를 들어보면 jQuery의 사용이
나쁜 것은 아니다. 하지만 jQuery는 새로운 언어가 아닌 JavaScript를
쉽게 사용하기 위한 방법일 뿐이다. jQuery를 분해해보면 결국 네이
티브 언어인 JavaScript가 들어 있다. 예를 들어, 내가 필요한 기능이
A에서 B를 찾는 것이라면 jQuery는 다양한 브라우저를 지원하기 위
해 A에서 B를 바로 찾지 않고 C와 D를 검사하는 코드가 추가되어 있
다. 즉, 상황에 따라선 불필요한 단계를 한 번 더 거치게 된다. 네이티
브 코드를 사용해 A에서 B를 바로 찾는 방법이 빠른 것은 당연한 얘
기다. FFF 프로젝트에도 jQuery가 사용되지만, 퍼포먼스를 위해 이벤
트 등록/삭제 같은 한정된 부분에서만 사용하고 있다.

FFF 프로젝트 개발 당시

FFF가 특별한 이유

FFF 프로젝트는 내가 그동안 인터랙티브 디벨로퍼로 성장하면서 쌓아 왔던 아트웍을 보여준 것이었다. 단순히 HTML5의 기능을 모은 사이트가 아닌 내가 좋아하는 것들에서 영감을 얻어 그것을 HTML5의 인터랙션과 나만의 아트웍으로 풀어낸, 일종의 개인 작품이다.

HTML5의 기능을 모아서 보여주는 웹사이트는 많지만, 나는 이것이 FFF가 다른 웹사이트들과의 차이점이고 유난히 사랑받을 수 있었던 이유라고 생각한다. 나만의 독특한 디자인과 아트웍으로 만들어진 콘텐츠는 하나하나가 예술과 같다는 평을 듣기도 했다.

물론 혼자서 15개의 각기 다른 콘텐츠를 만든다는 건 쉬운 일은 아

일은 배신하지 않는다

니었다. 콘텐츠 하나하나를 생각할 때마다 '아이디어를 짜낸다'라는 표현이 어울릴 정도로 생각에 생각을 거듭했었다. 프로젝트를 할 때마다 주로 내가 좋아하는 것들에서 영감을 얻는다. 좋아해야 관심이 가고 또 잘 만들 수 있기 때문이다. FFF 프로젝트 역시 미니멀 디자인, 타이포그래피, 우주, 시간, 고흐, 앤디 워홀, 르네 마그리트, 여행, 사진 등 내가 좋아하는 여러 가지에서 영감을 얻었다.

Bokeh

일본 여행 중에 비가 왔는데 이때 물방울에 비친 불빛을 사진으로 찍

일본 여행 중에 찍은 보케 사진

은 적이 있다. 이 사진에서 영감을 얻어서 만든 섹션이 보케(Bokeh)
다. 보케란 사진을 찍을 때 초점이 맞지 않아 흐려진 부분의 빛이 맺힌
모양을 말하는데 흔히 빛망울이라고 부르기도 한다.

 HTML5의 Canvas에 몇 개의 동그라미를 그리고 화면 크기 안
에서만 움직이도록 만들었다. 화면 크기 안에서만 움직이게 하
는 방법은 동그라미의 위치 좌표가 화면 밖으로 나가는지를 체크
해 진행 방향과 반대 값을 곱해주면 된다. 그리고 빛망울을 표현
하기 위해 빛은 합쳐지면 밝아지는 원리를 적용했다. Canvas의
globalCompositeOperation 속성을 이용해 각각의 동그라미들의 겹
쳐진 부분이 밝아지는 효과를 냈다.

Canvas에 그린 원형 도형

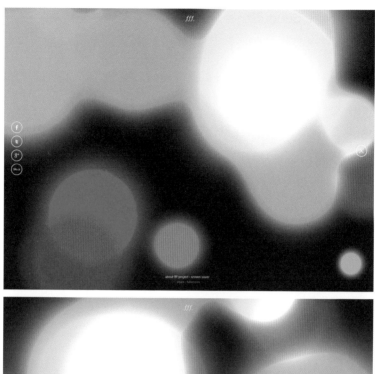

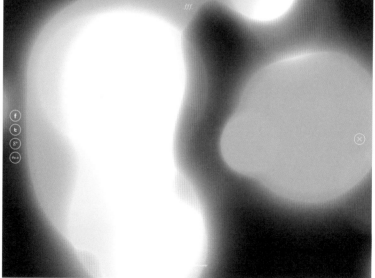

Bokeh

Campbell's Soup 3D

앤디 워홀의 작품으로 유명한 Campbell's
Soup는 지금도 슈퍼마켓에서 살 수 있다.
앤디 워홀의 영향으로 단지 수프 캔을 하
나 사서 놔뒀을 뿐인데 앤디 워홀의 작품
을 가지고 있는 듯한 느낌을 받았다.

집에 사놨던 Campbell's Soup

　여기에 영감을 얻어 Campbell's Soup
을 3D로 표현한 것뿐이지만, 앤디 워홀의 작품을 3D로 표현한 것 같
은 이중적인 느낌을 주는 섹션을 만들었다. 3D 원통 형태를 만들기

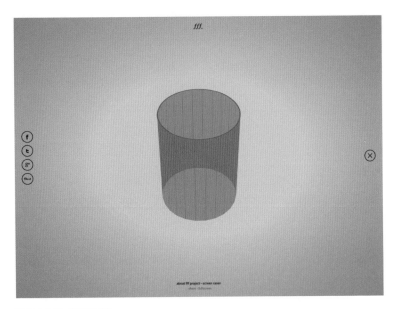

3D로 표현된 실린더 도형

　　　　　　　　　　　　　　　　　일은 배신하지 않는다

실린더 도형에 사용된 Campbell's Soup 이미지

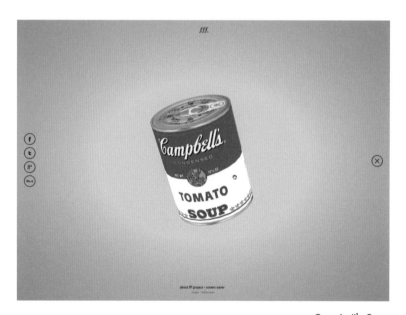

Campbell's Soup

위해 24개로 쪼갠 평면을 15도씩 기울이고 둥글게 이어붙여 실린더
(Cylinder) 도형을 만들었다. 거기에 Campbell's Soup 이미지를 입
히고 마우스나 손가락의 이동 방향에 따라 회전하고 기울어지는 인터
랙션을 추가했다.

Universe Panorama

개인적으로 좋아하는 주제인 시간과 공간 중에서 공간을 표현한 섹션
이다. 우주 공간을 360도로 돌려 볼 수 있게 하여 우주의 방대한 느낌

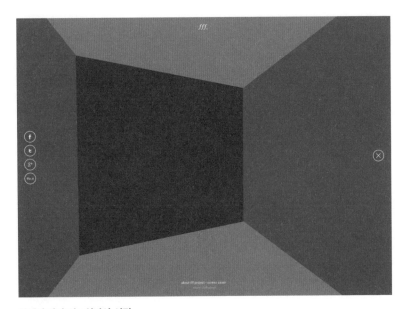

안에서 바라보는 상자의 시점

　　　　　　　　　　　일은 배신하지 않는다

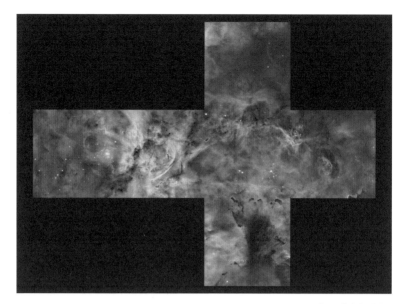

우주 이미지 전개도

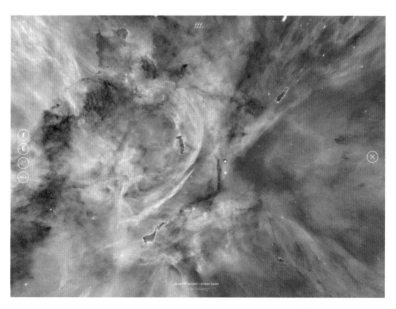

Universe Panorama

을 표현했다. 360도로 돌아가는 3D를 표현하기 위해 사각형의 상자 형태를 만들고 카메라 시점을 상자의 중앙에 배치했다. 밖에서 상자를 보는 것이 아닌 안에서 상자의 벽면을 보는 원리인데 여기에 마우스의 움직임에 따라 상자가 회전하는 인터랙션을 추가했다. 연속되는 우주의 이미지를 만들어 배경 그림으로 지정해서 360도 3D 우주를 표현했다.

Color Pixelated

많은 사람이 좋아하고 나 역시 좋아하는 빈센트 반 고흐의 작품에서 영감을 얻은 섹션이다. 고흐의 작품을 볼 때마다 독특한 붓 터치와 색상에 강렬한 인상을 받았었는데 그것을 나만의 아트 워으로 풀어냈다.

MoMA 뮤지엄에서 빈센트 반 고흐의 별이 빛나는 밤에

고흐의 그림에서 색상을 추출해 모자이크처럼 픽셀화한 후 내가 고흐 그림에서 느꼈던 색에 대한 느낌을 표현했다. 단순히 원본과 픽셀화된 두 장의 이미지를 보여주는 것이 아닌 HTML5의 기술로 실시간으로 픽셀화하는 것을 강조하기 위해 이미지를 리사이징할 수 있는 인터랙션을 추가했다. 이미지를 리사이징할 때 그림의 크기에 따라 달라지는 모자이크의 모습 또한 재미있는 부분이다.

　　　　　　　　　　　　　　　일은 배신하지 않는다

Color Pixelated 화면 전환

    2014년 11월, 네덜란드에 있는 반 고흐 뮤지엄에서 메일을 한 통 받았다. 뮤지엄 리뉴얼을 준비하고 있으며 전 세계 작가들의 고흐 작품을 모아서 정문의 큰 디스플레이에서 재생될 비디오 인스톨레이션을 만들 계획이라고 했다. 그 비디오에 FFF의 반 고흐 픽셀화 아트웍을 넣고 싶다는 얘기였는데 반 고흐가 태어난 본고장의 뮤지엄에 내 작품이 전시되는 즐거운 경험이었다. 뮤지엄 측에선 참여해줘서 고맙다며 입장권을 보내주기도 했다.

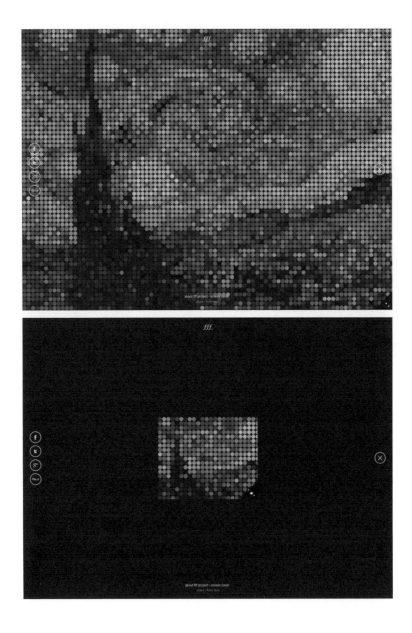

일은 배신하지 않는다

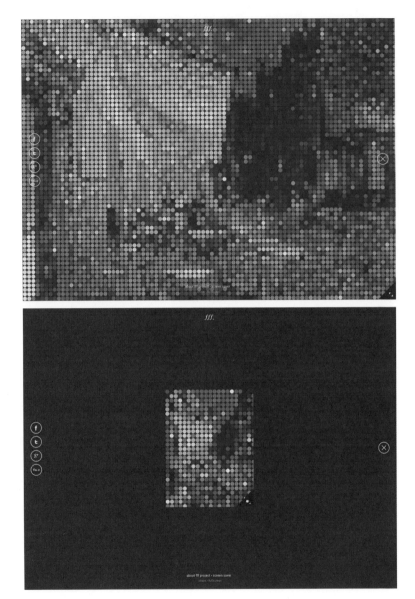

Color Pixelated

일은 배신하지 않는다

Spiral

갤러리를 벗어나 넓은 대지를 캔버스로 작품 활동을 했던 로버트 스미스슨은 나선형의 디자인으로도 유명하다. 여기에서 영감을 얻어 CSS Transform의 속성인 Rotate와 Scale을 이용해 오브젝트를 나선형으로 배치하고 로버트 스미스슨을 소개하는 글을 분해해 각각의 오브젝트에 넣었다. 나선이 나타나는 화면 전환과 계속해서 돌아가는 애니메이션을 추가해 동적인 느낌을 더했다.

나선형으로 배치된 오브젝트

Spiral 등장 모션

일은 배신하지 않는다

Spiral

Triangulation

이미지를 변형하는 다양한 방법의 하나인 삼각형 이미지화에서 영감을 얻은 섹션이다. 뉴욕에서 찍은 사진을 그냥 보여주기보단 삼각형 이미지화를 통해 프로젝트에 녹여낼 수 있겠다는 생각을 했다. 마우스를 이용해 삼각형 모자이크의 영역을 지정할 수 있는 인터랙션을 추가했다.

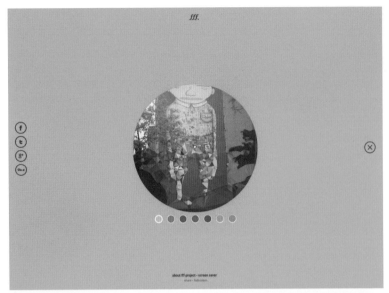

Triangulation

일은 배신하지 않는다

Hue Blending

뉴욕의 MoMA 뮤지엄에서 본 앤디 워홀의 'Campbell's Soup Cans'라는 작품에서 영감을 받아 미술관에 전시된 모습 그대로 웹으로 만들었다. 실제 뮤지엄에서는 여러 장의 Campbell's Soup 그림이 각각 액자에 담겨 하나의 큰 작품을 이루고 있다. 이것을 그대로 표현하기 위해 CSS3의 3D를 사용해 나무 액자를 만들어 시점에 따라 액자가 입체감 있게 보이도록 했다.

앤디 워홀의 특징이라면 실크 스크린 프린트를 이용한 대량생산인데 이것이 공장에서 물건을 대량생산하는 것과 같다고 해서 팩토리라고 부르는 스튜디오를 짓기도 했다. 이런 제작 방식으로 인해 하나의

CSS 3D로 표현한 액자

Hue 값 조절로 표현한 Campbell's Soup의 다양한 색상 변화

작품에 여러 가지 다른 색을 사용해 찍어낼 수 있었는데 앤디 워홀의 작품엔 같은 그림이지만 색상만 다른 작품을 볼 수 있는 이유다. 이런 앤디 워홀 고유의 스타일인 다양한 색상에서 영감을 얻어 그림에 Hue 값을 조절해 다양한 색상을 표현했다. 마우스의 위치에 따라 자연스럽게 변하는 색상의 표현은 뮤지엄에 걸려 있는 정적인 작품과는 다른 웹 특유의 동적인 인터랙션이 더해져 새로운 느낌을 준다.

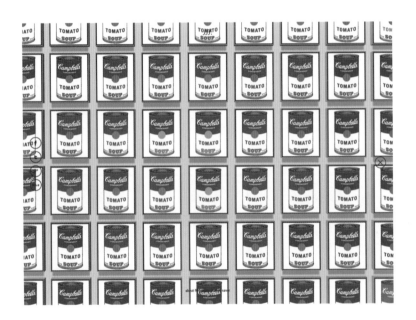

일은 배신하지 않는다

Hue Blending

Flip Clock

시간과 공간 중에서 시간을 표현한 섹션이다. CSS3의 3D를 사용해 아
날로그 느낌의 플립시계를 만들었다. 시계의 한쪽 면이 떨어질 때 약
간의 반동 같은 플립시계 특유의 디테일한 움직임에 신경을 썼다.

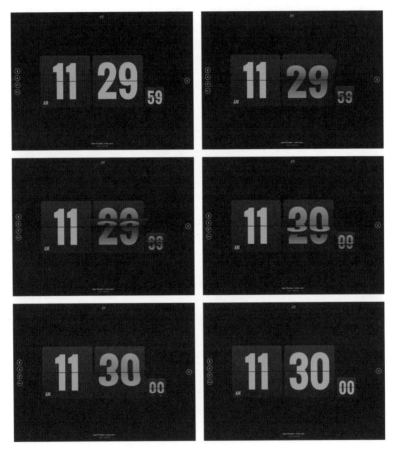

Flip Clock

일은 배신하지 않는다

Ripples on the Green

FFF 작업 당시 살았던 뉴욕에서 영
감을 얻은 섹션이다. 뉴욕은 정말
아름다운 도시인데, 외곽 지역에서
바라보는 뉴욕 맨해튼의 풍경은 도
시 안에서 볼 때와는 또 다른 느낌
을 준다. 물가에 비치는 뉴욕의 모

배 위에서 바라본 뉴욕의 풍경

습을 HTML5의 Canvas를 이용해 표현했다. 물결의 흔들림 정도를 플
러스/마이너스 버튼으로 조절하는 인터랙션으로 재미를 느낄 수 있게
했다. 처음엔 DIV레이어를 여러 개 만들어 각각의 레이어의 움직임을
달리해서 물결 효과를 만들었다. 하지만 모바일 디바이스에서 퍼포먼
스 문제가 생겨 Canvas에 그리는 방법으로 다시 만들기도 했다.

테스트로 만든 물결 효과

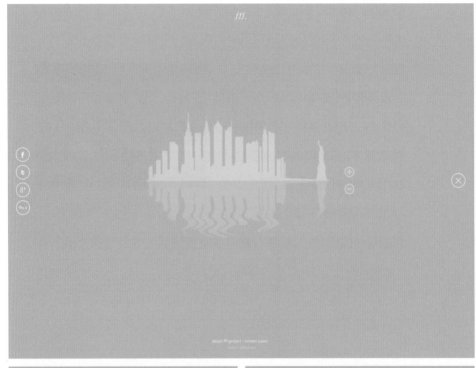

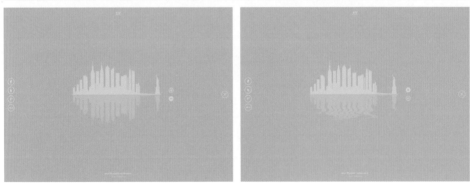

Ripples on the Green

일은 배신하지 않는다

Raining Men

개인적으로 너무나 좋아하는 초현실주의 작가인
르네 마그리트의 작품은 많은 아티스트에게 영감
을 주는데 특히 'Golconda'는 영화 매트릭스에 나
오는 한 장면의 모티브가 되기도 했다.

우산을 쓴 신사

    여기서 영감을 얻어 우산을 쓴 신사라는 나만의 아트웍으로 재가
공했다. 비처럼 내리는 신사를 우산과 푸른색으로 표현하고 마우스의
방향에 따라 바람이 불듯 비 내리는 방향을 바꾸는 인터랙션을 만들
었다.

Raining Men

Surface Waves

뉴욕에서의 첫 번째 프로젝트인 5 Gum을 작업할 때 플래시로 만들었던 물결 효과를 JavaScript로 다시 표현했다. 물결 파동의 움직임을 다르게 하고 겹치는 부분의 색상을 변화시켜 디자인을 완성했다. 푸른색과 무지개색의 두 가지를 선택할 수 있으며 마우스의 움직임에 따라 물결이 움직이는 인터랙션을 만들었다.

일은 배신하지 않는다

마우스의 움직임에 따라 요동치는 물결

Surface Waves

Plant Trees

르네 마그리트의 'The Empire of Lights'는 하늘은 낮인데 거리는 밤인, 낮과 밤이 공존하는 기묘한 그림이다. MoMA 뮤지엄에서 이 작품을 보고 영감을 얻었는데 밝은 배경에 어두운 물체, 혹은 그 반대의 역설적인 느낌을 나무 형태의 알고리즘과 결합해 표현했다. 밝은 낮일 때는 나무가 어두운 색이지만 어두운 밤의 배경에선 밝고 화려한 색을 띄고 있다.

마우스를 클릭한 지점에 나무가 자라는 인터랙션을 만들고 해와 달의 아이콘을 클릭하면 낮과 밤을 바꿀 수 있도록 만들었다. 나무를 그리는 데 HTML5의 Canvas를 이용했으며 화려하고 밝은 색의 나무의 표현은 Bokeh 섹션과 같은 globalCompositeOperation 속성을 이용했다.

나무가 자라는 인터랙션

Plant Trees

Wiper Typography

비 오는 날 버스 창문에서 영감을 얻은 섹션으로 FFF의 대표 아트웍이다. 타이포그래피를 빗방울로 표현하는 구상은 대충 머릿속에 떠올랐는데 어떻게 만들지 실제로 표현할 코드가 도무지 생각나지 않았다. 그렇게 며칠을 고민하다가 어느 날 아침에 잠이 덜 깬 상태에서 갑자기 아이디어가 떠올랐다. 즉시 침대에서 일어나 출근하기 전 30분만에 코드를 완성했다. 이런 경험을 종종 하곤 하는데, 한 가지에 몰두하다가 다른 일을 잊어버리기도 하고 꿈에서도 그 생각을 할 때도 있었다.

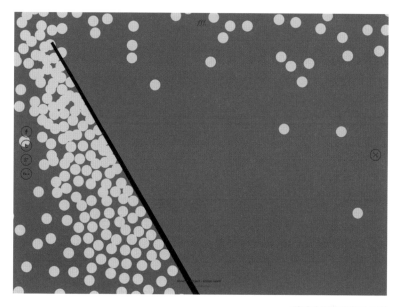

화면에 뿌려진 원형 도형

중력값을 가진 동그라미를 화면에 뿌리고 좌표와 반지름을 계산해 다른 오브젝트와 겹쳐지면 방향을 바꾸어 밀어내도록 만들었다. 여기에 Sine 값을 이용해 와이퍼의 움직임을 만들고 와이퍼와 동그라미들의 겹침을 검사하는 코드를 추가했다.

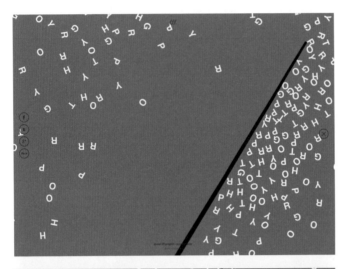

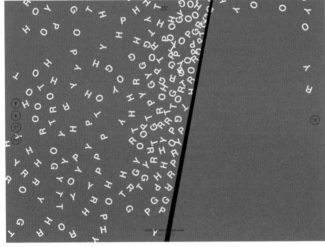

일은 배신하지 않는다

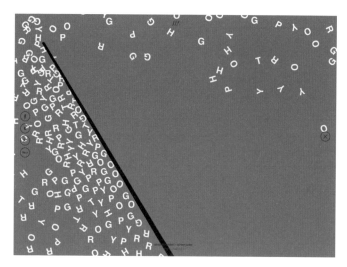

Wiper Typography

동그라미에 문자를 넣고 충돌에 따라 회전하도록 만들어서 디자인을 다듬었다. 그리고 마우스의 움직임을 와이퍼가 따라오는 인터랙션을 추가해서 디테일 수준을 높였다.

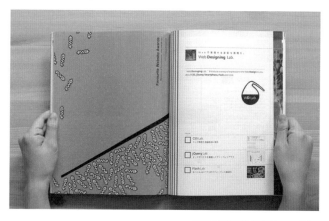

FFF 디자인을 이용한 FWA 광고

유명한 인터넷 웹어워드인 FWA에서 일본의 웹디자인 매거진에 광고를 내기 위한 디자인을 나에게 요청했다. Wiper Typography의 디자인을 이용해 FWA의 광고를 만들기도 했다.

The Scream

뭉크의 '절규'에서 영감을 받아 HTML의 Canvas 드로잉으로 표현한 섹션이다. '절규' 특유의 복잡하고 어지러운 감정을 Bezier Curve를 사용해 정신없이 그려지는 선으로 표현했다. 자동으로 선이 그려지는 기능을 넣었지만, 마우스를 사용해 좀 더 진한 선을 그릴 수 있는 인터랙션을 추가해 재미를 더했다.

뭉크의 절규
Skrik © Edvard Munch (1893)

일은 배신하지 않는다

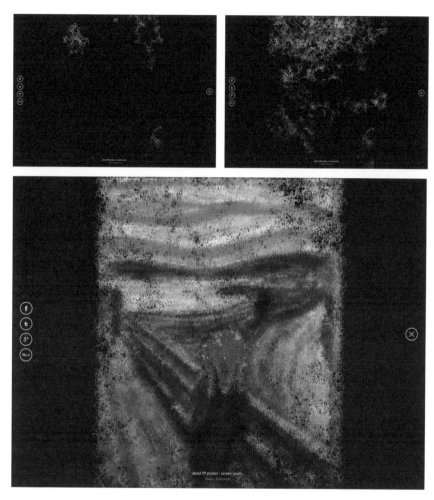

The Scream

Sheep

점토로 만든 인형을 움직이는 클레이 애니메이션(Clay Animation)은 내가 좋아하는 영화 장르인데, 그중에서도 '월레스와 그로밋'은 가장 좋아하는 작품 중의 하나다. 영화 내용 중에 양털을 모두 빼앗긴 아기 양이 추위에 부들부들 떠는 장면이 있는데 거기서 영감을 받아서 만든 섹션이다. 걸어가는 양을 손으로 잡으면 '잡아먹지 마세요!'라고 말하듯 부들부들 떠는 모습을 보여준다.

월레스와 그로밋의 양

일은 배신하지 않는다

월레스와 그로밋에 나오는 양을 참고로 양을 디자인하고 걸어가는 모습을 만들었다. 양을 그리는 도구로는 플래시를 사용했다. 플래시의 장점은 다양한 화면 크기에 대응하기 위해 벡터 그래픽으로 그릴 수 있고 타임라인을 이용해 움직이는 애니메이션을 그리기가 쉽다는 것이다. HTML 프로젝트라고 해서 반드시 HTML 관련 도구만 고집할 필요는 없다. 여러 상황에서 가장 적절한 방법을 찾는 것도 중요하다.

걸어가는 양 그림

Sheep

CSS Sprite를 사용해 양이 걸어가는 오브젝트를 만들고 마우스나 손가락으로 양을 잡으면 양이 부들부들 떠는 애니메이션을 재생한다.

캔버스 디자인

코드로 만들어진 FFF의 디자인을 캔버스라는 형태로 출력했다. 이 부분 역시 웹이라는 온라인 프로젝트를 집에 걸 수 있는 그림 같은 다른 형태의 프로젝트로의 변환을 시도해본 것이다.

FFF 캔버스 디자인

에피소드

FFF는 많은 상을 받았는데 그중에서 세계 3대 디자인 어워드라고 불리는 레드닷 어워드 수상은 나에게 특별한 의미가 있다. 다른 사람의 의견이나 클라이언트의 간섭 없이 순수하게 내가 좋아서 한 디자인이

일은 배신하지 않는다

인정받았다는 것을 의미하고 또한, 그것을 좋아해 주는 사람이 많다는 것을 뜻하기 때문이다.

FFF를 론칭하고 정말 많은 팬레터를 받았다. 지하철을 타기 전에 메일을 다 확인하고 인터넷이 되지 않는 뉴욕의 지하철을 탔다가 내려서 메일을 다시 확인해보면 그새 팬레터가 또 와 있었다. 웬만하면 답장을 해주자는 생각에 열심히 답장을 썼는데 하루만 밀려도 감당이 안 돼서 일과 중에 답장 쓰는 시간이 따로 있을 정도였다.

나를 만나고 싶어 하는 사람도 많았다. 영국의 한 디자이너는 뉴욕으로 하루 일정으로 출장을 오는데 나를 꼭 만나고 싶다는 연락을 해왔다. 사람들을 잘 안 만나는 나였지만 멀리서 온다는 소식에 약속을 잡았는데 그날 뉴욕에 폭설이 내려 교통이 마비되는 바람에 결국 만나지 못했다. 뉴욕의 한 디자인 스튜디오에선 나를 초대해 본인들의 작업물을 보여주고 내 얘기를 들었던 재미있는 경험도 해보았다.

The mimetic words of Hangeul

Project Hangeul #1 – The mimetic words of Hangeul

제작일
2013년 5월

수상
The FWA – Site of the Day, Mobile of the Day

THE WORD IS KWAL KWAL
FALLING WATER

콸콸 (kwal kwal) is the sound made by bubbling,
gurgling water as it flows downriver.
You can say something like,
"Water is rushing 콸콸 over a waterfall".

 SOUND BY <u>NAVER</u>

콸

 THE MIMETIC
WORDS OF
HANGEUL

일은 배신하지 않는다

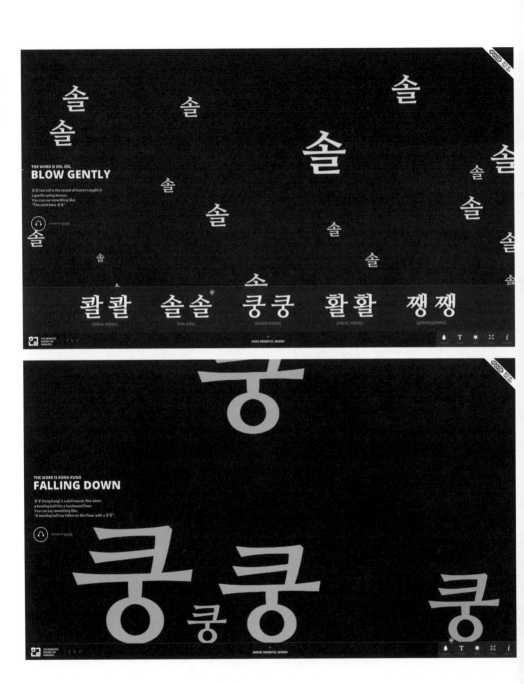

일은 배신하지 않는다

THE WORD IS HWAL HWAL
FLARE UP

활활 (hwal hwal) is the phonetic representation
of an intensely burning fire.
You can say something like,
"A fire blazed 활활 in the fireplace".

SHOW MIMETIC WORD

THE WORD IS JJAENG JJAENG
BLAZING SUNSHINE

쨍쨍 (jjaeng jjaeng) is the sound of an August day in Arizona,
the sun hot on the back of your neck.
You can say something like,
"The sun is blazing down 쨍쨍 on us".

SOUND BY NAVER

SHOW MIMETIC WORD

개인 프로젝트

우연히 만든 코드에서 얻은 아이디어

개인 작업을 론칭할 때마다 많은 팬레터를 받는데 대부분 외국에서
온 것이었다. 외국 사람들이 내 작업을 많이 보고 좋아해 준다는 말인
데, 그렇다면 외국 사람들에게 자랑스러운 한국의 문화를 소개하는
프로젝트를 해보면 좋겠다는 생각을 했다. 그때 가장 먼저 생각난 것
이 한글이었다. 한글의 과학적인 시스템과 독창성, 세계에서 유일하게
만든 사람이 누구인지 아는 문자인 점을 소개하면 분명 재미있는 프
로젝트가 될 것 같았다.

처음엔 조합해서 만들어지는 글자라는 점을 활용한다든지 외국인

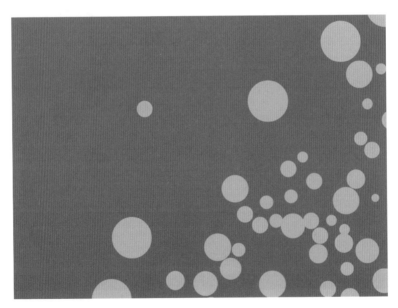

폭포 형태로 쏟아지는 오브젝트

일은 배신하지 않는다

의 이름을 한글로 만들어주는 등의 아이디어를 생각했었다. 하지만 좀 더 심플하고 재미있는 아이디어, 나의 장점인 인터랙션을 활용할 수 있는 아이디어가 필요해 쉽게 시작하지 못하고 있었다.

한글을 어떻게 프로젝트로 풀어나갈지에 대해 고민하던 중에 재미 삼아 만든 코드가 폭포처럼 흐르는 모습에 영감을 받아 거기에 디자인과 기능을 더해 프로젝트를 진행했다.

기획

한글은 세상에서 가장 발달한 음소 문자(더 나아가 자질 문자)이고 과학적인 구조 덕분에 세상에 존재하는 거의 모든 소리를 발음 그대로 적을 수 있다. 의성어, 의태어는 말할 것 없이 심지어 아무 뜻이 없는 소리도 가능한데, 의미에 맞춰 인터랙티브하게 움직이는 의성어/의태어를 이용해 한글의 우수성을 시각적으로 표현한 아트 프로젝트를 기획했다.

로고 디자인

한글 프로젝트는 한 번으로 끝나는 일회성이 아닌 장기 프로젝트로 진행하고 싶었다. 한글이라는 자랑스러운 문화자산을 여러 가지 방향

첫 번째 프로젝트임을 나타내는 한글 프로젝트 로고 디자인

에서 소개할 수 있으면 좋겠다는 생각에서였다. 그래서 앞으로 진행할 모든 한글 프로젝트를 아우르는 로고를 만들었다. 한글의 자음만 써서 로고를 디자인하고 몇 번째 프로젝트인지 알 수 있게 표시했다.

웹사이트 디자인 시안

처음 잡았던 디자인 시안에서는 많은 글자 중에서 보여주고자 하는 글자만 선택할 수 있는 첫 화면을 디자인했었다. 그리고 메뉴도 위와 아래의 여백을 이용해서 배치했는데, 나중에 시안을 다듬으면서 복

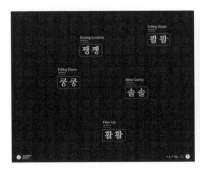 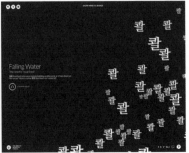

일은 배신하지 않는다

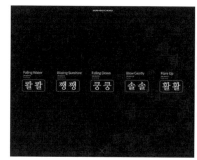

잡해 보이는 첫 화면을 없애고 메뉴를 한쪽으로 모아 디자인을 정리했다.

UI 디자인

한글이 그려질 메인 비주얼 영역을 비워두고 최소한의 영역을 사용해 UI를 디자인했다. 화면의 왼쪽에 글자에 대한 설명을 보여주고 플레이 버튼을 클릭하면 발음을 들을 수 있게 만들었다. 발음은 좀 더 사실감 있게 실제 효과음과 함께 들려주고 싶었지만, 개인 프로젝트의 한계로 인해 사실감 있는 소리를 녹음하지 못해 아쉬운 부분으로 남아 있다.

　화면 아래쪽을 버튼 영역으로 설정하고 로고와 메뉴, 컨트롤을 위한 버튼을 배치했다. 사용성을 위해 모든 버튼엔 아이콘과 텍스트를 함께 나타냈다. 다른 글자를 보는 메뉴는 비주얼 영역에 그려지는 글자와 같은 폰트로 만들어서 인지하기 쉽게 했다. 이때 화면에 너무 많은 폰트가 보여서 시선이 분산되는 것을 피하기 위해 메뉴를 숨겼다가 화살표를 클릭하면 볼 수 있게 만들었다. 또한, 메뉴의 길이보다 화면이 작아질 때를 고려해 마우스나 손가락으로 스크롤할 수 있게 만들었다.

버튼 디자인

메뉴 디자인

일은 배신하지 않는다

개발

한글의 움직임이 비주얼 영역에 그려지는 것이 중점인 만큼 드로잉을
위한 HTML5의 Canvas를 이용해 프레임워크를 만들었다. 메뉴를 클
릭하면 다른 화면을 로드하는 구조가 아닌, 화면에 Canvas를 하나 만
들고 메뉴가 바뀔 때마다 Canvas에 그려지는 코드가 바뀌는 구조로
설계했다. 그 결과 메뉴 간의 이동 시 로드 타임이 없고 이전 화면에서
다음 화면으로 넘어가는 화면 전환이 가능했다. 예를 들어 '콸콸'에서
'쨍쨍'으로 가면 일단 쏟아지던 콸콸 문자가 다 떨어져서 화면이 비워
지고 다음 글자인 '쨍쨍'이 나타난다.

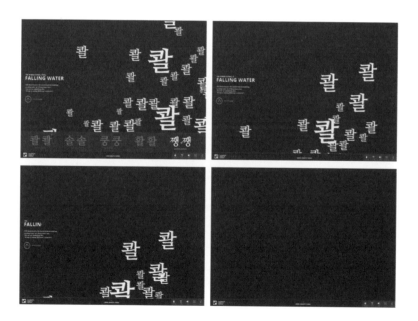

다른 메뉴로 화면 전환

이런 화면 전환의 연속성은 컨트롤 버튼에서도 나타난다. 사용자는 글자색, 폰트, 흑백 변환의 컨트롤이 가능한데 버튼을 누르면 화면이 바로 바뀌는 것이 아니라 현재 나와 있는 글자는 기존의 속성대로 흘러가고 새로 나오는 글자가 선택한 속성에 맞춰서 나타난다. 예를 들어 글자색을 바꾸는 Color 버튼을 누르면 기존의 흰색 글자는 계속해서 움직이며 화면 밖으로 사라지고 색을 가진 글자가 새로 나와 잠깐은 흰색 글자와 색깔 글자를 동시에 보게 된다.

일은 배신하지 않는다

컨트롤 버튼 클릭 시 연속되는 글자의 변화

프로젝트 소개 화면은 글자들과는 다른 레벨로 클릭할 때 팝업 레이어로 볼 수 있게 만들었다.

Canvas는 HTML5에서 드로잉을 할 수 있다는 장점이 있지만 큰

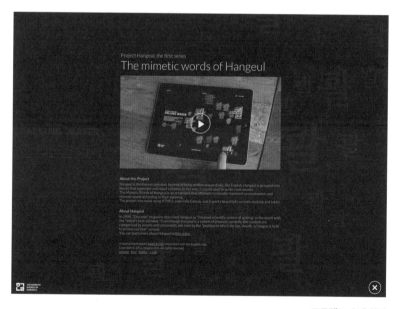

프로젝트 소개 화면

이미지나 많은 양의 오브젝트를 드로잉할 경우엔 느린 퍼포먼스를 보인다. 이 때문에 코드 최적화가 필수인데 한글 프로젝트 역시 Canvas 드로잉 퍼포먼스를 위해 신경을 많이 썼다. 또한, 마우스로 제어하는 인터랙션을 손가락으로 똑같이 경험해볼 수 있게 개발해 모바일이나 태블릿같이 터치패드를 가진 디바이스에서도 즐길 수 있게 만들었다.

아이패드 구동 영상

일은 배신하지 않는다

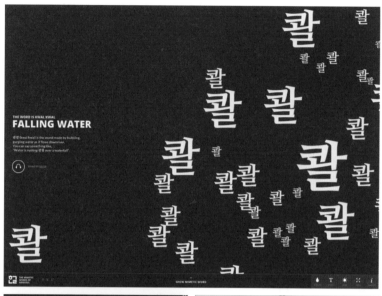

콸콸

물이 떨어지는 소리인 '콸콸'은 가장 처음 만든 섹션으로 폭포에서 물이 떨어지는
듯한 애니메이션으로 만들었다. 마우스를 물체로 설정해 물의 진로를 방해할 수 있
는 인터랙션을 만들어 재미를 더했다.

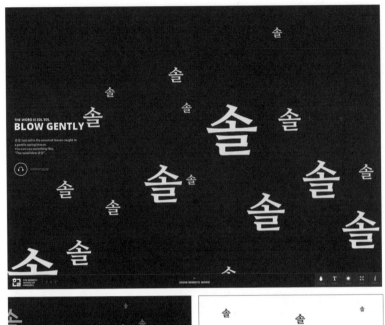

솔솔

바람이 부는 소리인 '솔솔'은 바람에 따라 천천히 흘러가는 듯한 애니메이션으로 만들었다. 마우스로 글자를 빠르게 밀어낼 수 있다.

일은 배신하지 않는다

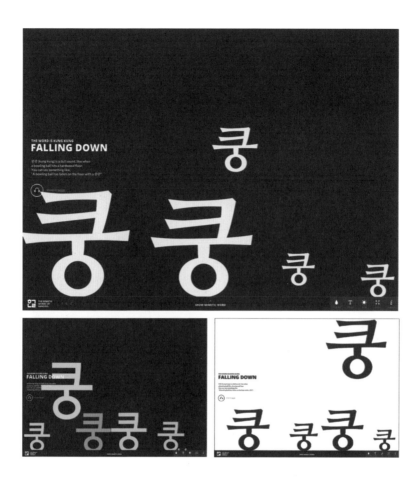

쿵쿵

물건이 떨어지는 소리인 '쿵쿵'은 화면 위에서 글자가 떨어지는 애니메이션으로 표현했다. 마우스를 피해 반동을 가지며 움직이는 인터랙션을 추가하고 시간이 지나면 먼저 떨어진 글자가 줄어들며 사라지는 효과를 만들었다.

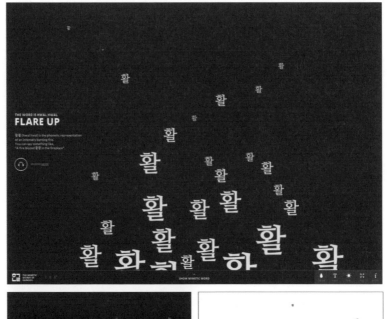

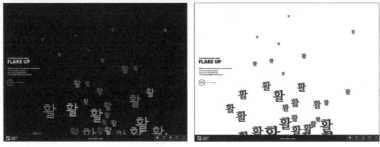

활활

불을 잘 관찰해보면 불이 탈 때 불꽃과 잿가루가 날아가면서 크기가 작아지며 사라지는 것을 볼 수 있다. 불이 타는 소리인 '활활'은 아래에서 시작된 불꽃이 하늘로 올라가며 속도가 빨라지고 크기가 작아지며 결국엔 사라지는 애니메이션으로 표현했다. 마우스로 불꽃을 휘저을 수 있는 인터랙션을 추가했다.

일은 배신하지 않는다

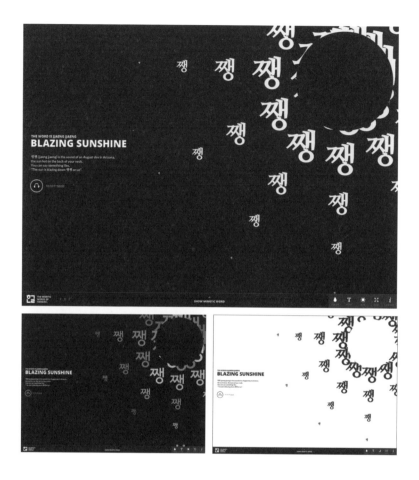

쨍쨍

태양이 내리쬐는 소리인 '쨍쨍'은 둥근 태양에서 글자들이 나와 햇살이 쏟아지는 듯한 애니메이션으로 만들었다. 마우스가 햇살 근처로 가면 글자들이 피해 가는 인터랙션을 만들었다.

에피소드

한글을 외국인들에게 알리는 목적이 있는 만큼 자연스러운 영어 카피
가 중요했는데 퍼스트본의 동료이자 카피라이터인 저스틴이 흔쾌히
도와주었다.

한글 프로젝트를 론칭하고 외국 사람들에게 많은 관심을 받았다.
더 많은 글자를 넣어달라는 요청이 가장 많았고 한글에 대해 더 많이
알 수 있도록 다음 프로젝트도 기대하겠다는 의견도 있었다.

한글 프로젝트는 영국의 유명 웹 어워드인 FWA에 선정됐다. FWA
에 등록되는 날 전 세계 사람들이 방문하는 세계적인 웹사이트의 첫
화면에 한글이 보이는 자랑스러운 광경을 연출하기도 했다.

일은 배신하지 않는다

Material
Interaction

Material Interaction

제작일
2014년 12월

수상
The FWA - Site of the Day, Mobile of the Day

일은 배신하지 않는다

개인 프로젝트

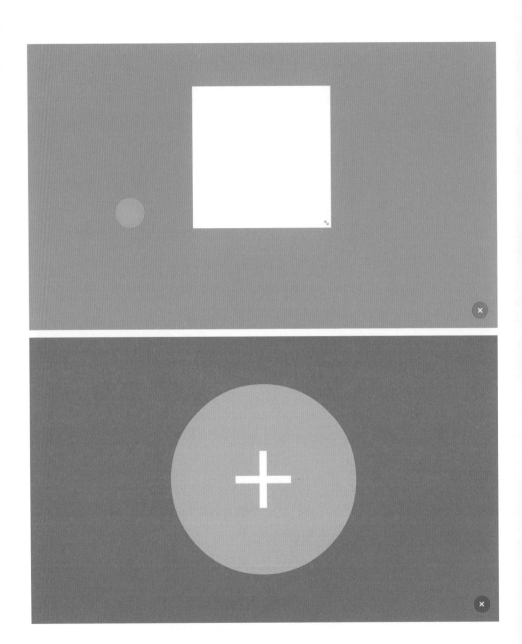

일은 배신하지 않는다

일은 배신하지 않는다

포스트 카드에서 얻은 아이디어

2014년 6월, 샌프란시스코에 있는 디자인 회사인 Manual은 구글의 의뢰를 받아 매터리얼 디자인 원칙(Material Design Principles)에 대한 그래픽을 디자인해서 포스트 카드를 만들었다. 구글 I/O를 마치고 받은 선물에 이 포스트 카드가 들어 있었다. 미니멀하면서도 움직임이 느껴지는 그래픽을 보는 순간 인터랙티브한 뭔가가 더 있을 것으로 생각했는데 움직이지 않는 한 장의 이미지라는 사실이 조금 아쉬웠다. 6개월이 지난 12월, 아무도 이 멋진 그래픽을 인터랙티브하게 표현하지 않는다는 것을 깨닫고 구글의 20% 프로젝트로 매터리얼 인터랙션 사이트를 제작했다.

Material Design Principles Postcards – © Google

디자인

포스트 카드의 디자인을 본 순간 느꼈던 움직임을 코드로 만들었다. 미리 생각해둔 아이디어가 있어서 작업 시간이 많이 단축되었는데 디자인부터 제작까지 총 3일 정도 걸렸다. 모바일이나 태블릿을 고려해 리스폰시브 웹사이트로 디자인했으며, 포스트 카드의 디자인을 보여주는 5개로 나뉜 직사각형의 섹션이 화면의 크기에 따라 다르게 배치된다.

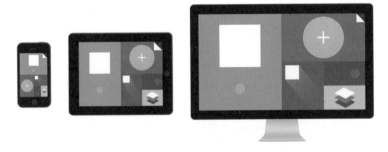

여러 디바이스를 위한 리스폰시브 디자인

아이패드 구동 영상

일은 배신하지 않는다

사용성을 위해 어떻게 움직이는지를 알려주는 가이드 화면을 보여주도록 했다. 가이드 화면은 처음 한 번만 보여주며 편의를 위해 마우스로 화면을 클릭하면 사라지는 기능을 추가했다.

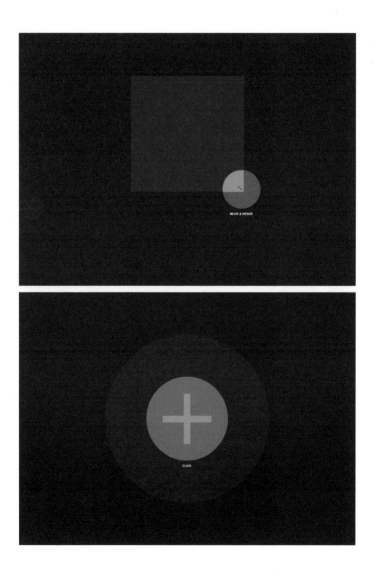

일은 배신하지 않는다

가이드 화면 디자인

화면 전환

첫 화면에서 각각의 섹션을 클릭하면 해당 카드의 영역이 전체 화면
으로 커지도록 화면 전환기능을 만들었다. 이렇게 풀로 채워진 화면
에 각각의 섹션이 나타나며 애니메이션이 시작된다. 섹션에서 닫기
버튼을 누를 경우엔 풀로 채워진 화면이 다시 작아지는 애니메이션을
보여준다.

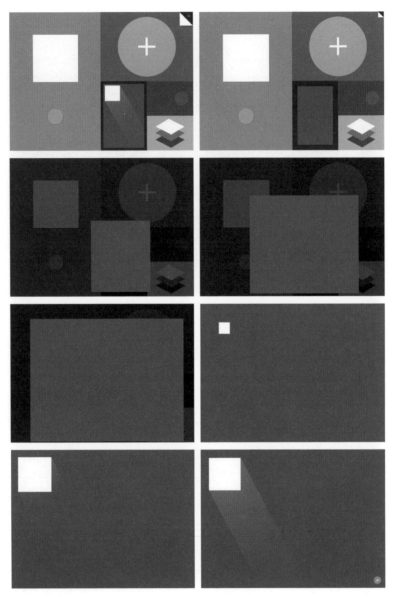

섹션으로 진입 시의 화면 전환

일은 배신하지 않는다

오른쪽 위의 종이가 접힌 부분을 클릭하면 소개 페이지를 볼 수 있다. 매터리얼 디자인에는 종이가 접히는 효과가 없지만, 구글의 공식 작업이 아닌 개인 작업인 만큼 좀 더 극적인 효과를 위해 첫 화면이 한 겹 벗겨지며 소개 페이지를 볼 수 있게 구성했다.

소개 페이지 화면 전환

좌표를 이용한 Canvas 드로잉

사용자의 입력에 인터랙티브하게 반응하는 그래픽을 만들기 위해서
HTML5의 Canvas 드로잉을 사용했다. Canvas를 사용해 뭔가를 그릴
때 가장 중요한 것은 그래픽에 현혹되지 않는 것이다. 영화 매트릭스
에서 자신이 '네오'라는 것을 깨달은 키아누 리브스가 앞에 서 있는 요
원들을 바라볼 때 더는 사람의 형체가 아닌 코드로 보이는 장면이 있
다. 나는 이 장면을 참 좋아하는데 코드로 뭔가를 만든다는 것을 정확

그래픽 넘어 코드로 보이는 매트릭스의 실체

일은 배신하지 않는다

하게 표현한 장면이라고 생각한다.

이미 만들어진 현란한 그래픽의 웹사이트를 보면 어떻게 만들었는지 신기하기만 하다. 하지만 네오처럼 그 너머의 코드를 볼 줄 알면 사실 그다지 어렵지 않다. 이 부분이 숙달되면 나중엔 코드만으로도 만들어질 화면이 눈에 보이기도 한다.

Canvas 드로잉에서 가장 중요한 것은 '좌표'다. 내가 그릴 오브젝트의 좌표만 안다면 어떤 그림이든 그릴 수 있다. 좌표를 쉽게 이해하려면 모눈종이를 생각해보면 된다. 모눈종이의 한 칸을 1px로 생각하고 머릿속에 그려보면 이해하기가 쉬울 것이다. 좌표로 그리는 Canvas 드로잉 방법을 각 섹션의 디자인에 맞춰 간단하게 설명해 볼까 한다.

Meaningful Motion

Meaningful Motion 섹션은 흰색의 창문 같은 사각형이 있고 거기에서 그라데이션 컬러의 빛이 나오는 그래픽이다.

Meaningful Motion

우선 스테이지에 두 개의 사각형을 그린다. 쉬운 설명을 위해 모눈
종이처럼 눈금을 그렸다.

```
var canvas = document.getElementsByTagName('canvas');
var context = canvas.getContext('2d');

context.fillStyle = '#ffffff';
context.fillRect(60, 40, 100, 100);
context.fillRect(360, 380, 100, 100);
```

일은 배신하지 않는다

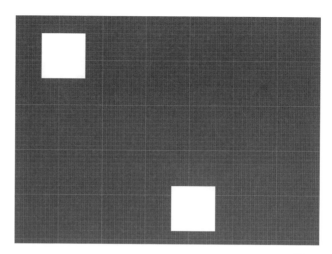

이 사각형들은 크기와 위치라는 좌표를 가지고 있다. 눈금의 한 칸이 10px이라고 했을 때 두 개의 사각형에서 [그림 1-2]에서 보는 좌표를 알아낼 수 있다.

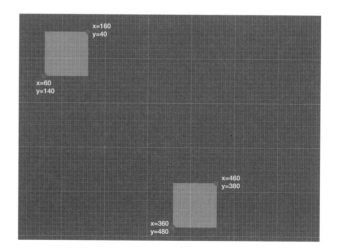

해당 좌표들을 선으로 연결해 하나의 도형으로 만든다.

```
context.fillStyle = '#fccd30';
context.beginPath();
context.moveTo(220, 200);
context.lineTo(340, 130);
context.lineTo(480, 200);
context.lineTo(360, 270);
context.fill();
```

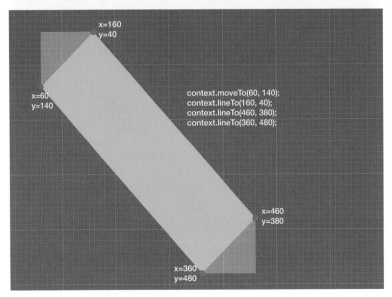

x=160
y=40

x=60
y=140

```
context.moveTo(60, 140);
context.lineTo(160, 40);
context.lineTo(460, 380);
context.lineTo(360, 480);
```

x=460
y=380

x=360
y=480

그림 1-3

일은 배신하지 않는다

이렇게 만들어진 도형에 Canvas의 그라데이션 기능을 이용해 색을 채운다.

```
var canvas = document.getElementsByTagName('canvas');
var context = canvas.getContext('2d');

context.fillStyle = '#ffffff';
context.fillRect(220, 130, 120, 70);
context.fillRect(360, 200, 120, 70);
```

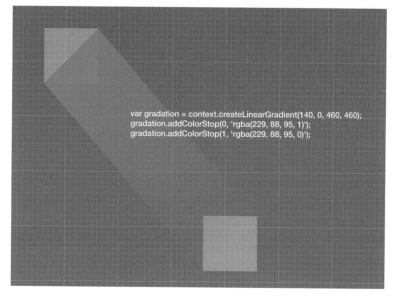

```
var gradation = context.createLinearGradient(140, 0, 460, 460);
gradation.addColorStop(0, 'rgba(229, 88, 95, 1)');
gradation.addColorStop(1, 'rgba(229, 88, 95, 0)');
```

그림 1-4

다시 처음에 사각형을 흰색으로 채워주면 Meaningful Motion의 그래픽을 그릴 수 있다.

```
context.fillStyle = '#ffffff';
context.fillRect(60, 40, 100, 100);
```

그림 1-3

여기에 마우스에 따라 흰색 사각형이 움직이게 하고, 움직이는 좌표에 따라 그라데이션을 새로 그려주면 Meaningful Motion의 인터랙션을 만들 수 있다.

일은 배신하지 않는다

Dimensional Affordances

같은 방법으로 Dimensional Affordances 섹션도 그릴 수 있다. Dimensional Affordances 섹션은 세 개의 마름모가 겹겹이 쌓여 있는 그래픽이다.

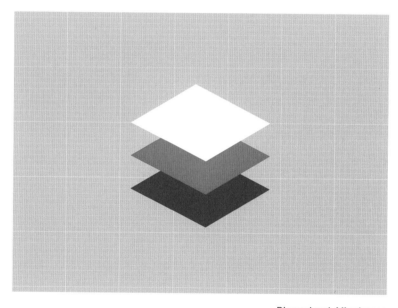

Canvas에는 기본적인 사각형이나 원을 그리는 기능이 있지만, 마름모 형태의 도형을 그리는 기능은 없다. 하지만 좌표만 알면 어떤 도형이든 쉽게 그릴 수 있다. 마름모를 그리기 위해 우선 두 개의 사각형을 그리고 [그림 2-1]과 같이 좌푯값을 구한다.

```
var canvas = document.getElementsByTagName('canvas');
var context = canvas.getContext('2d');

context.fillStyle = '#ffffff';
context.fillRect(220, 130, 120, 70);
context.fillRect(360, 200, 120, 70);
```

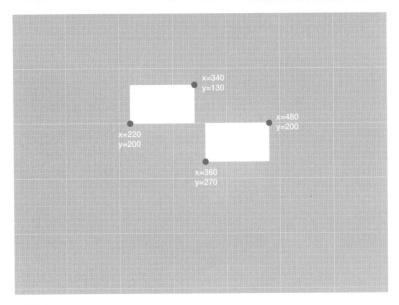

그림 2-1

해당 좌표를 연결하면 마름모 도형을 그릴 수 있다.

```
context.fillStyle = '#fccd30';
context.beginPath();
context.moveTo(220, 200);
context.lineTo(340, 130);
context.lineTo(480, 200);
context.lineTo(360, 270);
context.fill();
```

일은 배신하지 않는다

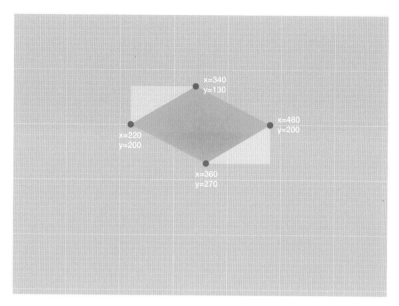

그림 2-2

이렇게 3개를 순서에 맞게 그리면 Dimensional Affordances 섹션의 그래픽이 완성된다.

```
context.fillStyle = '#1f4288';
context.beginPath();
context.moveTo(220, 320);
context.lineTo(340, 250);
context.lineTo(480, 320);
context.lineTo(360, 390);
context.fill();

context.fillStyle = '#ee4a7f';
context.beginPath();
context.moveTo(220, 260);
context.lineTo(340, 200);
context.lineTo(480, 260);
context.lineTo(360, 330);
```

```
context.fillStyle = '#fccd30';
context.beginPath();
context.moveTo(220, 200);
context.lineTo(340, 130);
context.lineTo(480, 200);
context.lineTo(360, 270);
context.fill();
```

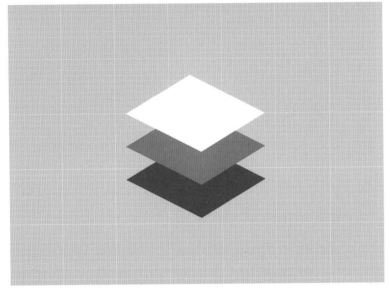

그림 2-3

Dimensional Affordances 섹션은 마우스가 움직이는 방향에 따라 가운데 마름모 도형이 위/아래로 움직이는 인터랙션을 가지고 있다. 이것은 가운데 마름모를 그릴 때 사용했던 두 개의 사각형의 y 좌표를 이동함으로써 만들 수 있다.

일은 배신하지 않는다

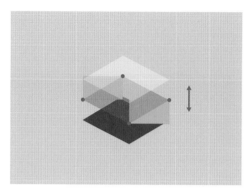

그림 2-4

User-initiated Change

마우스로 이동시킬 수 있는 반투명한 원을 향해 나선형의 라인들이 그려진 섹션이다. 나선의 형태는 벡터를 사용한 수학적 계산이 요구되므로 조금 더 쉬운 설명을 위해 직선을 예로 들었다.

User-initiated Change

우선 수많은 선 중에서 하나만 그려보자. 스테이지에 반투명 원과 핑크색 라인이 그려질 좌표를 구한다.

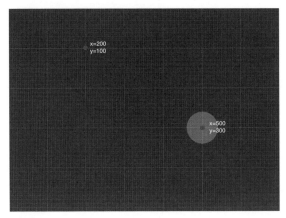

그림 3-1

핑크색 라인이 항상 반투명 원을 향해 있으려면 라인의 회전각을 알아야 한다.

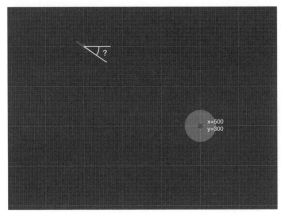

그림 3-2

일은 배신하지 않는다

핑크색 라인과 반투명 원의 좌표에 직각 삼각형을 그려보면 핑크색 라인이 반투명 원을 바라봐야 하는 각도를 삼각함수를 이용해 구할 수 있다. 프로그래밍에서는 이런 부분을 쉽게 계산하기 위한 기능을 제공하는데 JavaScript에서도 Math.atan2(Y, X)를 통해 각도를 구할 수 있다.

```javascript
var canvas = document.getElementsByTagName('canvas');
var context = canvas.getContext('2d');

var angle = Math.atan2(200, 300);

context.save();
context.translate(200, 100);
context.rotate(angle);
context.beginPath();
context.strokeStyle = '#d24b80';
context.lineWidth = 4;
context.lineCap = 'round';
context.moveTo(-20, 0);
context.lineTo(20, 0);
context.stroke();
context.restore();

context.save();
context.beginPath();
context.fillStyle = 'rgba(255,255,255,0.12)';
context.arc(500, 300, 40, 0, Math.PI * 2, false);
context.fill();
context.restore();
```

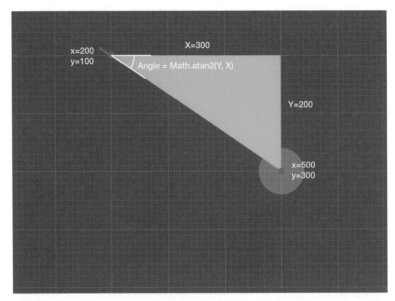

그림 3-3

구해진 각도로 핑크색 라인을 그린다. 이렇게 화면을 채우는 라인을 그리고 마우스의 움직임에 따라 원의 위치와 라인의 회전을 다시 그리면 User-initiated Change의 인터랙션을 만들 수 있다.

```
context.save();
context.beginPath();
context.fillStyle = 'rgba(255,255,255,0.12)';
context.arc(500, 300, 40, 0, Math.PI * 2, false);
context.fill();
context.restore();

for (var i=0; i<6; i++) {
  for (var j=0; j<4; j++) {
    var iv = 100 + j * 100;
    var jv = 100 + j * 100;
    var angle = Math.atan2((jv - 300), (iv - 500));
```

일은 배신하지 않는다

```
    context. save();
    context.translate(iv, jv);
    context.rotate(angle);
    context.beginPath();
    context.strokeStyle = '#d24b80';
    context.lineWidth = 4;
    context.lineCap = 'round';
    context.moveTo(-20, 0);
    context.lineTo(20, 0);
    context.stroke();
    context.restore();
  }
}
```

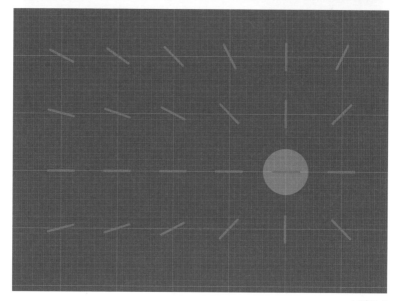

그림 3-4

Tangible Surfaces

하얀색 사각형의 위치와 크기를 조절할 수 있고 노란색 공이 사각형에 반사되어 움직이는 섹션이다.

Tangible Surfaces

먼저 흰색 사각형과 노란색 원을 스테이지에 그린다.

```
var canvas = document.getElementsByTagName('canvas');
var context = canvas.getContext('2d');

context.fillStyle = '#ffffff';
context.fillRect(200, 100, 300, 200);

context.beginPath();
context.fillStyle = '#fcb447';
context.arc(350, 400, 30, 0, Math.PI * 2, false);
context.fill();
```

일은 배신하지 않는다

그림 4-1

노란색 원을 움직이게 하기 위해선 애니메이션에 대해 이해를 해야 한다. 화면에 물체가 움직이게 보이려면 매초 몇십 장의 그림을 연속적으로 그려야 한다. 이 초당 그려질 화면의 수를 FPS(Frame per Second)라고 하며 1초에 그려지는 프레임의 수가 많을수록 부드러운 애니메이션을 볼 수 있다.

1초에 화면을 여러 번 그리려면 일정한 간격으로 함수를 반복적으로 호출해야 한다. 예를 들어 부드러운 움직임을 위해 60FPS로 애니메이션을 만든다면 1초에 드로잉 함수가 60번 실행된다는 뜻이다. 일정 간격으로 함수를 호출하는 데는 여러 가지 방법이 있지만, HTML5의 requestAnimationFrame 함수를 사용하여 퍼포먼스를 높일 수 있다.

노란 원의 좌표에 스피드로 설정한 vx와 vy 값을 더해주면 프레임마다 노란 원의 좌표가 달라진다. 이것을 연속된 화면으로 보면 이동하는 노란 원을 볼 수 있다.

```
var _ball = {};
_ball.x = 350;
_ball.y = 400;
_ball.vx = -8;
_ball.vy = -8;
_ball.radius = 30;

requestAnimationFrame(animate);


function animate() {
  requestAnimationFrame(animate);

  context.clearRect(0, 0, stageWidth, stageHeight);

  context.fillStyle = '#ffffff';
  context.fillRect(200, 100, 300, 200);

  _ball.y += _ball.vy;
  _ball.x += _ball.vx;

  context.beginPath();
  context.fillStyle = '#fcb447';
  context.arc(_ball.x, _ball.y, _ball.radius, 0, Math.PI * 2, false);
  context.fill();
}
```

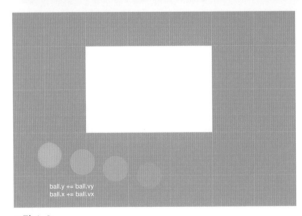

그림 4-2

일은 배신하지 않는다

화면에 안에서만 움직이는 노란 원을 만들려면 프레임마다 노란색
원의 좌표를 검사해 스테이지 영역을 벗어나면 vx나 vy 값에 −1을 곱
해줘서 진행 방향을 바꾸면 된다.

```
var _ball = {};
_ball.x = 350;
_ball.y = 400;
_ball.vx = -8;
_ball.vy = -8;
_ball.radius = 30;

requestAnimationFrame(animate);

function animate() {
  requestAnimationFrame(animate);

  context.clearRect(0, 0, stageWidth, stageHeight);

  context.fillStyle = '#ffffff';
  context.fillRect(200, 100, 300, 200);

  if(_ball.y + _ball.radius > stageHeight) {
    _ball.vy *= -1;
  }
  if(_ball.y - _ball.radius < 0) {
    _ball.vy *= -1;
  }
  if(_ball.x + _ball.radius > stageWidth) {
    _ball.vx *= -1;
  }
  if(_ball.x - _ball.radius < 0) {
    _ball.vx *= -1;
  }

  _ball.y += _ball.vy;
  _ball.x += _ball.vx;

  context.beginPath();
  context.fillStyle = '#fcb447';
  context.arc(_ball.x, _ball.y, _ball.radius, 0, Math.PI * 2, false);
  context.fill();
}
```

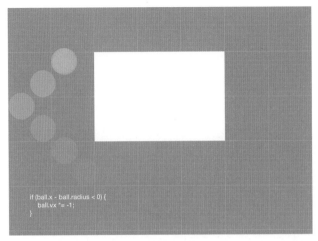

```
if (ball.x - ball.radius < 0) {
    ball.vx *= -1;
}
```

그림 4-3

흰색 사각형의 좌표도 같은 방법으로 검사해 반동하는 노란 원의

인터랙션을 만들 수 있다.

```
if (ball.y - ball.radius < box.y + box.height) {
    ball.vy *= -1;
}
```

그림 4-4

일은 배신하지 않는다

Emphasize Actions

마우스를 클릭하면 화면의 노란색 원이 반으로 쪼개지며 튕기는 애니메이션을 볼 수 있는 섹션이다.

Emphasize Actions

화면의 가운데 일정한 반지름을 가진 노란색 원을 그린다.

```
var canvas = document.getElementsByTagName('canvas');
var context = canvas.getContext('2d');

context.beginPath();
context.fillStyle = '#fcb447'
context.arc(350, 250, 150, 0, Math.PI * 2, false);
context.fill();
```

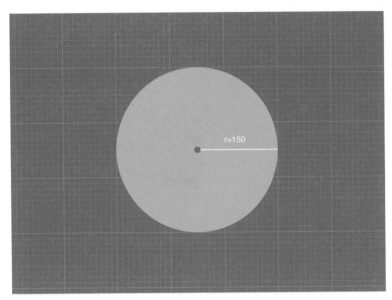

그림 5-1

마우스가 노란 원을 클릭하면 절반의 크기에 해당하는 원을 두 개
그린다.

```
var _ball1 = {};
_ball1.x = 350;
_ball1.y = 250;
_ball1.vx = 8;
_ball1.vy = 8;
_ball1.radius = 75;

var _ball2 = {};
_ball2.x = 350;
_ball2.y = 250;
_ball2.vx = 8;
_ball2.vy = 8;
_ball2.radius = 75;
```

일은 배신하지 않는다

```
function animate() {
  requestAnimationFrame(animate);

  context.clearRect(0, 0, stageWidth, stageHeight);

  context.fillStyle = '#fcb447';

  context.beginPath();
  context.arc(_ball1.x, _ball1.y, _ball1.radius, 0, Math.PI * 2, false);
  context.fill();

  context.beginPath();
  context.arc(_ball2.x, _ball2.y, _ball2.radius, 0, Math.PI * 2, false);
  context.fill();
}
```

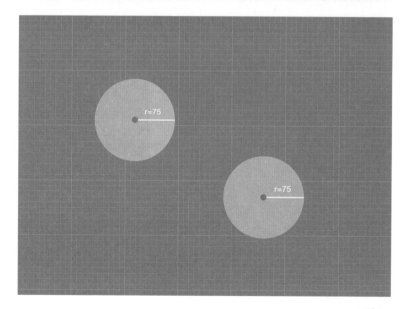

그림 5-2

그려진 두 개의 원의 좌표를 검사해 반동하는 인터랙션을 만들 수 있다. 두 개의 원이 겹치는지 알려면 원의 좌표와 반지름의 크기로 두 원의 거리를 검사한다. 두 원의 거리가 원의 반지름을 두 개 더한 값인, 원의 지름값보다 작다면 겹쳐진 상태다. 두 원의 좌표를 기준으로 직각 삼각형을 그려서 피타고라스의 정리로 원과 원의 거리를 구할 수 있다. 이때도 역시 편하게 사용하기 위해 JavaScript의 내장 함수인 Math.sqrt를 사용해서 직각 삼각형의 빗변을 구할 수 있다.

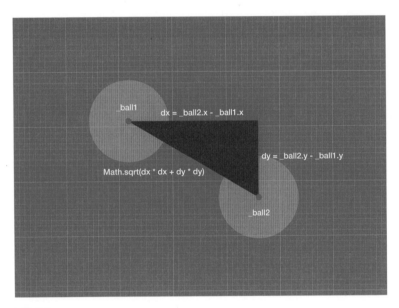

그림 5-3

일은 배신하지 않는다

에피소드

매터리얼 인터랙션 사이트는 한동안 인터넷에서 회자되었는데, 구글의 공식 디자인 트위터와 Manual의 트위터에 소개되기도 했다. 특히 Manual은 "우리가 한 디자인에 Jongmin Kim이 인터랙션으로 생명을 불어넣었다."라고 평가했다.

　산단한 구조의 웹사이트라서 라이브러리를 거의 쓰지 않았는데 심지어 jQuery도 사용하지 않았다. 많은 사람이 내가 완료한 작업물들을 어떻게 만들었는지 궁금해한다. 구글 동료들도 라이브러리나 프레임워크를 사용하지 않고 디자인에 맞춰 퍼포먼스에 최적화된 코드를 작성하는 나의 작업 방식을 배우고 싶다며 강의를 부탁하기도 한다. 이번 책이 나의 디자인에 대한 이야기였다면 기약할 순 없지만, 다음 책은 개발 부분에 집중해서 코드로 만드는 애니메이션에 대한 글을 써 볼까 한다.

CHAPTER 06

실리콘밸리의 구글러

구글에서 온
메일

개인 프로젝트를 론칭할 때마다 많은 회사로부터 연락을 받았다. 주로 인터뷰 제의나 프로젝트 의뢰들이었는데 유명한 회사로는 구글, 애플, 페이스북, 우버, 드롭박스, 넷플릭스, 삼성, 아마존, 마이크로 소프트, 어도비 등이 있었다. IT업계의 내로라하는 많은 회사로부터 연락을 받았다는 사실은 상당히 고무적인데 인터랙티브 디벨로퍼의 역할이 그만큼 중요해졌다는 것을 의미한다.

평소 특별히 관심이 있었던 A사와 구글에 본격적으로 인터뷰를 보았다. 두 회사의 인터뷰 경험이 극과 극이어서 기억에 많이 남는다. 두 회사 모두 HTML5를 사용하는 풀타임 인터랙티브 디벨로퍼의 포지션이었으며, 리크루터(Recruiter)가 아닌 팀의 매니저가 내 작업을 보고 연락을 한 경우였다. 차이점이라고 하면 리크루터의 주요 업무 중 하나가 면접 제의이기 때문에 리크루터에게 연락이 온 경우는 합격할 확률이 높지 않지만, 팀 내의 매니저에게 직접 연락을 받는 경우엔 해

일은 배신하지 않는다

당 팀에서 내 작업을 인상 깊게 보았다는 증거이므로 좀 더 합격의 확률이 높은 편이라고 할 수 있다. 이 인터뷰 경험은 지극히 개인적인 경험으로 어느 회사가 좋다, 혹은 나쁘다고 말하고 싶은 것이 아님을 미리 밝혀둔다.

A사에서 온 메일

먼저 연락이 온건 A사였다. 와이프와 맨해튼의 한 식당에서 점심을 먹고 나오는 길에 이메일을 받았다. 본인을 개발팀의 매니저라고 소개하며 원래 이런 메일을 잘 보내지 않지만, 나의 작품에 감탄했고 자신의 팀에 오지 않겠느냐는 내용이었다. A사라는 선망의 기업에서 온 이메일에 식당에서 나오는 엘리베이터에서 와이프와 둘이 껴안고 좋아했던 기억이 있다.

하지만 기대했던 A사와의 인터뷰는 처음부터 삐걱댔었는데 우선 인터뷰를 담당하는 리크루터의 일 처리 방식이 나와 맞지 않았다. 예를 들면 전화 인터뷰 날짜를 잡은 뒤 리크루터에게 "내가 뭘 준비하면 되느냐?"고 물어보니, 리크루터는 "너와 인터뷰를 할 사람은 굉장히 좋은 사람이야. 아무것도 준비할 필요 없어. 그냥 즐거운 통화가 될 거야."라고 말했다. 그 말만 듣곤 '전화 인터뷰가 아니라 간단한 사전 확인 같은 건가 보다.'라고 생각을 했고 가벼운 마음으로 전화를 기다렸다.

A사가 있는 캘리포니아와 뉴욕의 시차 관계로 전화 인터뷰는 퇴근 후 저녁 시간에 진행되었다. 인터뷰어는 간단하게 자기소개를 물은 후 갑자기 코딩테스트를 시작했다. 간단한 인터뷰를 생각했던 나는 전혀 생각지 못한 상황에 급하게 노트북을 켠 뒤 당황한 나머지 한 손엔 폰을 들고 또 다른 한 손으로만 타이핑을 시작했다. 만약 미리 알았다면 헤드폰을 준비했을 텐데 이미 그럴 정신이 없었다. 예상치 못한 상황에 멘붕이 시작됐고 그 후엔 인터뷰어의 영어도 잘 들리지 않았다.

그리고 전체적인 작업 프로세스나 유저 인터랙션에 대한 질문들보다는 CSS와 JavaScript의 속성, 개발 언어의 문법 등 인터넷에 검색하면 나올 법한 질문들을 하기 시작했다. 평소 특정 언어의 기능이나 문법보단 구조를 설계하는 능력, 퍼포먼스를 높이는 방법, 모션이나 인터랙션 등의 디테일 등을 더 중요하게 생각했었기에 질문에 제대로 답할 수 없었다. 인터뷰가 끝날 때쯤엔 A사와 본인의 팀이 얼마나 대단한지에 대한 자랑 같은 이야기를 시작했는데 이때는 이 힘든 순간이 어서 빨리 끝났으면 좋겠다는 생각만 가득했다.

인터뷰가 끝나고 며칠 뒤 본인 부서보다 다른 부서에서 관심 있어 하니 연결해주겠다는 연락을 받았다. 내가 원해서 인터뷰를 본 것도 아닌데 멀쩡히 일을 잘하고 있는 사람에게 바람을 넣고는 자기들 마음대로 부족한 사람이라는 평가를 하는 것 같아 기분이 좋지 않았다. A사의 경우 다른 4개의 팀에서 동시에 연락을 받았는데, 리크루터는 잡 오퍼가 왔던 다른 세팀과의 인터뷰를 진행하자고 이야기했지만,

일은 배신하지 않는다

이미 마음이 상한 상태라 답장도 하지 않았다.

후에 나의 팬이라고 연락 온 A사의 디자이너인 켄에게 초대받아 A사 본사에서 점심을 같이 먹은 적이 있다. 자기 팀으로 들어오라는 켄의 말에 이때의 인터뷰 경험을 이야기했더니 본인이 더 미안해하면서 A사에는 많은 사람이 있고 모두가 그런 건 아니니 너무 좋지 않게 생각하지 말아 달라고 이야기했다.

그 당시엔 기분이 상했었지만, 지금 생각하면 단지 나와 맞지 않는 팀이었다는 생각이 든다. 항상 생각하는 것이지만 세상에는 다양한 사람이 있다. A사의 인터뷰어처럼 개발 언어의 문법이나 기능을 중요하게 생각하는 사람도 있다. 그런 사람이 틀린 것이 아니다. 다만 나와 생각하는 방향이 다른 것이다. 이번 인터뷰를 통해 인터뷰어와 내 생각이 얼마나 일치하느냐도 중요하다는 것을 깨달았다.

구글에서 온 메일

A사의 인터뷰가 끝나고 며칠 후 지금의 나의 매니저인 알렉스에게서 구글에서 같이 일하고 싶다는 연락이 왔다. A사와의 인터뷰하며 마음 상했던 경험이 있었기에 나는 알렉스에게 "네가 만약 (JavaScript의 모든 속성을 외우는) JavaScript 천재를 찾는다면 나 말고 딴사람을 찾아라."라는, 지금 생각해보면 굉장히 무례한 답장을 보냈다. 다행히 알렉스는 나의 무례함에도 "우리가 찾는 사람은 JavaScript 천재가 아닌,

너처럼 디자인과 코드를 동시에 이해하고 구글을 위해 유저 인터랙션을 만들어줄 사람이다."라는 상당히 젠틀한 답장을 보내왔고 그 말에 인터뷰를 보기로 했다.

A사는 개인 대 개인의 스케줄만으로 진행되는 것에서 알 수 있듯이 굉장히 빠른 시간에 인터뷰가 진행됐던 반면에, 구글의 인터뷰 절차는 길고 지루하기까지 했다. 나의 경우에는 전화 인터뷰 한 번과 직접 만나서 하는 온 사이트 인터뷰(On-Site Interview) 한 번의 짧은 프로세스였는데도 10개월 정도가 걸렸다. 기나긴 스케줄 조정과 기다림 끝에 첫 전화 인터뷰를 했다. A사 때의 경험을 바탕으로 미리 헤드폰을 준비했다. 약 40분 동안 진행된 전화 인터뷰에선 A사 때와는 다르게 내 작업과 디자인에 대한 생각, 개발 프로세스에 대한 질문이 주를 이뤘다.

전화 인터뷰를 무사히 끝내고 얼마 뒤 온 사이트 인터뷰를 하자는 연락을 받았다. 온 사이트 인터뷰를 보름 정도 남겨두고 어릴 때부터

문제의 스케이트보드와 손의 상처

타보고 싶었던 스케이트보드를 연습하다가 넘어져서 크게 다쳤다. 다행히 얼굴엔 상처가 없었지만, 한쪽 팔의 상처는 인터뷰 때까지 낫지 않을 것 같았다. 인생은 참 재미있는 것이 분명 좋지 않은 일인데 그게 나중에 좋은 일이 될 때가 있다. 이때는 이 스케이트보드의 상처가 온사이트 인터뷰에서 유용하게 쓰이리라고는 상상도 하지 못했다.

인터뷰 날이 다가왔을 때 엎친 데 덮친 격으로 감기에 심하게 걸렸다. 캘리포니아로 가는 비행기에서도 계속 기침이 멈추지 않을 정도

구글 온 사이트 인터뷰 때

로 상태가 좋지 않았다. 인터뷰 당일까지 인터뷰에 대한 걱정보다는 기침이 멈추기만을 바랐다. 인터뷰 날 아침 기침약을 복용하고 구글로 향했다. 기침약 덕분인지 크게 긴장되지는 않았다. 한 시간 일찍 도착해서 따사로운 캘리포니아의 아침 햇살을 맞으며 야외테이블에 앉았다. 회사 식당에서 아침 식사를 들고나오는 여유로운 모습의 구글 직원들을 보며 나도 저들과 같이 일할 수 있으면 좋겠다는 생각을 했다.

인터뷰 시간이 되어 리크루터를 만났다. 방문자용 출입증을 받고 인터뷰용 회의실로 들어갔다. 구글의 온 사이트 인터뷰는 아침부터 시작해 점심을 먹고 오후 늦게 끝나는 강행군이다. 온종일 여러 사람을 대상으로 인터뷰를 진행하는 것인데 오후 3시쯤 되면 내가 무슨 말을 하는지도 모를 정도로 피곤해진다. 회의실에서 조금 기다리니 5명이 들어왔다. 인터랙티브 디벨로퍼는 디자인과 코드를 동시에 하는 특성상 인터뷰어의 절반은 디자이너로 디자인 질문을, 나머지 절반은 개발자로 개발 질문을 담당했다.

처음은 내 작업을 인터뷰어들에게 프레젠테이션하는 시간이었다. 한국어로도 프레젠테이션을 해본 적이 없었는데, 생애 첫 프레젠테이션을 영어로 진행하게 되었다. 구글에서 내준 과제와 포트폴리오 사이트, 그리고 개인 작업인 Form Follows Function을 주제로 잡았다. 주로 어떤 의도로 만들었는지, 내가 가지고 있는 생각은 무엇인지에 대한 발표였다. 프레젠테이션은 듣는 사람들의 흥미를 끌어야 한다는 생각에 중간중간 개그요소를 넣었는데 정확히 의도한 부분에서 빵 터

일은 배신하지 않는다

지기도 했다. 인터뷰어들의 질문에 답하며 화기애애한 분위기에서 프레젠테이션을 마쳤다. 의도하지 않았지만, 질문에 답하는 시간까지 더해져서 예정된 시간 정각에 프레젠테이션을 끝냈다. 한 인터뷰어는 내용도 좋았지만, 시간까지 퍼펙트하다며 'Great Presentation'이었다고 칭찬했다.

그다음은 1:1 혹은 1:2 인터뷰를 하는 시간이었다. 개발자와 인터뷰를 할 때 인터뷰어가 화이트보드에 문제를 냈다. 유명한 구글의 '화이트보드 인터뷰'였다. 주로 개발을 할 때 닥치는 문제를 어떻게 해결할 것인가에 대한 질문이었다. 정해진 답이 있다기보단 해결하는 과정을 보는 것인데 인터뷰어가 문제를 제시하면 내가 해결책을 생각해서 코드로 적고 설명하고, 다시 그에 대한 다른 문제를 제시하는 반복이었다. 문제를 풀다 보니 재미있어서 제시한 해답 외에 다른 각도로 해결하는 방법들도 신나게 설명했다. 인터뷰어와 더 나은 방법에 관해 토론도 하며 좋은 분위기에서 인터뷰를 진행했다.

디자이너들과의 인터뷰는 디자인에 대한 좀 더 폭넓은 내용을 주고받았다. 한번은 질문이 있으면 하라고 하기에 인터뷰가 왜 이렇게 많으냐고 물어봤다. 그랬더니 많은 사람이 지원을 하고 그래서 본인들도 인터뷰를 정말 많이 본다고 말했다. 하지만 실제로 뽑히는 사람은 1% 정도라고 얘기했는데 이 말에 약간 걱정이 되기도 했다.

인터뷰어의 질문 중에 너의 장점이 뭐냐는 질문이 있었다. 이때 나는 새로운 것을 배우기를 좋아하고 배우는 속도가 빠르다고 대답했다. 그에 인터뷰어는 가장 최근에 배운 것이 뭐냐고 물었다. 막상 생각이 안 났는데 손에 상처가 보였다. '이게 이렇게 쓰이다니!', 스케이트보드라고 대답했다. 인터뷰어는 본인도 관심이 있는데 어떠냐고 물어봤다. 손에 상처를 보여주며 처음엔 이렇게 된다고 얘기하며 같이 웃었다. 덕분에 인터뷰 분위기가 더욱 좋아졌다.

마지막 인터뷰 땐 기침약의 약효가 떨어졌는지 기침이 심하게 났다. 대답을 하지 못할 정도였는데 거의 질문이 끝날 때쯤이어서 그나마 다행이었다. 기침을 심하게 했지만 망친 것 같진 않았다. 내 생각을 확실히 말했고 분위기도 매우 좋았다. 길었던 인터뷰가 끝나고 집에 오는 길에 '어쨌든 시간은 흐른다.'라는 생각이 들었다.

새로운 도전

뉴욕으로 돌아온 후 며칠이 지났을 때였다. 밤 12시 정도에 잠깐 잠이 들었는데 와이프가 날 깨우더니 구글에서 메일이 왔다고 말했다. 리크루터가 나에게 업데이트 소식이 있으니 내일 점심 때 전화해도 되느냐고 묻는 메일이었다. 좋은 소식인지 나쁜 소식인지 물어볼까 하다가 그냥 기다리기로 하고 연락 달라고 답장했다. 그때부터 두근거려서 잠이 오질 않았다. 다음날 밥도 먹지 않고 연락을 기다렸는데 연락이 오지 않았다. '아마도 더 늦어지나 보다.'라고 생각해서 점심을 먹으러 나갔다. 길을 걷고 있는데 구글에서 전화가 왔다. 합격했다는 소식이었다.

일은 배신하지 않는다

많은 사람이 인터뷰 준비를 어떻게 해야 하는지 궁금해한다. 시중에 나와 있는 인터뷰 관련 책만 해도 여러 권이다. 나의 경우엔 특별한 준비를 하지 않았고 다른 사람이 어떻게 했는지도 관심이 없었다. 심지어 리크루터가 보내준 인터뷰 관련 링크조차 읽어보지 않았다. 모두 영어로 되어 있어서 쉽게 읽기가 어려웠고 막상 읽어도 한 달 안에 내가 달라질 것 같지 않아서였다. 그냥 솔직한 내 얘기를 했다. 지금 내가 가진 것을 그대로 보여주는 게 가장 중요하다고 생각했다. 나를 과장해서 보여줘 봤자 같이 일해보면 다 들통나기 마련이다. 준비해간 프레젠테이션도 대단한 게 아니었다. 내가 어떤 생각, 어떤 의도로 작업을 했는지 설명했다. 그래서 인터뷰 준비에 시간이 많이 필요하지 않았고 힘들지도 않았다. 인터뷰 준비가 힘든 이유는 내가 가진 것보다 더 이야기하려고 하기 때문이다.

한 가지 내가 잘했다고 생각하는 점은 인터뷰 때 자신감 있게 이야기를 한 것이다. 내가 구글에 요청해서 인터뷰를 보는 입장이 아닌, 그들이 먼저 나의 작업을 보고 연락해서 인터뷰를 보는 입장이라는 것을 계속 떠올렸다. 즉, 합격시켜주길 바라는 입장에서 쩔쩔매며 굽신거리는 내 모습을 보이기보단, 내가 한 작업을 당당하게 설명하는 것이 더 좋을 것이라는 생각이었다.

2013년 10월, 퍼스트본에서의 마지막 날이 왔다. 그동안 친했던 동료들과 내가 좋아하는 일본식 구이집에서 마지막 저녁을 먹었다. 일을 처음 시작할 때부터 나의 목표이자 꿈의 회사였던 퍼스트본. 한국에서 일할 때 "종민 씨는 앞으로 뭘 하고 싶으세요?"라는 질문에 나는 항상 "실력을 쌓아서 언젠간 퍼스트본에서 일해보고 싶어요."라고 말했었다. 그만큼 퍼스트본은 단지 뉴욕에 있는 회사가 아닌 나에겐 꿈의 회사였다. 뉴욕에서의 3년, 이제 다른 도전을 위해 실리콘밸리로 향했다.

Goodbye, Firstborn.
Hello, Google

퍼스트본 동료들과 마지막 저녁

일은 배신하지 않는다

구글 면접 과정 일기

구글 면접을 진행하는 8개월 동안을 일기로 적었었다. 앞서 면접 과정을 설명했지만 일기가 시간 순으로 정리된 만큼 독자들에게 도움이 될 것 같아 따로 추가했다. 나의 경우엔 8개월이 걸렸지만 보통은 2~3개월 정도 걸린다는 것을 미리 알려주고 싶다.

1월 11일

뉴욕에 온 지 2년째 되는 날, 개인 프로젝트로 Form Follows Function 론칭.

단지 재미로 만든 사이트인데 세계 각국에서 팬레터와 잡 오퍼를 받았다.

1월 14일

A사의 D(Development Manager)에게서 잡 오퍼가 옴.

자기는 원래 이런 메일 잘 안 보내지만 나의 작업에 감탄했단다.

폰 인터뷰 날짜를 잡음.

1월 17일

같은 A사의 J(Technical Recruiter)에게서 'Opportunity w/Axxx'란 제목으로 또 다른 잡 오퍼가 옴.

내일 D와 폰 인터뷰가 잡혀 있다고 답장했음.

1월 18일

🕐 7:30 PM EST

D와 폰 인터뷰.

인터뷰하기 전 리쿠르터에게 뭘 준비해야 하느냐고 물었더니, 준비할 것은 전혀 없고 D는 친절한 사람이니 좋은 시간이 될 거라고 리쿠르터가 말해줌.

하지만 간단한 인터뷰라더니 이것저것 다 물어보고 코딩 테스트까지 시킴.

넋 놓고 있다가 당한 꼴.

혹시나 해서 준비했던 노트북으로 코딩 테스트 시작.

안 들리는 영어에 한 손으로 폰을 들고, 또 다른 한 손으로 코딩 테스트를 타이핑하려니 힘들더라.

지금 한다면 헤드폰을 준비할 텐데 그땐 몰랐다(덕분에 구글 폰 인터뷰 땐 헤드폰을 준비했다.).

1시간이 조금 넘게 통화.

집중력도 떨어지고, 너무 힘들어서 나중에는 그냥 끊고 싶었다.

인터뷰 후 해당 팀은 자바 스크립터를 원하고 있었고, 나는 인터랙티

일은 배신하지 않는다

브 디벨로퍼 자리를 원했던 거라 붙어도 가지 않겠다고 다짐.

1월 23일

구글 본사의 Alex(UX Lead)로부터 'Hello from Google'이란 제목의 잡 오퍼 메일이 옴.

A사와의 인터뷰를 마친 후 빡쳐 있던 상태라, 자바스크립트/HTML 천재를 원한다면 다른 사람을 알아보란 식으로 답장했음.

Alex는 자바스크립트/HTML 천재가 아닌 디자인과 코드를 모두 이해하는, 너 같은 사람을 찾고 있다고 함.

1월 30일

A사의 C(Senior Recruiter)에게서 'Axxx – Networking request'란 제목으로 잡 오퍼가 옴.

내 작업의 빅팬이고 나와 잡 오퍼에 대해 더 이야기하고 싶다고 함.

이제 A사라면 지긋지긋해서, 답장도 하지 않았다.

1월 30일

🕐 05:30 PM PST

Alex와 처음 통화.

나에 대해 소개하고, 내가 구글에서 하게 될 일을 소개받음.

30분 정도 이야기했는데, 즐거웠던 통화로 기억한다.

2월 15일

🕐 06:00 PM EST

구글의 Tony(UX Staffing)와 전화 인터뷰.

인터뷰라기보단 15분 정도의 짧은 자기소개.

전화를 끊고 나서 레쥬메와 하이퀄리티 포폴 스크린샷을 보내달라는

요청을 받음.

3월 22일

A사의 M(Designer and Prototyper)에게서 'design/prototyping at

Axxxx'이란 제목으로 잡 오퍼가 옴.

A사에서 온 4번째 잡 오퍼다.

인터페이스 디자이너에 대한 설명과 함께 나의 인터랙티브함을 높이

산다고 한다.

자바스크립트가 아닌 인터랙티브 작업을 하는 것이라는 말에 폰 인터

뷰 약속을 잡음.

A사에 워낙 실망해서 큰 기대도 하지 않았고, 별다른 준비도 안 했다.

3월 26일

🕐 08:00 PM EST

A사의 M과 폰 인터뷰.

긴장도 없고 준비도 안 했고, 침대에 누워서 전화를 받음.

내 작업을 소개해달라기에 FFF는 이미 봤겠지라는 생각에 데스크를

일은 배신하지 않는다

소개해줌.

모바일 작업은 RBT를 소개했는데, 뉴욕 뉴비인 내가 사람들을 도왔다는 스토리에 감동할 줄 알았는데 의외로 반응이 시큰둥함.

교훈을 주는 작업보단 퀄리티가 좋은 작업을 소개하는 게 낫다는 것을 배움(나중에 구글 폰 인터뷰 때 유용했다.).

4월 16일

B사의 L(Recruiting)에게서 잡 오퍼가 옴.

리쿠르터에게 온 메일은 기대를 하지 않는 것이 좋다.

리쿠르터가 하는 일이 사람들에게 잡 오퍼 메일 보내는 일이니까.

5월 1일

🕐 08:45 PM EST

B사와 전화 인터뷰.

B사에는 미안하지만 구글 폰 인터뷰에 연습이라는 생각으로 함.

6월 24일

🕐 01:00 PM PST

기나긴 인터뷰 딜레이 끝에 드디어 구글과 폰 인터뷰.

구글 유튜브 디자이너였는데, 이름은 기억이 나지 않는다.

우선 내 포트폴리오 사이트를 보며 중요 작업 몇 개를 소개.

내 작업을 소개할 때마다 '아, 나 그거 봤어', '아 저거 정말 멋있더라'

하고 감탄을 연발.

내 작업의 팬이라고, 그래서 인터뷰 분위기도 좋았던 듯함.

30~40분 정도의 전화 인터뷰였다.

7월 2일

Alison(Staffing)로부터 다음 단계인 Design Exercise(과제 같은 것)를 받음.

그리고 출산휴가에서 돌아온 Carrie(Staffing)를 소개해줌.

그녀가 출산휴가 기간에 자기가 대신해서 일을 했다고⋯ 그래서 그렇게 인터뷰가 지연되었나 보다.

이제부터 내 담당은 Carrie다.

7월 7일

Design Exercise를 만들어야 하는데, 이상하게 일이 손에 안 잡히더니 마감을 이틀 남기고 완성.

7월 12일

구글에서 온사이트 인터뷰를 하자는 메일이 옴.

고민하다가 8월 12일에 하기로 함.

회사에는 월, 화, 수(12, 13, 14) 휴가를 냄.

이때 심한 감기에 걸려서 목요일(15일)까지 쉬었다.

일은 배신하지 않는다

7월 17일

온사이트 인터뷰 일정이 잡혔다는 메일이 왔다.

비밀 유지 협약서 등 몇 가지 문서도 함께 와서 정보를 기입한 후 발송.

7월 18일

메일을 잘 읽어보지 않고 넋 놓고 있다가 비행기 표와 호텔 예약에 대한 말이 없길래 물어보니 업체에 문의하라고 메일에 적혀 있었단다.

구글 직원이 처리하는 것이 아닌 그런 것만 전문으로 하는 대행사가 있었다.

전화해서 와이프가 타고 갈 비행기와 같은 비행기로 예매.

7월 25일

아침에 스케이트보드로 출근하다가 내리막에서 넘어졌다.

턱과 손, 무릎이 다 까졌다.

인터뷰를 하기 전에는 나아야 할 텐데.

8월 5일

감기가 심하게 걸렸다.

목이 다 잠겼고, 몸이 너무 아팠다.

처음엔 기침이 별로 안 나더니 나중엔 기침이 너무 심해졌다.

인터뷰가 걱정되어 병원을 두 번이나 갔지만 효과는 별로 없었다.

8월 9일

구글의 Maira(Recruiting Coordinator)가 호텔을 HOTEL AVANTE 에서 The Palo Alto Four Seasons로 업그레이드시켜줌.

왜 업그레이드해줬는지는 아직도 모르지만 덕분에 좋은 호텔에서 묵었다.

8월 11일

와이프와 함께 캘리포니아로 출발.

비행기에서도 계속 기침이 심했다.

다음 날이 인터뷰인데 긴장도 별로 안 되고, 다만 기침이 멈추기만 바랐다.

8월 12일

🕐 10:00 AM ~ 3:45 PM PST

대망의 인터뷰 날.

아침에 호텔에 부탁해서 콜택시를 타고 구글 본사로 출발.

10시까지인데 9시 10분 정도에 도착했다.

너무 일찍 도착해서 야외 테이블에 30분 정도 앉아서 광합성을 했다.

당일에도 긴장은 별로 안 됐었고, 그냥 빨리 3시가 넘었으면 좋겠다고 생각했다.

9시 40분쯤에 로비로 들어가 인터뷰 잡혀 있다고 얘기하고 소파에서 Carrie를 기다렸다.

일은 배신하지 않는다

기다리는 중에 미국인 인도인 두 명이 같은 소파에 앉았는데 둘 다 인 터뷰 보러 왔다고 한다.

이것저것 이야기하다가 인터뷰 시간이 돼서 굿럭이라고 인사하며 헤 어졌다.

🕐 10:00 AM ~ 11:00 AM

방문자용 출입증을 받고 Carrie를 따라 회의실로 들어갔다.

조금 기다리니 5명이 들어왔는데, 개발자 2명과 디자이너 3명이었다.

처음은 내가 준비한 프로젝트와 프로토타입 과제 프레젠테이션.

한국어로도 프레젠테이션 해본 적이 없는데, 생에 첫 프레젠테이션을 영어로 하다니.

프레젠테이션 준비할 때 개발 부분보단 디자인 부분/어떻게 영감을 얻었나 하는 부분에 초점을 맞췄는데, 디자이너가 많아서 그 부분이 먹혀들었다.

중간중간 개그 요소도 섞었는데, 원하는 방향에서 빵 터지기까지 했다.

프레젠테이션 중간중간에 질문을 받으며 좋은 분위기에서 11시 정각 에 마쳤다.

프레젠테이션 시간까지 퍼펙트하다며 'Great Presentation'이었다고 칭찬받았다.

🕐 11:00 AM ~ 11:45 AM

10분 정도 화장실을 다녀오고 휴식을 취한 뒤 개발자와 1:1 인터뷰 시작.

이것저것 기본 질문을 한 뒤 보드에 문제를 냈다. 이것이 구글의 유명한 화이트보드 인터뷰구나.

그다지 어려운 문제는 아니어서 쉽게 대답했다.

설명이 끝나자 내가 적은 코드를 사진으로 남기겠다고 사진을 찍음.

두 번째 문제는 서버와 프런트엔드 간의 오류에 대한 문제였는데, 역시 쉽게 대답했다.

대답이 끝나자 정답이라며 좋아함.

그것 외에 UI적으로 해결하는 방법 등이 있다고 신나서 설명했더니 그쪽도 좋아하더라.

같이 재미있게 토론한 느낌이 듦.

인터뷰어가 내 작업의 팬이고, 본인도 옛날엔 플래시 디벨로퍼였다면서 나를 엄청 좋게 봤다.

내가 마지막에 다음과 같은 말을 했다. "내가 예전에 플래시 디벨로퍼였을 때도 구글에서 일하면 어떨까 상상했었지만 구글은 플래시 디벨로퍼를 안 뽑아서 엄두도 내지 못했는데, 지금 이렇게 인터뷰를 하고 있다. 참 인생은 재미있다. 앞날을 알 수 없으니까."

🕐 11:45 AM ~ 12:30 PM

디자인 디렉터와 1:1 인터뷰

주로 내가 어떤 프로세서로 일하는지 궁금해했음.

보드에 적어가며 설명.

대학은 왜 그만뒀는지도 물어봄.

그냥 자신 있어서 그만뒀다고 대답함.

기억에 남는 것은 '5년 뒤 너는 어떤 모습일 거냐?'라는 질문.

내 대답은 다음과 같았다. "그건 쉬운 질문이다. 나는 내일을 너무 사랑하고, 한국에서 여기 온 가장 큰 이유 / 대학을 그만둔 가장 큰 이유가 나이 들어서도 계속 내 일을 하는 장인이 되고 싶었기 때문이다."

관리자가 되고 싶지 않고 작업자로 남고 싶다고 대답.

그랬더니 본인도 나이가 많지만 계속 작업을 한다며 내 말에 깊은 공감을 표함.

여기서 느낌이 좋았다.

🕐 12:30 PM ~ 1:30 PM

점심엔 나랑 같이 밥 먹어주는 구글 직원 한 분이 나를 식당으로 안내.

자기는 구글 서치 디자이너이고 애기 엄마라고 했고, 밥 먹으면서 하는 이야기는 평가에 안 들어가니 편하게 질문하란다.

구글에 대해 이것저것 물어보니, 본인의 삶을 가질 수 있어서 만족한다고.

식당의 밥은 그냥 평범했다.

식사를 마치고 시간이 남아서 구글을 둘러보며 사진을 찍음.

내가 너는 첫 인터뷰 때 어땠냐고 질문하니, 본인 프레젠테이션 때 모두가 무표정한 얼굴로 뭔가를 쓰고만 있었다고.

'거기에 비하면 나는 프레젠테이션은 잘 봤구나'라고 생각했다.

기침이 좀 심해져서 약이 있느냐고 물었더니 복도에 비치된 약상자에서 cough candy를 받았다.

🕐 1:30 PM ~ 2:15 PM

디자인 디렉터와 1:1 인터뷰

영감을 얻는 방법에 대해 자세하게 토론함.

질문 시간에 아까 프레젠테이션 때 황금비율 이야기에 웃었는데 왜 그랬느냐고 질문함.

본인은 황금비율을 별로 안 좋아하며, 랜덤으로 그린 그림에도 황금비가 나왔었던 일화를 이야기해줌.

인터뷰가 왜 이렇게 많냐고 질문하니, 본인들도 인터뷰를 정말 많이 본다고 함.

어떤 사람은 인터뷰 미팅이 있는 날이 1주일에 4일씩이나 될 정도.

하지만 실제로 뽑히는 사람은 1%뿐이라고 말했다.

이때 약간 걱정이 되었다.

🕐 2:15 PM ~ 3:00 PM

개발자와 디자이너, 두 명과 인터뷰.

디자이너는 모든 게 만족스러운 표정으로 듣고 있었고, 주로 개발 인터뷰였다.

문제 중에 CSS에 관한 질문이 있었는데, 도저히 생각나지 않아 그냥 자바스크립트로 해결하는 방법을 대답함.

문제들의 특징이 정답을 맞히는 게 중요하다기보단 문제 해결 능력을

일은 배신하지 않는다

보는 것 같았다.

🕐 3:00 PM ~ 3:45 PM

마지막 인터뷰.

화상으로 한 인터뷰였는데 나에게 가상의 프로젝트 주제를 주고 머릿속에서 만들기 시작.

대답해가면서 인터뷰어가 이상한 점, 추가할 점 등을 요구.

그때그때 생각하며 대답을 하는데, 순발력을 보는 것 같았다.

마지막엔 이 모든 것을 얼마 만에 끝낼 수 있냐고 질문.

잠시 생각해보고 일주일이라고 대답했는데, 대답하고 나서야 처음에 일주일 기한의 프로젝트라는 전제가 떠오름.

일주일이라고 대답하길 잘했다고 생각했다.

나의 장점으로 배우는 게 빠르다고 했더니 최근엔 뭘 배웠느냐고 물어봄.

막상 대답이 생각이 안 났는데, 손에 난 상처가 보였다.

스케이트보드라고 대답.

어떠냐고 물어보길래 손에 난 상처를 보여주며 같이 웃었다.

이게 이렇게 유용하게 쓰일 줄이야.

인터뷰 마지막쯤엔 기침이 너무 심하게 나와 질문에 대한 대답을 한참 후에 했다.

인터뷰가 끝나고 나오니 Alex가 기다리고 있었다.

키가 엄청 큰 백인인데 인사하고 구글을 구석구석 구경시켜줬다.

끝나고 로비에서 불러준 택시를 타고 귀가.

인터뷰 분위기가 좋아서 잘될 거라는 예감이 들었음.

집에 오면서 드는 생각은 '어떻게 하든 시간은 흐른다'였다.

8월 13일

와이프와 함께 캘리포니아 관광을 함.

공항에 갔을 때 기침이 너무 심해져서 공항 병원에서 약을 받음.

약 덕분에 비행기에서 기침이 좀 괜찮아졌었음.

8월 21일

Carrie에게서 레퍼런스 해줄 사람 3명의 연락처를 달라는 메일이 왔다.

고민하다가 회사 동료 3명에게 사정을 설명하고 레퍼런스를 부탁.

이 3명은 나와 오랫동안 일했고, 내 실력을 높이 평가한다고 생각함.

전에 퍼스트본이 그린카드를 미뤘던 사건을 언급하며 회사엔 비밀로

해달라고 부탁했다.

8월 23일

3명에게 레퍼런스 메일이 와서 답장을 줬다고 한다.

모두 흔쾌히 도와줘서 무척 고마웠다.

8월 27일

구글에서 인터뷰 때 쓴 돈 청구하라며 연락이 옴.

일은 배신하지 않는다

8월 30일

밤 12시 정도에 잠깐 잠이 들었는데 와이프가 깨우더니 구글에서 메일이 왔다고 함.

Carrie가 나에 대해 소식이 있으니 내일 두 시에 전화해도 되느냐고 묻는 메일.

좋은 소식인지 나쁜 소식인지 물어볼까 하다가 그냥 기다리기로 하고 1시에 연락을 달라고 답신함.

그때부터 두근거려서 잠이 안 옴.

8월 30일

🕐 1:25 PM EST

Carrie가 1시에는 회의가 있다고 해서 1:00에서 1:30 사이에 연락을 달라고 했는데 1:20분이 되도록 연락이 없었다.

3시 넘어서 연락하려나 보다 하고 점심 먹으러 나감.

뉴욕 거리를 걷는데 구글에서 전화가 옴.

전화를 받으니 내 오퍼가 승인되어서 축하한다고.

연봉과 주식 등을 전화로 설명해줌.

9월 11일

구글에서 백그라운드를 체크하자는 메일이 옴.

대단한 건 아니고 정해진 웹사이트에 로그인해서 내 정보를 기입, 근무 이력/학력 사항 등

비자 업무를 진행하는 변호사 사무실에서 비자 이전 과정을 진행하자는 메일이 옴.

웹사이트에 로그인하면 진행 과정을 볼 수 있게 되어있음.

퍼스트본 하고 진행할 때는 진행 과정을 일일이 변호사한테 물어봤는데, 뭔가 큰 회사는 다르다고 느낌.

비자 진행 변호사가 추천서 1~2장 정도 더 있는 게 좋을 거 같다고 해서, 프랑스에서 일하는 친구인 Sylvain, 영국에 Rob, 회사에 Francis에게 추천서를 써달라고 부탁함.

9월 25일

리로케이션 카운슬러에게서 연락이 옴.

9월 27일

이삿짐 업체에서 연락 옴.

이삿날은 10월 14일로 정하자고 얘기했다.

이삿짐이 어느 정도인지 미리 와서 확인하는 선발대 성격의 moving survey 팀과 다음 주 화요일로 약속 잡음

9월 28일

캘리포니아로 가는 비행기표 예약

일은 배신하지 않는다

9월 30일

저녁에 갑자기 퍼스트본의 CEO인 Dan이 회사 전체 메일로 나한테 수고했다고 말해줌.

그만두는 것이 무언가 실감 난다.

10월 14일

아침 9시부터 12시까지 이삿짐센터가 와서 이삿짐을 보냄.

뉴욕에 있는 호텔에 머물면서 마지막 저녁 식사를 하기 위해 야끼니꾸 웨스트에 감.

10월 15일

08:54 AM 비행기로 샌프란시스코로 출발!

기차를 타고 임시 하우스에 무사히 도착.

11월 11일

구글 첫 출근.

셔틀버스 타고 아침 8시까지 B46으로 가서 오리엔테이션을 받음.

오리엔테이션은 별거 없고 노트북이랑 카드 키 받고 증명사진 찍고 아이디/비번을 생성함.

오리엔테이션 마칠 때쯤 매니저인 Alex가 데리러 옴.

노트북이 신청한 것과 달라서 Alex랑 같이 테크스탑에 가서 다시 신청.

팀에 와서 인사하고 셔틀 타고 집에 옴.

별 일도 안 했는데 길었던 하루.

11월 12일

오전에 Noogler(신입 구글 직원) 오리엔테이션을 했음.

오리엔테이션 마치고 어디로 가야 할지 몰라서 잠시 방황했는데, 오

티 주관했던 사람에게 물어보니 캘린더에 따르라고.

내 캘린더가 이상해서 살펴보니 시간대가 뉴욕으로 되어 있었음.

어쩐지 밤 늦게까지 뭐가 있더라.

시간이 비어서 버스투어에 참가.

버스 타고 가다가 엔지니어들 내리라고 해서 내렸는데, 잘못 내린 듯.

뻘쭘하게 앉아 있다가 처음으로 구글 자전거 타고 내 자리로 돌아옴.

11월 15일

처음엔 모든 것이 낯설었는데, 금요일쯤 되니 적응되는 것 같았음.

사람은 정말 적응의 동물인 듯.

일은 배신하지 않는다

내가
구글에 간
이유

와이프가 내게 말해준 직업에 대한 정의가 있다.

"직업을 고를 땐 다른 사람에게 해를 끼치지 않고 도움이 될 수 있는 직업을 선택해야 한다고 생각해."

나는 이 말을 참 좋아하는데 직업은 자아실현인 동시에 남을 도우며 사회를 발전시키는 원동력이라고 생각하기 때문이다.

왜 대학을 가지 않았느냐라는 질문에 "대학을 가는 이유는 직업을 찾기 위해서인데, 나는 대학에 가지 않아도 직업을 찾을 자신이 있었어요."라고 말한 적이 있다. 그랬더니 "그건 못 배운 사람들이나 하는 생각이죠."라는 반문을 들었다. 아마 그와 나의 직업에 대한 가치관이 달라서 일 것이다. 내가 생각하는 직업은 단순히 먹고 살기 위해 노동력을 제공하고 대가를 받는 것이 아니다. 사람은 누구나 하고 싶은 것이 있다. 좋아하는 일을 하면서 스스로 성장하며 사회에 도움이 되는 것이 직업이라고 생각한다. 예를 들어 대학을 순수한 학문 연구의 장이라고 한다면, 그 학문을 연구하는 것 자체가 내가 생각하는 직업의 개념이다. 내가 하고자 하는 일은 대학 교육이 없어도 잘할 자신이 있었을 뿐이지 특별히 대학이 쓸모없다고 생각하진 않는다.

크리에이티브 필드에서 9년 정도를 일하면서 문득 생각이 들었다.

'지금 내가 하는 일도 너무 재미있고 좋지만, 좀 더 여러 사람에게 도움이 되는 경험을 쌓고 싶다.'

그동안 나는 크리에이티브한 웹사이트를 주로 만들었다. 프로젝트를 의뢰받아 신기술을 적용해서 보기에 멋진 작업들을 만드는 것이다. 이런 작업들의 단점은 생명력이 짧고 타깃이 한정되어 있다는 것이다. 몇 개월 뒤엔 새로 쏟아지는 제품들에 묻혀 사람들에게서 잊혀지고 만다. 물론 단기간에 잊힌다고 해도 크리에이티브한 작업들은 그만의 매력이 있다. 나 역시 그런 작업들을 좋아한다. 하지만 좀 더 오래 많은 사람을 도울 수 있는 작업을 해보고 싶었다. 그런 작업의 경험이 내가 가진 크리에이티브를 더 나은 방향으로 발전시킬 수 있다고 생각했고 아직도 믿고 있다.

그때쯤 구글에서 연락을 받았다. 구글의 소울(Soul)인 구글 웹사이트의 미래 모습을 만드는 일이었다. 전 세계 수십억 명의 사람이 구글 검색을 사용하고 도움을 받는다. 그런 구글 웹사이트를 발전시키는 일이라면 수십억 명의 사람을 돕는 일이라고 생각했다.

플래시 디벨로퍼로 일할 때만 해도 내가 구글에 갈 수 있을 거라고는 생각지 않았다. 구글은 플래시 웹사이트를 만드는 회사가 아니었기 때문이다. 플래시를 사용해 인터랙티브한 웹사이트를 만드는 포지

일은 배신하지 않는다

션은 구글에 필요 없다고 생각했었다. 하지만 내가 플래시 디벨로퍼가 아닌 인터랙티브 디벨로퍼로 성장하기 위해 노력했고 구글이 디자인과 사용자 경험을 중요하게 생각하면서 상황이 바뀌었다. 구글 인터뷰 때 나는 인터뷰어에게 이런 말을 했었다. "내가 예전에 플래시 개발자였을 때 세계 최고의 회사인 구글에 지원해보고 싶었지만, 구글은 플래시 디벨로퍼를 뽑지 않아 엄두도 내지 못했다. 하지만 지금 이렇게 인터뷰를 보고 있다. 인생은 앞날을 알 수 없어서 정말 재미있는 것 같다."

가끔 이런 질문을 받는다.

'프론트엔드 개발과 백엔드 개발 중에서 어떤 걸 할까요? 백엔드 개발이 돈을 더 많이 번다는데…'

지금 유행하는 기술, 돈이 되는 기술은 언젠간 바뀌기 마련이다. 그것보단 정말 본인이 좋아하는 일, 하고 싶은 일을 찾아서 하는 것이 중요하다고 생각한다. 내가 만약 돈이나 유행을 좇아 일을 했다면 지금의 내 모습으로 성장하진 못했을 것이다.

실리콘밸리의
구글러

최고의 회사

구글에서 일한다고 하면 가장 부러운 점은 최고의 근무환경일 것이다. 나 역시 한국에서 구글의 복지에 대한 뉴스를 접할 때면 '부럽다'는 생각과 '과연 저게 진짜일까?'라는 의문을 갖곤 했다. 혹자는 "저런 근무환경을 제공해 주는 이유는 그만큼 집에 가지 말고 회사에서 먹고 자고 일해야 하며 못하면 바로 잘리는 곳이기 때문"이라고 이야기하기도 한다. 구글의 근무환경은 책이나 영화에도 많이 소개될 정도로 유명하며 많은 사람이 꿈의 직장이라고 말한다.

직접 다녀본 구글은 지금껏 내가 다녀본 회사들과는 차원이 달랐다. 책이나 영화에서 소개된 것보다 훨씬 더 좋은 회사라고 느꼈다. 일반적으로 잘 알려진 사내 수영장, 헬스장, 마사지, 세탁소, 무료식사, 법인카드, 높은 연봉과 보너스 등의 물질적인 혜택만을 말하고자 하

일은 배신하지 않는다

는 것이 아니다. 내가 구글에서 정말 좋아하는 부분은 따로 있다.

첫 출근날 매니저인 알렉스를 만나서 이것저것 이야기하다가 아무도 출퇴근 시간에 대해 말해주지 않았다는 걸 깨달았다. 알렉스에게 "내일 몇 시까지 출근하면 되나요?"라고 물어봤다. 이에 알렉스는 "구글에는 정해진 출퇴근 시간이 없고 본인의 자유"라고 대답했다. 출퇴근 시간이 정해져 있던 회사만 다녔던 나는 처음엔 이 말이 이해되지 않았다.

한국에도 자율 출퇴근제를 적용해서 출퇴근 시간을 탄력적으로 조절하는 회사가 많이 있다. 하지만 말 그대로 출퇴근 시간을 조절한다는 의미지 진짜로 출퇴근 시간이 없다는 의미는 아니다. 늦게 출근하면 늦게 퇴근한다. 회사에 출근해서 자리를 지켜야 하는 시간은 꼭 정해져 있다.

구글에서 통용되는 '출퇴근 시간을 신경 쓰지 않는다.'라는 말은 '본인의 자리에 얼마나 앉아 있어야 하는지를 신경 쓰지 않는다.'는 말이기도 하다. 출근해서 자리를 지키며 상사에게 내가 회사에 일정 시간 앉아 있었음을 어필할 필요가 없다. 택배를 받거나 그냥 회사 가기 싫은 사소한 이유라도 WFH(Working from home: 집에서 일한다) 메일 한 통이면 집에서 일할 수 있다. 중요한 건 '내가 맡은 일을 얼마나 성실히 수행하는가'이지 '얼마나 일찍 출근해서 자리를 지켰다가 늦게 퇴근하는가'가 아니라는 뜻이다.

구글은 동료들 역시 흥미롭다. 나는 직업의 특성상 디자이너들과 이야기하는 경우가 많은데 구글의 디자이너들과 이야기해보면 굉장히 영리하다는 걸 느낀다. 사실 디자이너에게 개발에 관련된 부분이나 수학적인 부분을 설명하면 잘 모를 때가 많다. 하지만 구글의 디자이너들 중에서는 나보다 수학 계산을 더 잘하는 사람도 있다. 개발에 관련된 부분도 한번 설명해주면 바로 이해하곤 하는데 '역시 구글에 합격한 사람들은 다르구나.'라는 생각을 들게 한다.

작업에 대한 보상도 확실한데 HR 경력이 20년인 한 구글 직원의 말을 들어보면 구글만큼 엔지니어들에게 확실하게 보상을 해주는 회사도 드물다고 한다.

구글의 내 책상 앞에서

일은 배신하지 않는다

힘들었던 적응

이런 구글이지만 뉴욕에서 실리콘밸리라는 새로운 지역으로 이사 왔던 초창기엔 적응하기가 쉽지 않았다. 구글은 그동안 일해왔던 회사와는 업무 스타일이 많이 달랐다. 뉴욕의 회사는 한국에서와 같은 웹에이전시였다. 그래서 스케줄이 좀 더 여유롭긴 했지만, 실제로 하는 일은 한국에서 하던 일과 별반 다르지 않아서 적응하기가 쉬웠다. 뉴욕이나 한국이나 웹에이전시에선 클라이언트에게 프로젝트를 의뢰받고 몰입해서 일하고 일정에 맞춰 완성한다. 그리고 다음 프로젝트를 같은 방식으로 시작한다. 프로젝트에 일정한 사이클이 있고 내가 맡은 부분을 시간 내에 잘 끝내는 것이 중요했다.

하지만 구글에선 '본인의 일'도 중요하지만 '다른 사람들에게 얼마나 도움이 되느냐'도 중요하다. 예를 들어 내가 뭔가를 만들면, 그렇게 만든 것으로 끝나지 않고 '어떻게 만들었는지', '어떻게 더 발전시킬 수 있는지'를 토론하는 자리를 자주 가진다. 다른 팀 회의에 참석해 의견을 낸다든지, 크롬 브라우저의 새 기능에 대해 먼저 써보고 피드백을 하는 등 내가 맡은 일 외에도 다른 팀을 도와 같이 일하는 기회도 많아졌다. 즉, 일하는 시간만큼 의견을 말해야 하는 시간도 많아진 것이다. 그동안 혼자 생각하고 만드는 것을 즐겼던 나로서는 처음엔 이런 부분이 무척 적응하기 어려웠다. 게다가 능숙하지 못한 영어 때문에 토론하는 자리가 쉽지만은 않았다.

와이프와 나는 한국에서 뉴욕으로 올 때처럼 뉴욕에서 사귄 모든 친구를 뒤로하고 아는 사람 하나 없는 실리콘밸리로 왔다. 뉴욕은 날씨도 생활도 서울과 비슷한 부분이 많았다. 하지만 실리콘밸리는 날씨도 생활도 그리고 일도 완전히 달랐다. 마치 다른 나라에 온 것 같았다. 적응할 시간이 필요했다. 매니저인 알렉스와 상담을 하면서 "새로운 지역과 환경에 적응하는 데 시간이 좀 필요하다."라는 말을 한 적이 있다. 이에 알렉스는 "가장 중요한 건 너와 너의 가족이다. 회사는 그다음이다. 네가 필요한 게 있으면 언제든지 이야기해라."라고 말했다. 알렉스와 구글의 이런 배려는 그 당시 나에게 정말 큰 힘이 됐다. 회사에 입사하면 회사를 우선순위에 둬야 하고 회사 일정에 맞춰 스케줄을 짰던 옛날과는 달랐다.

못하면 바로 해고?

미국에서 일하면서 어느 날 갑자기 해고되는 경우를 상당히 많이 봤다. 능력 있는 직원이 몇 년간 많은 프로젝트를 성공적으로 이끌었음에도 새로운 기술을 받아들이지 않아서 하루 만에 해고를 통보받는 경우도 있었다. 한국에선 그 정도로 같이 일했으면 그동안 쌓인 정으로도 팀장이나 실장 자리에 앉히고 같이 가려고 할 텐데 미국에선 그렇지 않았다. 조금만 뒤처져도 가차 없는 곳이 미국이라는 생각을 들게 했다. 또한, 몇 년을 열심히 일한 직원이 승진할 때가 되자 승진하려는 직급에 비해 커뮤니케이션 능력이 부족하다는 것을 이유로 해고

일은 배신하지 않는다

하는 경우도 있었다.

그렇다면 구글은 어떨까? 직접 경험해보고 오래 다닌 직원들을 만나 물어본 결과 일반적인 미국 회사와는 많이 다르다는 걸 느꼈다. 우선 구글의 인터뷰는 정말 쉽지 않다. 구글에 합격하는 것은 하버드대학교에 합격하기보다 어렵다고 한다. 그만큼 경쟁이 치열하다는 얘기다. 구글에 합격했다는 말은 그만큼의 실력이 있다는 말인데 어떤 직원이 제대로 퍼포먼스를 못 내고 있다면 그 사람만의 문제가 아닌 다른 문제가 있을 수 있다는 생각을 가진다. 그래서 바로 해고하기보다는 몇 번의 팀 교체를 통해 맞는 일을 찾아서 잘 일할 수 있도록 도와준다.

이것이 가능한 이유는 구글에는 굉장히 많은 기회가 있기 때문이다. 구글은 여러 개의 작은 회사가 구글이라는 큰 우산 아래 모여 있는 구조라고 할 수 있다. 그래서 마음 맞는 사람끼리 모여 새로운 아이템으로 사업을 구상해 팀을 이루기도 하고 해체하기도 한다. 처음에 입사한 팀에서 뼈를 묻기보다는 좋은 기회, 재미있는 일을 찾아 팀을 옮기는 경우도 많다.

삶의 목표

'구글에 가면 행복할까요?'라는 질문을 받은 적이 있다. 그 말은 '목표가 구글이고 구글이라는 회사에 입사하면 본인의 삶이 달라질까요?'

라는 말인데 사실 생각을 달리 해야 한다. 구글이 꿈이거나 목표가 돼선 안 된다. 이 세상에 완벽한 회사는 없다. 밖에서 보기에 굉장히 좋아 보이는 회사도 막상 들어가서 일해보면 단점이 보이기도 한다. 구글도 마찬가지다. 나에게 구글은 너무나 좋은 회사지만 모든 사람에게 그렇다고 말하긴 힘들다. 전 세계 구글 직원은 약 5만 명이나 되는데 이들과 경쟁하는 것이 쉽지만은 않다. 구글이라는 회사에 올 정도면 본인도 어디서 잘한다는 얘기만 들었을 텐데 막상 와서 하는 일은 눈에 띄지 않는 일인 경우도 있다. 내가 좋은 팀, 좋은 프로젝트 그리고 좋은 매니저와 일한다고 해서 다른 5만 명의 직원 모두가 그렇게 일한다고 단정 지을 순 없다.

그래서 목표를 달리 해야 한다. 내가 구글에 입사하는 것이 아니라 구글 같은 회사가 나를 원하도록 하는 것이 목표가 되어야 한다. 다시 말해서 자신의 성장에 더 초점을 맞추라는 얘기다. 내 실력이 구글에 갈 정도로 충분해지면 구글 입사 여부는 더는 중요한 것이 아니게 된다. 굳이 구글이 아니더라도 다른 기회가 얼마든지 생길 수 있다. 회사는 성장의 도구이지 삶의 목표가 아니다. 특정 회사에 입사한다고 성공한 인생이 아니고, 그 회사에 불합격하거나 해고된다고 해서 실패한 인생이 아니라는 것이다. 이는 대학도 마찬가지다. 내가 일류대에 갔다고 인생의 승리자가 아니듯 원하는 대학에 떨어졌다고 해서 인생이 끝나는 것도 아니다.

구글을 떠나 벤처를 시작하는 분과 이야기한 적이 있다. 그분의 말에서 기억에 남았던 것은 "나갔다가 잘 안 되면 다시 돌아오면 되죠"

일은 배신하지 않는다

였다. 구글에 운이 좋아 합격한 것이 아니라 실력으로 입사한 사람에게는 다시 구글에 입사하는 것쯤은 힘든 일이 아니었다. 실제로 실리콘밸리의 대기업에서 일하다가 회사를 나가 창업을 하거나 관심 있는 벤처기업에 합류해보고 좋은 경험을 쌓은 뒤 다시 돌아오는 경우도 많았다. 그들에겐 대기업이 인생의 목표도 아니고 종착점도 아니다. 대기업에서 얻지 못하는 경험을 나가서 해보고 자신을 성장시킨다.

나 역시 구글을 목표로 노력하진 않았다. 심지어 내가 먼저 지원하지도 않았다. 내가 좋아하는 일을 찾아 꾸준히 노력한 결과 구글뿐만 아니라 다른 세계적인 기업에서 러브콜을 받을 정도로 성장할 수 있었다고 생각한다.

구글 캠퍼스

일은 배신하지 않는다

출근하는 직원들

넓은 캠퍼스의 유용한 교통수단인 자전거

실리콘밸리의 구글러

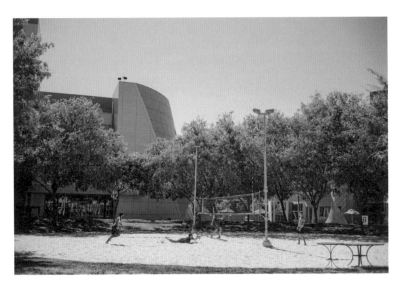

비치발리볼을 하는 직원들

구글의 식당

일은 배신하지 않는다

샌드위치 바

생과일 주스 바

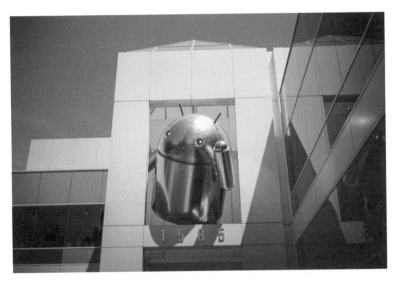

안드로이드 빌딩

일은 배신하지 않는다

요가를 배우는 직원들

퇴근하는 직원들

구글에서
팀을 옮기면서
느꼈던 점

구글 Search 팀에서 3년 정도 일했을 때 UX 엔지니어로 일하는 게 즐겁지 않다는 생각을 했다. 일은 너무 쉬웠고 더 이상의 도전이나 새로움이 없었다. 구글의 UX 엔지니어는 주로 프로토타입을 만드는데 이 프로토타입이라는 것이 실제 제품에 쓰이는 것이 아니다 보니 어느 누구도 퀄리티나 코드에 대해 코멘트를 하지 않는다. 이것은 처음엔 편하다고 생각될 수도 있지만, 사실 이 편안함이 지속되다 보면 점점 자신을 나태하게 만들고 뒤처지게 만드는 원인이 된다는 걸 잘 알지 못한다. 나 역시 이 편안함에 익숙해져서 자신의 나태함을 깨닫고 2년 뒤인 Search 팀에서 일한 지 5년이 되어서야 불편함을 찾아 팀을 옮길 결정을 했다.

한국에서 일할 땐 팀 이동은 위에서 정해져 내려오는 것이었다. 내가 원하든 원하지 않든 조직 개편에 의해 옮긴 경우가 많았는데, 그래서 팀이 바뀌면 '어떤 팀으로 옮기게 되었다'라고 표현했었다. 물론 본인이 원해서 옮기는 경우도 있었지만, 뭔가 한국의 (또는 내가 다녔던 회사의) 특성상 팀을 옮기거나 회사를 나가면 '적응을 잘 못 한 사람' 이거나, '배신자'라는 이미지가 강했다. 회사를 나간 사람들에 대해서도 재입사하거나 방문하는 것을 크게 반기지 않는 분위기였다. 구글에선 재미있는 게 회사를 나가서 스타트업을 경험해보고 다시 들어오는 경우도 많았다. 물론 재입사 시에는 이미 검증되었기에 인터뷰도 처음보다 크게 힘들지 않다고 한다.

구글에선 총 2번 팀을 옮겼는데 첫 번째는 UX 엔지니어에 국한되지 않는 실제 제품에 들어가는 코드를 작업할 수 있는 Assistant 팀으로 옮겼다. 구글의 AI 스마트 디스플레이에 들어가는 콘텐츠를 만드는 팀이었는데 실제 코드를 작성하는 프론트엔드 엔지니어의 역할도 같이 했었다. 구글에 5년이나 다녔지만 처음 접해보는 진짜 엔지니어링 프로세스에 힘들기도 했지만 배운 점도 많았다.

그렇게 1년을 지내니 이제 웬만한 프론트엔드 엔지니어링 프로세스는 혼자서 할 수 있는 수준이 되었다. 그때쯤 지금의 팀에서 연락이 왔는데 아이들을 위한 교육용 제품을 만드는 팀이라고 자신들을 소개했다. 나의 포트폴리오(그중에서도 노니노니)를 잘 봤으며 꼭 같이 일하고 싶다는 연락이었다.

구글의 교육 관련 팀은 그때까지만 해도 작은 팀이었다. 내가 일하던 Search & Assistant 팀은 구글에서도 굉장히 큰 팀이며 인기도 많다. 같이 일하던 동료들도 구글에 교육팀이 있는지 몰랐다고 했다.

작은 팀이지만 내가 가진 기술이 교육 인프라가 부족한 곳에 사는 학생들을 도울 수 있을 거라는 생각이 들어서 팀을 옮기기로 결정했다. 그동안은 생명력이 짧고 크리에이티브한 결과물들을 만들었는데, 그보단 좀 더 오래 사람들을 도울 수 있는 제품을 만드는 것을 경험해보고 싶었다. 물론 옮기는 조건은 UX 엔지니어뿐만 아니라 실제 제품의 코드도 작성하는 프론트엔드 엔지니어의 역할도 동시에 하고 싶다는 것이었다. 교육팀의 매니저는 흔쾌히 수락했고 그렇게 팀을 옮겼는데, 코로나19 사태가 터지면서 굉장히 바빠지고 팀도 커지게 되었다. 학생들의 온라인 교육이 중요해지면서 이제는 교육 관련 팀이 구글에서도 중요한 팀 중의 하나로 자리 잡게 되었다.

처음 구글에서 팀을 옮길 때 한 가지 재미있는 경험을 했다.

그 당시 나의 매니저인 알렉스는 나에 대해 잘 알고 잘 맞춰줬기 때문에 그동안 내가 하고 싶은 대로 하며 일할 수 있었다. 그런 알렉스라는 울타리를 벗어나 새로운 팀으로 가겠다는 결심을 하자 문득 걱정이 들었다. 구글에서 오래 일했지만 사실 단둘이 일한 것과 다름없었기에 다른 팀, 혹은 미국 기업 문화에 대해 내가 미처 모르는 조심해야 할 부분이 있지 않을까 생각하게 되었다.

알렉스에게 나의 매니저이자 친구로서 혹시 내가 미국 기업 문화에서 고쳐야 할 점이 있다면 말해달라고 했다. 그리고 '출근을 늦게 한다든지', '법인카드로 책을 너무 많이 산다든지', '한국에 자주 간다든지' 하는 구체적인 예를 들어 질문했다.

그러자 알렉스는 나에게 딱 한 가지를 부탁했는데, '더 많은 사람과 교류했으면 좋겠다'라는 것이었다. 출근해서 자리에 앉아서 코딩을

일은 배신하지 않는다

열심히 하는 것도 좋지만, 더 많은 사람을 만나고, 영감을 주고받고, 아이디어를 이야기하는 것이 내가 다음 단계로 가고자 하는 것에 큰 도움이 된다고 설명했다.

순간 나는 자신이 너무 부끄러웠다.

강연에서 질문을 받을 때면 한국적인 마인드와 미국적인 마인드를 예를 들며 열심히 설명하곤 했었는데, 정작 나 자신도 아직 한국 교육 시스템에서 배운 수동적인 마인드에서 벗어나지 못했다는 생각이 들었다. 사실 알렉스에겐 내가 출근을 늦게 하고, 법인카드로 책을 많이 사고, 한국에 자주 가는 것들은 크게 중요한 것이 아니었다. 그보단 내가 어떤 자세로 어떻게 일하고 있는지가 더 중요했다. 바로 멘토링이었는데, 한국에선 이렇다 할 멘토 없이 혼자 알아서 살아남기 바빴던 탓에 눈치만 늘었었는데, 아직 그때의 습관이 남아 있는 것 같아 부끄러웠다.

팀을 떠나면서 나에게 정기적으로 만나서 이야기하고 싶다고 말했는데, 본인 역시 (지금은 다른 팀이 된) 본인의 멘토들과 꾸준히 교류하고 있고 그게 자신이 배운 것이고 베풀어야 할 것이라고 설명해주었다. 팀을 떠나면 '배신자'라고 부르며 연락을 잘하지 않았던 한국에서의 모습과 알렉스의 이 말이 묘하게 겹쳐지며 많은 생각을 하게 했다.

그리고 이때의 깨달음은 내가 유튜브를 시작한 계기가 되었다. 유튜브라는 비디오 플랫폼을 통해 좀 더 많은 사람들, 특히 나와 같은 길을 걷고자 하는 사람들에게 내 작업과 내 생각과 내가 배운 점들을 알려야겠다는 다짐을 했다.

10만
유튜버

그렇게 4~5년 전부터 유튜브를 계획했었다. 그때쯤 누군가 다음 목표를 묻는 질문엔 항상 유튜브를 해보고 싶다고 대답했던 것 같다.

나는 한국에서 일할 때 사수나 멘토가 없었다. 닮고 싶은 디자이너는 있었지만, 내 분야에 대해 조언을 해줄 누군가는 없었다. '내가 주니어 디자이너일 때 혹은 이 일을 시작하기 전에 이런 분야에 누군가가 있고, 그분이 본인의 경험을 이야기해 줬다면 더 좋지 않았을까'라는 생각이 들곤 한다. 멘토링은 조력을 받는 멘티에게뿐만 아니라 조언을 해주는 멘토에게도 좋은 성장 프로그램이다. 나 역시 물론 구글에서 몇 분의 주니어 디자이너, 엔지니어분들을 멘토링 하고 있다.

내 작업에서는 움직이는 모습이 중요한 경우가 많은데, 이런 부분을 책이라는 정적인 매체보단, 유튜브라는 비디오 베이스의 동적인 플랫폼을 통해서 보여주면 좋겠다는 생각을 했다. 거기에 나의 생각, 경험, 일에 대한 가치관 등을 같이 풀어보자고 계획했다.

일은 배신하지 않는다

하지만 막상 이런 계획을 하고 첫 영상을 만드는 데 4년이 넘게 걸렸다. 계속 나중에 완벽한 퀄리티로 찍어야지 하고 미루기만 했었는데, 실제로 시간을 내서 영상을 찍고, 편집하고 이렇게 실천하는 한발을 내딛기가 쉽지 않았다.

그래서 올해 3월에 더 미루지 말고, 퀄리티가 좋지 않더라도 일단 시작해보자고 해서 만든 게 '화면에 튕기는 공 만들기'라는 영상이었다. 물론 그 영상도 3번이나 수정해서 올렸었다. 처음 만든 건 소리에 잡음이 너무 많이 들어가서 다시 녹음하고, 그렇게 올렸다가 지우고 3번을 했었다.

처음은 항상 어렵다. 유튜브도 머릿속으로는 참 쉽게 만들 수 있을 것 같은데 실제로 해보니 조명, 발음, 색감, 타이밍, 잡음, 신경 쓸 게 너무 많았다.

영상 편집도, 나는 디자인과 개발은 했었는데 영상 편집은 해볼 기회가 없었다. 프리미어 프로도 올해 유튜브를 시작하면서 처음 써봤다. 유튜브의 모든 영상은 혼자서 작업을 하고 있는데, 프리미어 프로도 쓰다 보니 실력이 늘었다. 그래서 지금은 처음 유튜브를 할 때보단 영상을 쉽게 제작하고 있다.

사람은 계속 배워야 하고 새로운 걸 시도해봐야 한다고 생각한다. 그래야 발전이 있다.

이번에 다시금 배운 점은 실천하지 않으면 영원히 바뀌는 건 없다는 것이다. 내가 유튜브를 시작하는 데만 4년이 걸린 것처럼 말이다.

처음엔 500명 정도 되는 구독자가 있었다. 사람들의 반응은 좋았지만 구독자 수가 많이 늘어나지는 않았다. 극소수의 사람들만이 아는 그런 채널이었는데, 덕분에 '디자이너가 뽑은 나만 알고 싶은 채널 1위'라는 조금은 이상한 타이틀을 달기도 했다. 그러다 '구글에서 입사 제의를 받은 포트폴리오'라는 영상이 퍼지면서 구독자 수가 급격히 늘기 시작했다. 거의 3주 만에 10만 명이 됐는데, 덕분에 평생 인연이 없을 것 같았던 유튜브 실버 버튼도 받았다. 디자인과 개발에 관심이 없던 분들도 내가 만드는 작업이 재미있다고 생각했던 모양이다. 나는 항상 내가 즐거워서 작업을 하는데 이런 나의 즐거움이 이 분야를 잘 모르는 사람들에게도 전해진 것 같아 뿌듯함이 느껴졌다.

나는 유튜브도 책이랑 같다고 생각한다.

아무도 내 이야기를 들어주지 않는다면 그건 유튜브가 아니라 그냥

https://www.youtube.com/cmiscm

일은 배신하지 않는다

자기만족이다. 내가 첫 번째 책을 실패했듯이 말이다. '내가 잘나서 사람들이 봐주겠지?'가 아니라, '사람들이 봐주니까 유튜브를 할 수 있다'고 생각한다. 계속해서 나의 이야기를 들려드릴 수 있는 기회를 주신 모든 구독자분께 다시 한번 감사를 전한다.

CHAPTER 07

다시, 시작

내가 아이들에게
코딩을 가르치지 않는
이유

요즘 많은 학부모가 아이들에게 코딩을 가르친다. 미래에 뒤처지지 않으려면 코딩을 필수로 배워야 한다는 뉴스도 심심찮게 들린다.

정작 코딩을 직업으로 하는 나는 우리 아이들에게 코딩을 가르치지 않는데, 이유는 나의 경험에서 나온 생각 때문이다.

우선 내가 공부했던 방법을 생각해보면, 나는 20살 때 처음 컴퓨터를 접했다. 빠른 친구들은 이미 초등학생 때 컴퓨터를 접한 친구들도 있고, 프로그래밍을 하던 친구들도 있었다. 하지만 그 친구들이 다 대단한 프로그래머가 됐다거나, 혹은 코딩을 직업으로 하고 있는 건 아니다.

나는 사실 아이들의 영재성을 부추기는 프로그램을 별로 좋아하지 않는데, 이유는 어린 시절엔 다른 또래 친구들보다 특정 분야를 잘할 순 있다. 하지만 성인이 되어서까지 그 '잘함'이 유지되는 건 흔치 않다. 즉 어릴 땐 영재일 순 있지만, 그 친구가 커서도 영재일 거라는 보

일은 배신하지 않는다

장은 없다. 오히려 어린 시절의 이런 잘못된 관심은 '나는 노력하지 않아도 되는 특별한 존재'라는 위험한 선민의식을 가지게 할 수 있다.

개인적으론 어릴 땐 하나의 특정 분야를 공부하기보단 나중에 어떤 일을 하더라도 잘할 수 있는 바탕이 되는 창의성을 길러주는 게 중요하다고 생각한다. 지금은 코딩이 열풍이지만, 우리 아이들이 컸을 땐 코딩은 AI가 하고 다른 직종이 또 인기를 얻을 수도 있다. 그런 변화에 대처할 수 있는 창의성을 기르는 것이 어떤 교육보다 중요하다고 생각한다.

창의성을 기르는 훈련 방법 중의 하나가 미술이다. 나의 경험에 비추어 보면 어릴 땐 집에 있는 가전제품을 다 분해해보고, 그림도 상상해서 많이 그렸었다. 주로 로봇을 그렸었는데, 로봇 내부에 기계 부품 같은 걸 상상해서 그리는 걸 좋아했었다. 집안 형편상 부모님께서 장난감을 많이 사주시진 않았었다. 그래서 형이랑 둘이서 마분지로 자동차나 건물을 만들며 놀았던 기억이 있다. 마분지 뒷면이 모눈종이처럼 그리드가 있었는데, 그 그리드를 바탕으로 재단을 하며 원하는 장난감을 만들곤 했었다. 그렇게 차를 만들고 건물을 만들어서 인형들을 태우기도하고, 그렇게 놀았던 기억이 난다. 후에 아이큐 검사 시 공간지각력 테스트에서 높은 점수를 받았었는데, 아마 이때의 경험이 도움이 되지 않았나 생각한다.

초등학교 4학년 땐 미술 시간에 편지함 만들기를 했었다. 미술 시간 전이 체육 시간이었는데, 운동장에서 놀다가 철사 뭉치를 발견했다. 그 철사를 L 자로 휘어서 위쪽에 눈알을 그려 붙이고 편지함에 설치했

다. 편지가 편지함에 들어오면 아래쪽 철사를 눌러서 위쪽 철사의 눈
알이 튀어나오는 재미있는 편지함이었다. 다른 친구들은 모두 편지함
의 색을 예쁘게 칠할 때 나는 남들과는 다른 편지함을 만든 것이었다.
미술을 통해 창의성을 높인 예라고 생각하는데, 나는 이런 어릴 때의
왕성한 미술 활동들이 나의 창의성의 밑바탕이라고 생각한다.

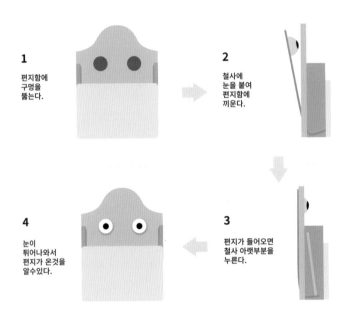

1
편지함에
구멍을
뚫는다.

2
철사에
눈을 붙여
편지함에
끼운다.

3
편지가 들어오면
철사 아랫부분을
누른다.

4
눈이
튀어나와서
편지가 온것을
알수있다.

　미술의 장점은 정답이 없다는 것이다. 이것은 아이들에게 완성의
기쁨, 성취감, 목표의식, 승자의 뇌 구조를 만들어 준다. 수학 같이 정
답이 정해진 과목은 틀릴 수도 있기에 항상 승리하지 못한다. 하지만
미술은 내가 만든 것이 답이기에 반복되는 미술 학습을 통해 승리하
는 기쁨을 뇌에 인식시켜 줄 수 있다. 이것은 승자의 뇌 구조를 만들어

일은 배신하지 않는다

자신감과 자존감을 갖게 하는 효과를 준다.

《승자의 뇌》 저자인 이안 로버트슨의 TED 강의를 보면 승자의 뇌 구조에 대해 잘 설명하고 있는데, 경쟁 상황에선 뇌의 테스토스테론의 분비량이 늘면서 도전 과제에 반응을 보인다. 테스토스테론의 분비량이 많을수록 승리할 가능성이 높은데, 이는 도파민의 생성과 활동을 촉진하기 때문이다. 승진, 합격, 완성 같이 무언가를 성취하고 이겼을 때 뇌 속 깊숙한 곳에 있는 도파민 경로에 더 명확한 길이 새겨진다. 도파민은 일종의 보상으로 동기부여, 집중력, 목표설정 등에 큰 영향을 미치는데, 이런 성공이 계속되면 뇌는 인간을 대담하게 만들고 두뇌를 더욱 영리하게 만든다.

또한 뇌는 참신한(Novelty) 환경에 반응하는데, 쥐의 연구에서 참신한 환경을 접하면 새로운 뇌세포가 성장하고 기억력이 향상되는 결과를 보인다. 이런 참신성은 뇌 내 전달물질을 통해 두뇌에 영향을 미치고, 두뇌의 비료라고 불리는 노르에피네프린이라는 물질을 생성시켜 학습에 도움을 주고 기억력을 향상하기도 한다.

미술 교육을 통해 새로움을 접하고 무언가를 완성하며 성공하는 기쁨을 아이들에게 가르친다면 이는 다른 어떤 교육보다 뇌의 발달에 중요한 기본이 되는 교육이 될 것이라고 생각한다. 스스로 뭔가를 생각해서 분해하고, 조립하고, 만드는 훈련은 나중에 아이가 자라서 어떤 직업을 선택했을 때 남들보다 뛰어난 성과를 보여줄 수 있게 한다. 이것은 내가 대학 교육을 받지 않은 고졸임에도 내 분야에서 뒤처지지 않고 일을 할 수 있는 원동력이라고 생각한다.

물론 아이가 원하면 코딩을 가르치겠지만, 그것이 아니라면 나는 아이들에게 코딩이라는 특정 과목을 억지로 가르치기보단 그림을 자유롭게 그리게 한다든지, 종이로 장난감을 만들도록 도와주는 그런 학습이 더 중요하다고 생각하고 있다.

일은 배신하지 않는다

다시,
시작

어린 시절 할아버지 댁에 놀러 가면 옥상에 할아버지의 창고가 있었다. 일종의 공방 같은 것으로 거기에는 나무나 철판 조각 같은 재료들과 칼, 톱, 사포 등 각종 공구가 가득 있었다. 하루는 그 공방에서 가져온 재료들로 연을 만들어 주셔서 바닷가에서 연 놀이를 했던 기억이 있다. 이런 할아버지처럼 아버지도 기술자이신데 집안의 인테리어를 리모델링하는 일과 옷을 만드는 재단사 일을 하셨다. 다른 사람들과는 다르게 재주가 많으셔서 전기, 도배, 목공, 페인트, 재단, 미싱 등 여러 명이 해야 하는 일을 혼자 다 하시곤 하셨다. 나 역시 할아버지와 아버지를 닮아 손재주가 좋고 뭔가를 만드는 것을 즐긴다. 나의 손재주는 할아버지와 아버지께서 나에게 물려주신 돈보다 소중한 유산이라고 생각한다.

중학교 땐 용돈을 벌기 위해 아버지를 따라가 일을 도왔다. 아버지께서는 항상 나와 형에게 "일해주고 욕먹는 사람이 되지 말아라."라고 말씀하셨다. 이는 '사소한 일이라도 맡아서 하기로 했으면 대충하지 말고 처음부터 끝까지 책임지고 해라.'라는 뜻이었다. 아버지의 경험에서 나왔던 이 가르침은 지금도 내 가슴에 남아서 내가 일하는 습관을 만들어줬다. 작은 것 하나를 만들더라도 대충 하지 않고 최선을 다해 만들어내면 그런 모습이 쌓여서 신뢰를 만들고 나 자신의 가치를 높이는 것이라고 지금도 생각한다. 덕분에 어느 회사를 가든지 항상 일 잘한다는 말을 듣곤 했는데, 서울에선 '어떤 일을 시켜도 믿고 맡길 수 있는 사람', 뉴욕에선 '기획자가 뽑은 같이 일하고 싶은 개발자 1위', 실리콘밸리에선 '종민은 사람이 아닌 제다이(Jedi), 유니콘, 닌자(Ninja)다.'라는 평을 듣는 이유일 것이다.

군대를 제대하고 직장을 구하지 못할 때 영화를 봤던 시기가 있었다. 히치콕, 조지 로메로 같은 유명 감독의 작품부터 고전 명작들을 잠도 안 자고 닥치는 대로 봤었다. 특별히 영화 광이라서는 아니었다. 그 전까지는 박스오피스 영화나 토요명화 같은 특집을 주말 저녁에 시청하는 수준이었다. 하지만 갑자기 '시간이 흘러도 존경받는 대가의 작품은 어떤 부분이 다를까?'라는 궁금증이 들었다. 분야는 다르지만, 세월이 흘러도 꾸준히 인정받는 작품에선 배울 점이 많다고 생각했다. 이때 본 영화 중 하나가 '시네마 천국'이다. 그때도 그랬지만 지금도 내 인생의 영화라고 생각한다. 나는 알프레도 아저씨 같은 멘토를 만나지 못했지만, 영화는 내게 말로 표현하기 힘든 그 느낌을 주었다. 포기하고 돌아오지 말고 자신의 일을 사랑하라던 대사는 부산에서 서울로 갈 때, 그리고 미국으로 갈 때 내게 스스로 하는 말이 되었다.

일은 배신하지 않는다

누가 나에게 꿈이 무엇이냐고 물어보면 나는 언제나 "내 꿈은 장인 (匠人)이 되는 것"이라고 대답한다. 한 분야의 정점이라고 할 수 있는 장인이야말로 내가 되고 싶은 모습이고 꿈꾸는 방향이다. 혹자는 장인을 '돈도 많이 못 벌고 골방에서 방망이나 깎는 일'이라며 깎아내리기도 하지만 돈이 인생의 목표가 될지 자신의 성장이 목표가 될지의 차이라고 생각한다.

미국에 올 때쯤부터 약 5년 동안 하루도 빠짐없이 하는 것이 있다. 바로 자기 전에 기도하는 것이다. 종교 이야기를 하고자 하는 것은 아니다. 내가 기도를 하는 이유는 감사함 때문이다. 하루를 무사히 시작해서 무사히 끝낼 수 있고 어제보다 나은 오늘이 되었음에 감사기도를 한다. 내 일에서 행복을 느끼고 가족을 책임질 수 있는 현실에 항상 감사한다. 힘들었던 시기를 지나온 나로서는 지금 현실이 얼마나 감사한지를 누구보다 잘 알고 있기 때문이다.

미래가 보이지 않았던 2004년 24살 때의 여름, 집 앞의 강가를 달리며 이대로 포기하지 말자고 수없이 다짐했었다. 그리고 15년이 지난 지금, 나는 아직 2004년 여름의 다짐을 잊지 않고 있다.

영어, 어디까지 해야 하나?

많은 사람이 해외 취업에 대해 "나는 영어가 안 돼서..."라는 말을 한다. 영어를 못 하니 엄두를 못 내는 것인데 이것은 잘못된 생각이다.

생각해보면 미국엔 영어를 잘하는 사람이 아주 많다. 아니 모든 미국인이 영어를 잘한다고 해도 과언이 아니다. 그렇다면 그 모든 미국인이 구글이나 퍼스트본에 합격할 수 있을까? 반대로 생각해보자. 내가 해외 취업이 힘든 첫 번째 이유는 영어가 아니다. 영어를 잘하는 다른 미국인들이 구글이나 퍼스트본에 합격하지 못하듯이 말이다.

가장 중요한 건 실력이다. 내가 만약 영어를 잘한다고 해도 실력이 뛰어나지 않다면 비슷한 실력의 미국인을 뽑는 게 회사 측에는 더 이익이다. 비자나 영주권을 지원해줘야 하는 외국인은 회사로서 손해이기도 하기 때문이다. 그럼에도 외국인을 채용하는 것은 그만큼 실력 있는 사람을 찾기 어렵기 때문이다.

처음 해외 취업을 했을 때 영어에 대한 부담을 가질 필요는 없다. 영어를 전혀 하지 못했던 나도 몇 달만 공부하면 되는 정도의 수준

일은 배신하지 않는다

이다. 게다가 우리는 이미 영어에 익숙하다. 알파벳을 읽을 수 있고 Hello라고 인사를 할 줄 안다. 영어 단어도 꽤 알고 있다. 적어도 아랍어나 불어보단 낫다고 할 수 있다. 영어는 미국에 와서도 꾸준히 공부할 수 있는 부분이다. 진짜 영어에 대한 부담을 느껴야 할 때는 해외 취업을 한 후 높은 직급으로 승진을 할 때다. 미리 걱정해서 겁먹고 포기하지 말았으면 한다.

내가 처음 본격적으로 영어를 공부한 건 해외 취업을 결심한 2009년 연말이었다. 우선 유명한 문법책을 사서 읽어봤다. 그리고 한 명의 선생님과 여러 명의 학생이 있는 일반적인 영어학원에 등록했다. 회사를 마치고 저녁에 학원에 가서 수업을 들었는데 영어 실력에 크게 도움이 되진 못했던 것 같다.

가장 효과를 본 방법은 1:1 영어였다. 지인의 소개로 알게 된 외국인과 1:1로 수업을 진행했다. 주로 대화를 많이 했는데 굳이 문법을 알지 못해도 대화하면서 따라 하게 되는 표현이 많이 생겼다. 그리고 미드도 많이 봤는데 영어와 한글 자막을 같이 보며 공부했다. 지하철이나 버스에선 항상 미드를 시청했다.

미국에 와서 영어를 하며 느낀 점 중의 하나는 핵심을 먼저 말해야 한다는 것이다. 의견이나 질문을 말할 땐 먼저 핵심을 간단한 문장으로 말하고 부연 설명을 하는 것이 좋다. 말하고자 하는 점을 먼저 알리는 것인데, 한국어에 익숙한 나는 이 부분이 무척 어려웠다.

예를 들어 물건을 환불하고 싶을 때 한국에서는 '내가 이것을 언제 샀는데 물건이 어떻고' 등등을 말한 다음 나의 목적인 '그래서 환불하고 싶다.'라고 얘기한다. 하지만 미국에선 내가 앞의 문장을 이야기하는 동안 상대방은 이미 집중력을 잃어버리고 내가 하는 말을 귀 기울여 듣지 않는다. 그냥 '나 환불할래.'를 먼저 말하고 그다음에 상대방의 질문에 답하는 것이 더 확실하다. 어려운 문장이나 단어를 사용하여 복잡하게 말하는 것이 영어를 잘하는 것이 아니라 주어 + 동사 + 목적어의 쉬운 문장으로 상대방에게 말하고자 하는 바를 명확하게 하는 것이 영어를 잘하는 것이다.

또 한 가지 중요한 것은 사람들이 많이 쓰는 단어와 문장을 사용하는 것이다. 현재 사람들이 많이 쓰는 말일수록 자연스러운 말일 확률이 높기 때문이다. 이를 위해선 외국인과 대화를 많이 하거나 미드를 시청하는 것도 좋지만 좀 더 쉬운 방법으론 구글 검색을 이용할 수 있다. 구글에 내가 사용하고자 하는 문장을 검색한 후 그 문장을 사용하는 사람들의 검색 결과가 많이 나오는지 확인해본다. 만약 짧은 문장이라면 트위터를 이용하는 것도 좋은 방법이다. 트위터는 현재 사람들이 쓰는 문장의 모음집이라고 생각한다. 트위터 검색창에 원하는 영어 문장을 검색했을 때 같은 문장을 사용하는 사람이 많다면 자연스러운 말이라고 할 수 있다.

부족한 영어라도 막상 미국에 와서 일을 해보면 대화가 가능하다는 것을 느낄 때가 있다. 영어는 학문이 아니라 소통의 도구다. 그리고 소통은 단지 언어로만 하는 것이 아니다. 예를 들어 외국에 여행 가서 외국인에게 카메라를 들이대며 한국어로 "저 좀 찍어주세요."라고 말해도 외국인은 무슨 뜻인지 알아듣고 사진을 찍어준다. 그 상황이 내가

일은 배신하지 않는다

하는 말의 뜻을 나타내는 것이다.

처음 미국에 갈 때 영어를 완벽하게 준비하려고 하기보다는 계속해서 공부하겠다는 마음을 가지는 것이 좋다. 나 역시 영어는 평생의 숙제라고 생각한다. 영어를 아직도 공부하는 입장에서 영어에 대한 글을 쓰는 게 부끄럽지만, 정말 중요한 건 영어가 아니라는 걸 꼭 말하고 싶어서 따로 지면을 마련했다. 내가 만약 영어에 지레 겁먹고 시도조차 하지 않았다면 지금의 나는 없었을 것이다.

나보다
나를 잘 아는
사람은 없다.

인생은 참 새옹지마라고 생각한다. 분명 당시에는 힘든 일이었는데 나중엔 그게 좋은 일의 바탕이 된다. 그 당시엔 몰랐지만 지나고 나면 '아 이렇게 되려고 그랬구나.'라고 생각했던 일이 많다.

예를 들어, 고등학생 때 열심히 공부해서 나름 성적이 꽤 올랐지만, 결국엔 대학 입시에 실패하고 고졸로 사회에 나오게 되었다. 대학에 떨어졌던 그때는 내 인생에서 가장 큰 실패를 한 것 같은 기분이었다. 하지만 지나고 보니 만약 성적에 맞춰 대학에 가서 4년 후 졸업을 했다면 나는 더 많은 빚이 있었을 테고 내 분야에서 경력을 쌓는 데 4년 혹은 그 이상의 시간이 지체되었을 것으로 생각한다.

게다가 고졸이었던 덕분에 일반적인 H1B 비자가 아닌 O-1 비자를 준비할 수 있었다. 그리고 O-1 비자를 준비하면서 모아둔 서류를 활용해 1순위 영주권을 받을 수 있었다. 영주권은 말 그대로 미국에서 영구적으로 일하거나 살 수 있는 허가를 받은 상태를 의미한다. 비자는 정해진 기간이 지나거나 회사에서 해고되면 즉시 한국으로 돌아가야 하는 등 여러 가지 제약이 따른다. 하지만 영주권을 받으면 그런 제약에서 벗어난다. 일반적으로 진행하는 2순위 영주권은 보통 1년 반혹은 2년이 넘게 걸리지만, 1순위 영주권은 기다릴 필요없이 바로 심사에 들어가기 때문에 조금 더 빨리 받는 경우가 많다. 즉, 고졸이었던 덕분에 O-1 비자를 준비할 수 있었고 영주권을 남들보다 빨리 받을 수 있었다고 생각한다. 물론 O-1 비자를 신청할 때에는 다른 방법이 없는 벼랑 끝에 선 마음이었다. 단순히 고졸이었기 때문이라기보다는 그동안 나의 노력이 더해져 좋은 결과를 만들어냈다고 보는 것이 맞을 것이다. 그래서 나는 노력하면 인생에는 언제든지 전화위복의 기회가 있다고 생각한다.

이 영주권을 진행하면서 재미있는 경험을 했다. 내가 지원한 영주권은 내가 왜 뛰어난 사람인지를 증명하는 서류들과 추천서를 요구한다. O-1 비자를 준비할 때처럼 이번에도 추천서가 필요해서 주변의 여러분께 부탁을 드렸다. 그중에 내 분야에서 가장 존경받는 디자이너 중의 한 분인 존 마에다 교수님께 내 소개와 함께 추천서를 부탁드렸는데 흔쾌히 써주셨다. 당연히 존 마에다 교수님은 나를 만나본 적도 없는 데 말이다.

이게 왜 재미있느냐면 나는 정확하게 같은 경험을 한국에서 한 적이 있다. 처음 O-1 비자를 준비할 때 한국에서 존경받는 디자이너이신 어느 유명한 분께 내 소개를 하는 한편, 비자를 받기 위한 추천서를 부탁드렸다. 그분은 나에게 이렇게 말했다. "너희 사장이 내 후배인데 네가 감히 나에게 다이렉트로 연락하느냐, 너희 사장이 부탁했으면 해줬을 텐데." 나는 부탁하는 입장이었기에 "죄송합니다."만 연신 반복했었다.

물론 이것은 나의 개인적인 경험이다. 한국에서도 많은 분이 도움을 주셨고 그 덕분에 미국에 올 수 있었다. 하지만 나는 이 재미있는 경험에서 왜 구글, 애플, 페이스북 같은 기업들이 IT 강국이라고 불리는 한국이 아닌 미국에서 생겨나는지 알 것 같았다.

대부분의 사람은 본인의 평가에는 관대하지만 남을 평가할 땐 매우 인색하다. 자신이 이룬 것은 크게 보이지만 남이 이룬 것은 한없이 작게 보이기 때문이다. 또한, 상대를 나보다 낮게 평가함으로써 내가 그 사람보다 더 잘났다고 생각하는 심리도 작용한다. 다른 사람을 평가할 때 열린 마음을 갖기란 쉽지 않은 일이기에 우리는 존경받는 선배들에게서 그런 자세를 기대한다. 그리고 그것이 그 사람의 그릇의 크기를 나타낸다. 하지만 나이와 서열이 중요한 문화에서는 후배를 진정으로 인정하고 평가해주는 선배를 만나기가 쉽지 않다.

내가 만약 미국에 오기 전에 인터넷이나 주변에 내 스펙을 보여주며 '해외 취업이 가능할까요?' 혹은 '구글에 입사할 수 있을까요?'라고 물었다면 어떤 답변을 들었을까?

'고졸에 신용불량자였고 영어도 잘 못 합니다. 미국은 가본 적도 없습니다. 한국에서 5년의 경력이 있고 이런 일을 잘합니다.'

어떤 답변을 들었을지는 굳이 말하지 않아도 알 것 같다. 정보를 얻는 건 좋지만 남의 말에 휩쓸려선 안 된다. 다른 사람이 날 어떻게 평

일은 배신하지 않는다

가하는지는 절대 중요하지 않다. 나보다 나를 잘 아는 사람은 없다. 믿는 건 자신뿐이며 결과를 책임지는 것도 자기 자신이다. 다른 사람의 인생을 살 필요는 없다.

많은 사람이 해외 취업에 대한 조언을 구한다. 해외 취업에 대해 공식처럼 정리해둔 글도 많고 관련 서적도 많다. 학점은 몇 점 이상, 알고리즘은 어디까지, 언어는 무엇을, 어떤 책은 꼭 읽어라…. 등 학교에서 정답을 익히듯 해외 취업에도 정해진 답이 있을 것이라고 생각하고 그 방향으로만 찾아가려고 한다.

하지만 나는 조금 다른 방향을 말해주고 싶다. 당장 해외 취업이나 대기업을 목표로 하기보다는 좀 더 자기 일을 사랑하고 즐기는 사람이 되기를 바란다. 남들이 알아주는 대기업에 목매기보단 크지 않아도 경험이 남는 회사를 선택해 실력을 쌓는 것도 좋은 방법이다. 해외 취업을 한 경험담을 들어보면 모두 제각각 그들만의 이야기가 있었다. 당장 인터뷰 공식을 외워서 합격해봤자 오래가는 크리에이터가 되기 힘들다. 많은 경험과 내공이 쌓이고 그것이 작업에 묻어날 때 굳이 원하지 않아도 세상이 먼저 나를 원하는 때가 온다. 단기간에 성과를 내려고 하기보다는 장기적인 안목을 가지고 초심을 잃지 않고 꾸준히 발전하는 것이 중요하다고 말해주고 싶다.

미국에서 많은 사람을 만났는데 그들은 대부분 유학을 했거나 어릴 때 미국에서 살아본 경험이 있었다. 나처럼 유학 경험 없이 한국에서 바로 미국으로 온 사람은 흔치 않았다. 이런 경험인 만큼 내 얘기를 책으로 쓰면 많은 사람에게 좋은 참고가 될 것이라고 생각했다. 그렇게 시작한 글쓰기는 약 1년이 지나서야 겨우 마무리를 짓게 되었다.

창작은 항상 힘들다. 뭔가를 만들어낸다는 것은 즐겁기도 하지만 한편으론 괴로운 일이기도 하다. 나는 작업을 할 때 '짜낸다'라는 표현을 쓴다. 한번 만든 것으로 끝내지 않고 더 나은 방향은 없는지 고민하고 고민하는 과정이 마치 머릿속의 생각을 마지막 한 방울까지 짜내는 것과 비슷하기 때문이다. 남들이 보기에 쉬워 보이는 작업도 '짜낸다'라고 말할 만큼 생각에 생각을 거쳐 만들어내는 것들이다.

책 쓰기도 마찬가지였다. 지난 10년의 시간을 이야기하는 것은 생각처럼 쉽지만은 않았다. 처음엔 기세 좋게 시작했지만, 생각하고 다시 읽어보고 써내려가는 과정은 큰 프로젝트 하나를 혼자 끝내는 기분이었다.

끝으로 책이 나오기까지 같이 고생한 출판사 관계자분들께 감사의 말씀을 드린다. 그리고 한국에서 응원해주시는 가족들과 딸 소율이와 아들 리온이, 항상 옆에서 묵묵히 도와주는 와이프에게 감사와 사랑을 전하고 싶다.

2020년 늦가을 실리콘밸리에서 김종민.

일은 배신하지 않는다

다시, 시작

일은 배신하지 않는다

개정판
1쇄 발행 2021년 3월 15일
2쇄 발행 2021년 4월 15일

지은이 김종민
기획 김종민·김승아
편집 편집부
표지디자인 조상희

펴낸곳 ㈜아이스크림미디어
펴낸이 박기석
주소 경기도 성남시 분당구 판교역로 225-20 시공빌딩
전화 1544-3070
팩스 02-6280-5222
홈페이지 www.i-screammedia.com

ISBN 979-11-5929-074-9 / CIP 03190